그 남자의
모터사이클

모터링 저널리스트 신동헌의 두 바퀴 예찬

그 남자의 모터사이클

신 동 헌

차 례

여는 글 인생에 두 바퀴 더하기 **7**

제 1부 모터사이클 제대로 이해하기

세상에서 가장 위대한 모터사이클 **14** 모터사이클의 스포츠성에 대하여 **24**
BMW가 모터사이클을 만드는 이유 **32** 화양리의 청춘은 왜 쇼바를 올렸나 **43**
할리 데이비슨에 대한 진실과 오해 **50** 애마의 새로운 모델이 등장한다면 **59**
시속 300킬로미터 도전기 **65** 김 여사에 대한 보고서 **73**

제 2부 모터사이클을 타고 부르는 나의 구식 사랑 노래

시간이 흘러도 변하지 않는 것, 로열 엔필드 **82** 클래식의 탈을 쓴 모던 스포츠,
두카티 GT1000 **91** 나의 옛 애마에게 바치는 연애편지 **104**
시간의 흐름을 거스르는 완성도, BMW R69S **113**
가와사키의 마지막 공랭 4기통, 제퍼 **121**
1980년대로의 회귀를 꿈꾸는 알렌 네스 **129** 카페 레이서의 진실 **142**

제 3부 마이너리티 리포트, 선택 받은 소수의 모터사이클

살이 있는 전설 트라이엄프의 현재 진행형 **152**
라이더가 만든 사나이의 바이크, 가와사키 Z1000 **161**
공랭 4기통 빅 네이키드의 매력 **169**
이탈리아의 블랙 뷰티, 모토 구치 V11 스쿠라 **179**
타고 있으면 왠지 미안한 마음이 **188** 몬스터 S4가 연주하는 데스모 광시곡 **199**

제 4 부 명불허전 모터사이클

오리지널 아메리칸 크루저를 타고 싶다면 **212**
달콤함, BMW의 6기통을 설명하는 가장 좋은 단어 **220**
마초를 위해 태어난 모터사이클, 야마하 V맥스 **229**
악마라는 이름의 모터사이클 **240** 이탈리안 스포츠 바이크가 배려를 배우다 **250**
팜므 파탈, 이탈리안 레드 **260** 빗길에서도 무섭지 않은 모터사이클 **270**

제 5 부 내 인생의 모터사이클

생애 첫 모터사이클을 고르는 법 **282** 가족 설득하기 **289**
모터사이클 뒷좌석에 여자를 태우려면 **296** 어떤 헬멧을 골라야 하나 **305**
모터사이클로 대한해협 건너기 **312** 라이더의 성지, 알프스를 순례하다 **322**
모터사이클과 패션의 상관관계 **333** 내 애마들에 관한 이야기 **341**

도판 출처 348

더 읽을거리 349
- 모터사이클의 종류와 특징
- 엔진 형식에 따른 모터사이클의 특성
- 모터사이클 기본 관리 요령

여는 글

인생에 두 바퀴 더하기

저널리스트의 꿈을 키우고 있는 사람들이 들으면 화를 낼지도 모르겠지만 나는 기자가 되기 하루 전날까지도 '기자'라는 직업을 가질 거라고는 상상도 해 보지 않았다. 미대에서 금속 공예를 전공하는 학생이었던 나는 전공과 관련된 일을 하게 되겠거니 생각했다.

 그러던 어느 날 즐겨 보던 잡지 《모터바이크》에서 기자 모집 공고를 보고는 뭔가에 홀린 듯이 그 길로 면접을 보러 갔다. 편집장은 '나와 모터사이클'이라는 주제로 글을 한번 써 보라고 했다. 컴퓨터를 켜는 법도 모르고 한글 프로그램을 사용할 줄도 몰랐던 나는 손가락 하나로 자판의 자음과 모음을 찾아 가며 내 인생의 첫 원고를 써 내려갔다. 그리고 바로 다음 날, 합격 통지를 받았다. 글쓰기 공부를 해 본 적도 없었고, 선수처럼 모터사이클을 잘 타는 것도 아니었기 때문에 나 자신도 약간 어리둥절했다.

    몇 년 동안 즐겨 봐 오던 잡지였고 IMF 직후라 취업이 쉽지 않았던 시기였기 때문에 무척 기쁘기도 했지만, 솔직히 말해서 남들이 부러워할 만한 일자리는 아니었다. 정년이 보장되거나 급여가 많은 직장도 아니었고, 일부 마니아들이 구독하는 전문 잡지를 만드는 일은 예나 지금이나 그리 쉽게 할 수 있는 일이 아니었다. 심지어 '오토바이'를 다루는 전문지라면 아무리 예의상이라고 해도 박수를 치고 축하해 줄 만한 취직은 아니었다.

    그러나 처음 취업을 했을 때 내게는 작은 꿈이 있었다. 바로 "두 바퀴의 재미를 좀 더 많은 사람들에게 알리겠다."는 것이었다. 직접 모터사이클을 타면서 느꼈던 수많은 행복과 즐거운 경험을 조금이라도 더 많은 사람들에게 알리고 싶다는 게 내가 '기자'라는 직업을 선택한 첫 번째 이유였다.

    내 머릿속에 남아 있는 내 인생의 첫 번째 모터사이클은 앞뒤 바퀴가 엄청나게 두꺼운 새빨간 색의 녀석이었다. 아버지의 친구 분이 나를 태우고는 집에서 500미터쯤 떨어진 마포구청 옆 중국집에 가서 자장면을 한 그릇 사 주셨던 일이 생각난다. 그게 내 유일한 다섯 살 때의 기억이다. 뒷좌석에 앉아서 그때까지 경험해 본 적 없는 속도감에 짜릿함을 느꼈던 것, 그리고 꼭 껴안은 채로 '삼촌'이 말씀하시는 걸 들으며 왠지 모를 따뜻함을 느꼈던 기억이 남아 있다. 그 어렴풋한 기억은 아버지가 돌아가신 후 며칠 지나지 않았을 때의 일이라고 한다.

아버지의 얼굴도 전혀 기억나지 않고 돌아가셨다는 사실도 모르고 지냈는데, 얄궂게도 그로부터 며칠 후에 탔던 빨간 모터사이클만은 머릿속에 생생하게 남아 있었던 것이다.

어른이 된 후에 알아보니 그 바이크는 스즈키의 RV90이라는 90cc짜리 바이크였다. 작은 배기량에 황당할 정도로 두꺼운 타이어를 달아 놨으니, 동력 성능은 아마 형편없었을 것이다. 그런데 그 위에 올라 엔진의 진동을 느끼며 바람을 가르면서 달렸던 기억이 머릿속에 또렷이 자리 잡고 있다. 그 소리와 떨림, 그 냄새를 나는 아직도 잊을 수가 없다.

강렬했던 첫 기억 때문인지는 모르겠지만 어렸을 때부터 모터사이클을 타는 게 꿈이었다. 바이크에 올라타는 모습, 달려가는 모습, 엔진의 소리, 바람을 가르는 느낌……. 모든 것이 동경의 대상이었다. 그리고 실제로 라이더가 된 이후에는 더 많은 추억이 생겼다. 좋아하는 친구와 함께했던 시간들, 사랑하는 사람과 모터사이클 위에서 나눈 대화들, 그리고 모터사이클과 함께 느꼈던 계절의 변화까지, 내 인생을 풍요롭게 해 준 모터사이클의 즐거움을 이 책 한 권으로 표현하는 건 아마 불가능할 것이다.

물론 모터사이클은 위험하다. 신체가 외부에 노출되어 있어서 위험하고, 몰상식한 자동차 운전자들이 위협을 가해서 위험하고, 때로는 스스로를 제어할 수 없을 만큼 흥분하게 만들어서 위험하다. 이는 부정할 수 없는 사실이다. 하지만 사랑에 빠진 후에는 이성으로 제어

내가 처음으로 경험했던 모터사이클 스즈키 RV90의 광고 사진. 내 아들이 모터사이클에 앉아 다리가 땅에 닿는 날이 오면, 아들에게도 모터사이클 타는 법을 제대로 가르쳐 주고 싶다. 스스로 서 있을 수 없는 모터사이클을 두 바퀴로 서 있을 수 있도록 하는 게 라이더의 역할. 모터사이클을 위험하지 않게 타는 법을 익히는 동안, 인생을 제대로 살아가는 방법도 배울 수 있을 것이다.

해 보려고 해도 어쩔 도리가 없다. 위험을 최대한 줄여 가면서 계속 사랑을 나눌 수 있도록 노력하는 수밖에.

이십 년 가까이 모터사이클을 타면서 위험을 느낀 적도 많았고, 환멸을 느낀 적도 많았다. 사랑하는 친구를 잃은 적도 있었다. 그럼에도 불구하고 나는 오늘도 모터사이클에 올라 시동을 건다. 뭔가 멋지게 그 이유를 설명하고 싶지만 어떤 말로도 표현하기 어려운 게 사실이다. 그저 시동을 걸고 스로틀을 열면서 타이어가 노면을 박차는 것을 느끼는 순간, 헬멧 안에서 씩 웃음이 나온다. 이 책이 독자들에게 어떤 영향을 줄지도 솔직히 잘 모르겠다. 분명한 것은 밤하늘에 빛나는 별의 개수만큼, 모터사이클에는 수많은 즐거움이 있다는 것이다. 여러분도 부디 그 즐거움을 누릴 수 있기를 바란다.

2013년 11월
신동헌

- 우리나라에서는 원동기가 달린 두 바퀴의 탈것을 일반적으로 '오토바이'라고 부른다. 국어사전에도 올라와 있는 이 단어는 영어의 'auto'와 'bicycle'을 합성한 일본식 조어. 그러나 실제로 오토(auto)란 주로 자동차를 의미하고, 두 바퀴의 경우 모터(motor)를 사용하기 때문에 전 세계 라이더들 사이에서는 대부분 '모터사이클'이나 '모터바이크', 또는 이를 줄여 '바이크'라고 통칭한다. 이 책에서는 상황이나 문맥에 따라 '오토바이', '모터사이클', '바이크'라는 단어를 적절히 혼용했다.

모터사이클
제대로 이해하기

1

세상에서 가장 위대한 모터사이클

"국수집 꼬마가 한 손에는 배달 가방을 들고, 나머지 한 손으로 편하게 운전할 수 있는 바이크를 만들어라."

혼다의 창업주인 혼다 소이치로(本田宗一郎, 1906~1991)의 말 한마디에 전설이 시작됐다. '모터사이클'이라고 하면 흔히들 지축을 울리는 배기음, 쏜살같은 가속력, 남성미 넘치는 터프한 라이더를 떠올리기 마련이지만, 사실 우리 주변에서 가장 흔히 볼 수 있는 바이크는 무엇인가를 배달하는 '오토바이'다. '국수집 꼬마'는 우리나라로 치면 중국집 배달부이고, '배달 가방'이란 두말할 것 없이 '철가방'이다. 모터사이클에 관심이 있어 이 책을 읽고 있는 당신은 아마 한 번도 그 배달용 오토바이를 멋지다고 생각해 본 적이 없을 것이고, 그걸 타고 음식을 나르는 소년을 동경해 본 적도 없을 것이다. 그러나 그 오토바이가 없었다면 우리는 주말 아침에 느지막이 일어나 점심때쯤 가족과 함께 어떤 음식을 먹으며 행복함을 느낄 수 있었을까? 우리는 냉동 피자가 아닌 갓 구운 따끈따끈한 피자를 집에서 먹을 수 있었을까? 순두부찌개나 족발을 집에서 시켜 먹을 수 있었을까?

마치 공기처럼 언제나 우리 곁에 있었기 때문에 그 고마움을 느끼지는 못하지만, 이 자그마하고 볼품없는 모터사이클은 마치 모세혈관과도 같이 우리나라 전역의 서민 경제를 돌아가게 하고, 우리 삶을 풍족하게 하는 역할을 해 왔다. 동맥처럼 힘차지도 않고 정맥처럼 눈에 띄지도 않지만, '혈관'이 하는 일의 대부분은 모세혈관이 해내는 것처럼, 이 세상에서 단 한 종류의 모터사이클만 존재해야 한다면, 고민할 것도 없이 혼다의 '슈퍼 커브(Super Cub)'가 살아남아야 할 것이다.

우리나라에서는 '대림88', '시티100'이라는 이름으로 잘 알려진 배달용 바이크의 오리지널 모델인 혼다 슈퍼 커브는 1956년 혼다 소이치로의 지휘에 따라 태어났다. 이 바이크는 지금까지 6000만 대(2008년 기준) 이상 생산되어 전 세계를 달리고 있다. 슈퍼 커브의 고향인 일본과 우리나라처럼 음식이나 편지, 신문을 배달하는 데 사용하는 나라도 있고, 베트남이나 중국, 유럽처럼 수많은 사람들의 이동 수단으로 활용되는 나라도 있다. 미국처럼 소배기량 모터사이클의 불모지에서도 슈퍼 커브만큼은 깊숙이 받아들여졌다. 지역과 문화, 경제적 상황에 따라 사용하는 용도는 다르지만, 공통된 점은 '사람과 사람을 연결'한다는 것이다.

1958년에 첫 생산된 이래 2008년까지 6000만 대 이상 생산된 혼다의 슈퍼 커브.(위) 커브의 고향인 일본과 아시아 전역을 비롯해 유럽과 아메리카 지역까지 널리 퍼져 전 세계 수많은 사람들의 이동 수단으로 활용되고 있다.

1960년대 미국 시장에 본격적으로 진입한 혼다는 일반인들을 타깃으로 한 광고 슬로건을 내세워 슈퍼 커브를 홍보했다.(아래)

자동차의 보급이 개개인의 이동을 자유롭게 하면서 현대 사회를 이룩하는 데 공헌한 것을 '모터리제이션(motorization)'이라고 하는데, 그것을 더더욱 많은 사람들에게 가능케 해 준 것이 바로 슈퍼 커브다. 혼다가 생산한 6000만 대만 해도 많은 양이지만, 우리나라에서 생산되는 시티100처럼 라이선스를 받아 만들거나 중국이나 인도 등지에서 설계를 본 따 만든 모조품까지 감안하면 그 숫자는 실로 엄청나다. 평소 '꿈'을 좌우명으로 삼고 살아온 혼다 소이치로의 아이디어는 포드 모델 T나 폭스바겐 비틀이 사람들에게 이동의 자유를 준 것보다 몇 배나 더 많은 자유를 가져다준 셈이다. 인류의 삶에 변화를 준 탈것을 꼽는다면, 그 첫 번째는 다임러의 최초의 자동차나 폭스바겐 비틀이 아니라 어쩌면 혼다 슈퍼 커브가 될지도 모른다.

혼다는 1958년 일본 야마토 공장에서 슈퍼 커브의 첫 생산을 시작한 이래 1960년까지 일본 내에 공장을 두 군데 더 세웠고, 1961년에는 대만에 첫 해외 공장을 지었다. 1963년에는 벨기에 공장을 세우면서 유럽에 진출했으며 1966년에는 방글라데시에도 공장을 세웠다. 태국, 말레이시아, 인도네시아, 필리핀에 공장을 세우면서 경제적으로 낙후된 동남아시아 지역에 모터리제이션을 가능케 했다. 그리고 1980년에는 아프리카 모리셔스에 공장을 세웠고, 1981년에는 일본에서 생산한 제품을 수출하는 대신 콜롬비아에 공장을 세워 남아메리카 지역의 고용 창출에도 힘쓰기 시작했다. 지금은 나이지리아, 인도, 멕시코, 브라질, 베트남, 중국, 라오스, 캄보디아, 아르헨티나, 페루에서도

우리나라에서는 대림이 혼다의 기술을 이전 받아 커브의 라이선스 모델을 생산했다. 한국의 교통 상황과 소비자의 욕구를 충족시키기 위해 배기량을 차츰 확대하고 제동력이 우수한 디스크 브레이크를 장착하거나 펑크가 나도 간단하게 수리할 수 있는 캐스트 휠로 교체하는 등 나름의 마이너 체인지를 거치며 한국화했다.

국내에 출시된 혼다 슈퍼 커브 110. 외관은 모던해졌지만, 기본 구조는 초기와 크게 다를 바가 없다. 앞서가는 발상과 우수한 설계, 제대로 된 만들기의 삼박자가 낳은 걸작.

슈퍼 커브를 생산하고 있다. 라이선스 모델과 모조품을 생산하는 공장은 그보다 몇 배나 더 많다. 이 바이크는 단순한 상품이라기보다 경제 구조의 한 축을 담당하고 있는 것이나 마찬가지며, 혼다가 해외에 공장을 세우고 해당 지역에 바이크를 보급하는 것은 일본의 중요한 민간 외교 역할까지 하고 있다.

우리나라에서는 대림이 혼다의 기술을 이전 받아 슈퍼 커브의 라이선스 모델을 생산했는데, 한국의 교통 상황과 소비자의 욕구를 충족시키기 위해 배기량을 50cc에서 88cc, 100cc, 110cc로 차츰 확대하고 제동력이 우수한 디스크 브레이크를 장착하거나 펑크가 나도 간단하게 수리할 수 있는 캐스트 휠로 교체하는 등 나름의 마이너 체인지를 거치며 한국화했다. 그러나 이 바이크가 대림의 수익 구조에서 대부분을 차지했기 때문에 기술 개발을 소홀히 한 나머지 더 이상의 발전을 막는 계기가 되기도 했다. 대림은 값싼 중국제와 대만제 모터사이클에 밀려 시장 점유율이 점점 줄어들다가, 최근 혼다가 오리지널 커브를 국내에 출시하면서 사면초가에 다다른 상황이다.

혼다 커브 혹은 대림 시티100을 타 본 사람이라면 알겠지만 이 바이크는 의외로(?) 잘 달린다. 바퀴가 스쿠터보다 커서 거친 노면에서도 차체의 흔들림이 적고, 클러치 조작 없이 변속되는 4단 로터리 기어는 부드러우면서도 민첩하게 차체를 가속시킨다. 엔진은 매우 기본적이고 간단한 구조이기 때문에 고장도 잘 나지 않으면서 꾸준하게 힘을 발산한다. 엔진 오일을 교환하지 않고도 몇 만 킬로미터를 달릴 수 있다고 소문이 나 있을 정도인데, 실제로 정비사들 사이에는 엔진 오일을 교환하기 위해 드레인 볼트(drain bolt)를 풀었더니 단 한 방울의 엔진 오일도 들어 있지 않더라는 믿지 못할 무용담(?)이 전해지기도

● 사용한 엔진 오일을 뽑아내는 구멍을 막고 있는 볼트.

한다. 영국의 어느 텔레비전 프로그램에서는 슈퍼 커브의 내구성에 관한 수많은 소문을 확인하기 위해 엔진 오일 대신 식용유를 넣고 달리는 것을 시도한 적도 있었다. 그 결과는 '아무 이상 없음'이었다. 게다가 50cc 모델의 경우 연비가 리터당 100킬로미터를 넘어선다. 110cc

2007년 도쿄 모터쇼에서 첫선을 보인 전기 모터사이클 혼다 커브 EV.
시대의 흐름에 따라 변화하면서 혼다 커브는 앞으로도 영원히
모세혈관 역할을 계속할 것이다.

모델도 50~60킬로미터의 연비를 기록할 정도이니 기름 냄새만 맡아도 간다는 소문이 돌아도 이상할 것이 없다. 사용되는 분야의 특성상 상당수의 운전자들이 모터사이클 정비를 소홀히 하는 상황에서도 전 세계적으로 신뢰도가 높다는 것은 이 모터사이클의 설계가 얼마나 실용적이고 소비자 지향적인지를 잘 알 수 있다.

혼다 슈퍼 커브는 모터사이클을 잘 이해하고 있는 사람일수록 그 가치를 높게 평가한다. 만약 경제성을 최우선시한 조건으로 탈것을 고른다면, 슈퍼 커브 이상의 선택은 있을 리가 없다. 커브의 시트에 앉아 보면 그 경제성이 의미하는 것이 '싸구려'가 아니라 '효율'이며, 나아가 '꿈'이고 '도전 정신'이자 인류가 자유와 소통을 위해 걸어 온 '길'을 의미한다는 것을 알 수 있을 것이다. 혼다의 슈퍼 커브는 전 세계 어느 모터사이클보다도 훌륭하다.

모터사이클의 스포츠성에 대하여

 이 책에서 말하는 모터사이클은 기본적으로 '취미'의 영역에 속하는 것을 뜻한다. 스스로를 '라이더'라고 하는 사람들은 누구나 취미로서의 바이크를 논하지, 상업용이나 이동 수단으로만 쓰기 위한 바이크를 떠올리지는 않는다. 모터사이클에 대한 애정 없이 그저 이곳에서 저곳으로 이동하기 위해 이용하는 사람이라면, 자기 자신을 '라이더'가 아니라 '김 아무개'라고 불러 달라고 할 것이다. 실제로 그들은 그냥 '오토바이 타는 아저씨'이지, 라이더가 아니다.

 이는 자동차와 모터사이클의 차이점이기도 하다. 자동차를 아무리 좋아하는 사람이라고 해도 대부분은 생필품이나 이동 수단으로 구입한다. 포르쉐를 좋아하지만 2000cc 패밀리 세단을 타는 사람이 그걸 타고 스포츠 주행을 즐기거나 튜닝을 즐긴다고 해도 그건 '취미

도구'라기보다는 '생필품으로 대리 만족'하는 것에 가깝다. 여자 친구 대신 오른손이 우리를 위로해 준다고 해서 오른손을 여자 친구라고 부르지 않는 것과 마찬가지다.

그러나 모터사이클은 1000cc짜리 슈퍼스포츠 모터사이클이 아니라 50cc 스쿠터라고 해도 그 자체가 훌륭한 취미 도구일 수 있다. 배기량에 상관없이, 두 바퀴에 엔진만 달려 있으면 거기에는 스포츠성이 깃들기 때문이다. 사실 엔진이 없어도 상관없다. 이 스포츠성의 근원은 '바퀴가 두 개'라는 데 있다.

우선 '스포츠'라는 단어의 의미를 찾아보자. 『체육학대사전』(민중서관, 2000)에 따르면 '스포츠'라는 단어의 어원은 라틴어에 뿌리를 두고 있다. 본래는 'disport'라 했으나, 영어로 바뀌면서 'di'가 없어지고 'sport'가 되었다. 라틴어의 접두사 'dis'는 '분리(分離, away)'를 의미하며, 'port'는 '나르다(carry)'라는 뜻이다. 따라서 'disport'는 'carry away'라는 뜻으로 "마음을 다른 곳으로 나르는 것", 다시 말해 "일에 지쳤을 때 기분을 전환하기 위해 무엇인가를 하는 것"을 의미한다. 지금은 심한 육체 활동이나 운동, 그리고 그것을 연습하는 과정까지 포괄적으로 의미한다. 경기 규칙에 따라 승패를 겨루는 것을 일반적으로 스포츠라고 부르지만, 그것을 연습하는 것 혹은 심신의 재충전을 위해 행하는 모든 활동을 스포츠라고 부를 수 있는 것이다.

자동차에서 '스포츠'란 빠른 속도로 달리거나 다이내믹한 방향 전환을 할 때 '스포츠 주행'이라는 말을 사용하곤 한다. 지붕을 연다거나, 멋진 디자인의 빨간색 차를 타고 수많은 인파 속을 느릿느릿 헤쳐 나가는 것도 넓은 의미에서 스포츠라고 할 수 있다. 그러나 그저 액셀러레이터에 발을 얹어 놓고 차선 위를 직진하는 행위는 스포츠 주행이 아니다. 그건 누구나 아무 생각 없이 할 수 있기 때문이다.

그러나 모터사이클의 경우는 다르다. 직진만으로도 스포츠다. 유턴도 스포츠고, 평범한 좌회전 우회전도 훌륭한 스포츠가 된다. 왜냐하면 앞서 말했듯이 바퀴가 두 개이기 때문이다. 모터사이클은 혼자서는 서 있지도 못한다. 세울 때는 스탠드를 이용해 땅을 지지해야 한다. 두 개의 바퀴에 하나의 쇠막대가 더해져 적어도 세 군데의 지지점이 있어야 서 있을 수 있다. 아니면 라이더가 올라타서 균형을 잡아 줘야 한다. 모터사이클은 라이더와 함께 앞바퀴를 끊임없이 좌우로 미세하게 움직이며 균형을 잡는다.(자전거를 처음 탈 때를 생각해 보라.) 앞바퀴의 좌우 움직임은 너무 미세하고 빨라서 눈으로 볼 수는 없지만, 직진하는 모터사이클도 바퀴는 끊임없이 좌우로 움직이기 마련이다. 의심스럽다면 핸들을 움직이지 않게 용접해 보면 된다. 핸들이 좌우로 움직이지 않는 모터사이클은 직진조차 할 수 없다. 직진은커녕 고작 2미터도 앞으로 가지 못한다. 라이더는 스스로 눈치 채지 못하는 사이에 모터사이클과 함께 균형을 잡고 있는 것이다.

좌회전 우회전을 할 때도 시선 처리와 체중 이동이 무척 중요하다. 익숙해지면 아무 생각 없이 하게 되지만, 만약 지나가는 예쁜 여자를 보느라 시선 처리를 제대로 안 하면 넘어지거나 엉뚱한 방향으로 가

모터사이클 라이딩은
정신과 체력을 절묘하게
이용하면서 중력과 관성의
법칙을 거스르기 위해
끊임없이 싸우는 스포츠다.

서 들이받기 십상이다. 자동차는 핸들을 고정시켜 놓아도 어떻게든 앞으로 나아간다. 그러나 모터사이클은 앞서 말했다시피 균형을 잡기 위해서는 핸들을 고정시킬 수가 없고, 라이더가 보는 방향으로 가 버리기 때문에 단 한순간도 한눈을 팔수가 없다. 바로 이것이 모터사이클이 자동차보다 사고율이 낮은 이유이기도 하다.

유턴은 더더욱 심오한 스포츠다. 라이더라면 아마 고개를 끄덕일 것이다. 대형 모터사이클의 핸들을 완전히 왼쪽으로 꺾어 단 한 번에 유턴하는 것을 '풀 로크(full lock) 유턴'이라고 하는데, 이는 꽤 고급 기술에 속한다. 거대한 모터사이클을 한 번에 유턴시키는 라이더를 보면 일반인들은 그러거나 말거나 하겠지만, 동료 라이더들은 엄지손가락을 추켜세운다. 무슨 말인지 모르겠다면 자전거로라도 해 보면 알게 된다. 왼쪽으로 완전히 꺾은 핸들이 다시 풀려서 자동으로 오른쪽으로 가곤 하는 걸 느끼게 될 것이다. 핸들을 전혀 풀지 않고 한 번에 유턴하는 건 결코 쉽지 않은 일이다.

속도에 따라 좌우로 얼마나 기울여야 하는지, 기울일 때 체중을 어디에 실어야 하는지, 기어 변속을 할 때는 왼손의 클러치와 오른손의 액셀러레이터를 어떻게 조작해야 하는지, 브레이크를 잡을 때 어디를 어떻게 잡아서 몸이 앞으로 쏠리는 것을 방지하는지, 브레이크를 잡아 속도를 줄인 후 브레이크 레버를 놓을 때는 어떻게 해야 바이크가 앞뒤로 출렁이지 않는지 등등을 연구하다 보면, 그 과정 자체가 얼마나 심오한 스포츠인지를 알게 된다. 그 모든 테크닉을 여기에 쓰는 것

라이더라면 이 사진을 보고 아름다운 여자의 나체 사진을 보는 것과 비슷한 반응을 보일 것이다.

은 불가능하다. 그건 이 책보다 두 배는 더 두꺼운 별도의 교본이 필요한 일이다.(사실 그것으로도 완벽하게 설명하지 못한다.)

자전거를 타 봤다면 비슷한 재미를 느낄 수도 있겠지만, 모터사이클은 무게 중심의 이동이 자전거에 비해 더 많이 필요하고 무거운 데다 속도도 훨씬 빠르기 때문에 그보다 몇 배는 더 연구해야 제대로 달릴 수 있다. 모터사이클을 완벽하게 마스터한 사람은 없다. 모토GP(MotoGP) 같은 세계적인 레이스에서 활약하는 사나이들도 방향 전환과 재가속 시점에서 실수를 해 땅바닥에 내동댕이쳐지곤 한다. 몸과 머리를 이용해 중력과 관성에 대항해 끝없이 싸우는 게 바로 모터사이클 라이딩이다. 뭐가 그리 재미있느냐고 물으면 딱히 이유를 대답할 수 없다. "중력과 관성에 대항해 싸우는 게 좋아서."라고 사실대로 답하면 미친놈 취급을 할 테니까. 보통 사람들은 여자를 꾀거나 사회에 반항하고 싶어서 모터사이클을 탄다고 오해하곤 하는데, 그런 시각에서 쉽게 설명해 줄 수도 있다. 모터사이클은 여자다. 그런데 같이 잘 때마다 다른 느낌이 나는 것이다. 내가 어떻게 하느냐에 따라 소리도 달라지고 움직임도 달라진다. 잠깐 함께해도 좋고, 오래 함께해도 좋다. 기분 맞춰 줄 필요 없이 내가 일관되게 대하기만 하면 언제든지 반응을 보일 줄 아는 여자다. 함께하면 왠지 내가 멋진 남자가 된 것 같은 기분이 들게 한다. 실제로 그녀와 함께 있으면 남자들이 눈을 떼지 못한다. 가끔은 그녀와 재미를 나눌 때 다른 여자 한 명을 더 추가할 수도 있다. 그런 여자를 어떻게 사랑하지 않을 수 있겠는가.

BMW가 모터사이클을 만드는 이유

BMW 모터사이클을 타고 달리다 보면 아직도 심심찮게 듣는 질문이 있다. "BMW에서 오토바이도 나와요?"라는 것이다. 그럴 때마다 "네, BMW는 자동차보다 모터사이클을 먼저 만들었어요."라고 답해 주지만, 듣는 이들은 영 못 미덥다는 표정으로 고개를 갸우뚱한다. 그들은 아마도 천하의 BMW가 뭐가 아쉬워서 두 바퀴짜리를 만드느냐고 생각할지도 모르겠다. 뭐든지 많은 것, 큰 것이 미덕인 우리나라 사람들의 정서상 바퀴가 두 개밖에 없는 모터사이클은 바퀴가 네 개나 있는 자동차보다 하등한 탈것이라는 인식이 강하기 때문이다.

BMW는 원래 비행기 엔진을 만들던 회사였다. 그러다가 1923년 첫 모터사이클인 R32를 만들었다. 당시에는 아직 자동차가 대중화되기 이전이었고, 모터사이클도 부유층이 아니면 탈 수 없는 귀한 것이

BMW는 1923년 첫 모터사이클인 R32를 만들었다. 당시에는 아직 자동차가 대중화되기 이전이었고, 모터사이클도 부유층이 아니면 탈 수 없는 귀한 것이었다. 그들은 R32를 타고 여행을 즐기거나 누가 빠른지 내기하면서 여가를 즐겼다. 그리고 제2차 세계대전 이후 연합국에 의해 전범 국가의 비행기 제조가 금지되자 BMW는 공장을 놀리는 대신 모터사이클 제조에 열중하기 시작했다.

었다. 그들은 R32를 타고 여행을 즐기거나 누가 더 빠른지 내기하면서 여가를 즐겼다. 제2차 세계대전 이후 연합국에 의해 전범 국가의 비행기 제조가 금지되자 BMW는 공장을 놀리는 대신 모터사이클 제조에 열중하기 시작했다. 소득 수준이 올라가고 모터리제이션 시대가 오면서 독일인들, 아니 유럽인들은 너도나도 모터사이클을 구입해 타기 시작했다. '대중 교통 수단'이라는 말이 생겨나기 훨씬 전, 시속 4킬로미터 정도의 도보 아니면 정해진 길 외에는 달리지 못하는 기차 같은 제한적인 이동 수단밖에 없던 시대에 시속 100킬로미터로 달릴 수 있는 모터사이클의 등장은 그들에게 산업혁명 못지않은 대변화였다. 모터사이클에 대한 유럽인들의 사랑은 이렇게 일찍 시작되었다.

　　기술이 더 발달하고 소득 수준이 올라가자 사람들의 관심은 가족이 모두 함께 탈 수 있는 자동차로 옮겨 가기 시작했다. 유럽에서 '교통 수단'으로서의 모터사이클 시대는 자동차의 등장과 함께 막을 내렸다. 그러나 모터사이클의 명맥이 끊긴 것은 아니었다. 모터사이클은 이동 수단이 아닌 '취미 도구'로 자리 잡았다.

　　개방감을 즐기면서 국도를 달리거나 코너를 좀 더 빠르고 경쾌하게 공략할 수 있는 방법을 찾으면서 모터사이클은 주말 스포츠로 자리 잡았다. 사계절 내내, 어느 곳에서나 즐길 수 있는 스포츠와 다름없었다. 게다가 유럽 도로에서 자동차를 운전하는 사람들은 얼마 전까지만 해도 모터사이클을 애용하던 사람들이었기 때문에 모터사이클에게 매우 호의적이었다. 자동차에 탄 사람들은 모터사이클 라이더에게 손을 흔들거나 엄지손가락을 추켜세우며 자신들의 사랑을 아낌없이 표현했다.

그런 분위기는 지금도 마찬가지다. 생전 모터사이클을 타 본 적이 없는 사람이라고 해도 두 바퀴에 대해 적대감을 갖거나 폭주족이라고 생각하지는 않는다. 자신의 할아버지와 아버지가 모터사이클 라이더였기 때문이다. 유럽에서 모터사이클은 누구나 동경하는 취미이지 공공의 적이 아니다.

1999년 BMW 코리아가 처음으로 우리나라에 모터사이클을 들여왔을 때, 그들은 매우 당황하는 눈치였다. 당시 우리나라에서는 BMW 자동차가 엄청난 성장률을 보이면서 잘 팔리는 시기였는데도 불구하고 아무도 BMW 모터라드(독일인들은 '오토바이'를 모터라드라고 부른다.)의 존재를 모르고 있었기 때문이다. 100년 가까이 모터사이클을 만들어 왔는데 "BMW가 오토바이도 만들어요?" 하는 질문을 받으니 당황할 수밖에. 그러나 그들은 무지와 편견에 굴하지 않고 '모터라드'의 장점을 알리는 데 두 팔을 걷고 나섰다. 우리나라의 라이더들은 무척 완고하고 보수적이어서 장점을 이해하기 전에는 절대 구입하지 않는다는 사실을 깨달았기 때문이다. 라이더들은 강남 아줌마들처럼 BMW의 파란색 엠블럼에 현혹되지 않았다. 뭐가 뛰어난지 납득하기 전에는 일제 바이크의 두 배에 달하는 금액을 지불하려 하지 않았다.

BMW가 처음 어필하기 시작한 것은 '안전'이었다. BMW 모터사이클은 전 차종에 ABS가 장착되고, 시트 아래에는 독일제 기본 공구와 펑크 수리 키트까지 들어 있었다. 철판을 오려 만든 싸구려 스패너와 나사보다 약해 보이는 드라이버가 실려 있을 뿐인 일제 바이크와는 비교도 안 되는 호화 장비였다. 또한 점검을 안 하면 끊어질 위험이 있는 체인과 달리, 자동차와 같은 샤프트 구동 방식이었기에 정비하지 않고도 수만 킬로미터를 달릴 수 있었다. BMW가 모터사이클과 함께 선보인 안전 장구도 획기적인 것이었다. 지금은 거의 모든 라이더가 헬멧을 쓰고, 시동을 걸면 자동으로 헤드라이트가 점등되도록 법이 제정되었지만, 당시만 해도 우리나라에서는 "헬멧을 쓰자." "낮에도 라이트를 켜자."는 캠페인이 벌어지고 있었다. 그러나 BMW는 헬멧뿐 아니라 각종 관절 보호대가 들어간 방풍·방수 의상을 꼭 입어야 한다고 주장했다. 처음에는 장삿속이 아닌지 의심하던 사람들도 한 번 입어 본 후에는 고개를 끄덕였다. 갑작스러운 기후 변화나 장거리 주행의 피로를 덜어 주는 안전 장구는 만일의 사고를 예방하는 효과가 있었기 때문이다. 또 사고가 나 바이크가 산산조각 난 상황에서도 안전 장구를 갖춘 라이더가 툭툭 털고 일어나는 장면을 목격한 이후에는 모두들 안전 장구를 갖추기 시작했다. 아래위를 모두 구입하면 가격이 이탈리아제 슈트 한 벌 가격보다 비싸지지만, 목숨을 지킬 수 있는 가격으로는 상당히 저렴한 것이었다.

BMW 모터라드의 두 번째 장점은 '즐거움'이었다. 모터사이클을 왜 타는지 알 수 있게 해 준 것이다. 라이더 중 절반은 폼으로 타기 시작했다가 생명의 위협을 느낀 후 그만두고, 나머지 반의 반은 가끔 길거리에 타고 나가 폼을 잰 후 집에 쭉 세워 놓는다. 바이크를 진정으로 사랑하면서 즐기는 진짜 '라이더'의 수는 그다지 많지 않다.

모터사이클을 타고 시속 200킬로미터로 달리면 그 주행풍의 세기는 일반인이 감히 상상도 못할 정도로 강력하다. 타고 난 다음 날은 근육통 때문에 허리도 못 펴기 십상이다. 그러나 유럽 대륙에서 태어난 BMW는 좀 달랐다. 유럽의 라이더들에게 하루 1000킬로미터 주행은 거의 생활이다. 짐을 한가득 싣고 일주일씩 알프스를 넘나들며 여행을 하는 경우도 잦다. 아우토반의 1차선을 차지하고 달리니 물론 평균 속도는 시속 200킬로미터 이상이다. 이 때문에 BMW 모터사이클은 커다란 가방과 바람을 막아 주는 윈드 실드, 장거리 고속 주행의 피로를 줄여 주는 고성능 서스펜션이 기본 장비다. 이 장비들은 산이 많고 국도의 주행 속도가 높은 우리나라의 여건에도 딱 알맞았다. 일제 바이크 라이더들이 주행풍으로 인한 피로 때문에 신경이 곤두선 채 강원도 산간 도로를 달릴 때, BMW 라이더들은 쾌적한 기분으로 동네 앞 도로 달리듯 달릴 수 있었다. 간혹 일부러 길을 가로막는 매너 없는 트럭 운전사를 만나더라도, BMW 경우엔 브레이크를 힘껏 움켜쥐면 그 자리에 설 수 있었다. ABS가 없는 모터사이클을 타고 브레이크를 움켜쥐었다가는 앞바퀴가 미끄러지면서 넘어지기 십상이다. 그러면 라이더는 모터사이클과 함께 트럭 밑으로 빨려 들어가게 된다.

그뿐이 아니다. BMW는 아직 우리나라 사람들이 생각지도 않는 부분까지 신경 쓰고 있다. 대부분의 라이더들이 모터사이클을 타는

1970년대 후반 BMW 모터사이클이 미국 시장에 진입하면서 잡지에 실은 광고. 안전성과 기능을 바탕으로 쾌적한 라이딩을 즐길 수 있음을 강조했다. 그때나 지금이나 BMW는 자타가 공인하는 최고의 장거리 투어용 모터사이클이다.

제1부 모터사이클 제대로 이해하기   39

BMW 모터사이클은 커다란 가방과 바람을 막아 주는 윈드 실드, 장거리 고속 주행의 피로를 줄여 주는 고성능 서스펜션이 기본 장비다. R1200RT의 머플러는 박서 시리즈의 기함답게 크롬으로 도금되어 있고 백금 촉매가 들어 있어 오염 물질의 배출을 줄였다.

이유로 파란 하늘과 바람 냄새를 꼽는다. 그러나 정작 모터사이클을 타고 달리면 달릴수록 자연환경을 파괴한다는 사실을 걱정하는 사람은 별로 없다. "요즘 하늘이 왜 파랗지가 않고 뿌연 거야?" 하면서 중국 탓으로 돌릴 뿐이다. 나도 BMW를 타기 전까지는 그랬다. BMW가 비싼 이유는 바로 귀금속 중에서도 매우 비싼 백금이 들어가기 때문이기도 하다. 물론 엔진을 번쩍이게 하기 위해 백금을 쓰는 건 아니다. 백금이 들어가는 곳은 바로 눈에 보이지 않는 머플러 속이다. 머플러 속의 백금은 배기가스와 화학 작용을 일으키면서 배기가스를 좀 더 깨끗하게 만들어 준다. 이미 10년 전부터 엄격하기로 유명한 유로 4 배기가스 기준을 만족시키면서 라이더들의 노블레스 오블리주를 실행하고 있다.

국내 도입 초기만 해도 BMW 모터사이클의 가격은 꽤 비싸서 일제 바이크의 두 배에 가까운 가격이었다. 일제 바이크도 결코 싸다고 할 수 없는 가격인데도 불구하고 두 배에 가깝다 보니 거부감을 느끼는 사람들이 많았던 것도 사실이다. 그러나 앞서 말한 장점들이 그 가격 차이를 상쇄하고도 남았기 때문에 얼마 지나지 않아 꽤 많이 팔리기 시작했다. 그러던 것이 2008년 리먼 사태 이후에는 역전 현상이 일어나 일제 바이크의 가격이 환율의 영향으로 치솟았음에도 불구하고, BMW 바이크는 제자리를 유지하거나 더 저렴해졌다. 게다가 국내 수입 자동차 판매 1위를 달리는 자동차 덕분에 BMW가 만들어 놓은 금융 프로그램도 저리로 이용할 수 있게 됐다. 이자가 워낙 싼 데다 때로는 무이자 프로모션도 하기 때문에 목돈을 갖고 있지 않은 사람이라도 쉽게 접근할 수 있다. 덕분에 BMW는 지금 우리나라에서 가장 많이 팔리는 대형 모터사이클이다.

BMW 모터사이클을 타다 보면 수많은 체험도 할 수 있다. 제대로 바이크 타는 법을 배울 곳이 없는 우리나라에서 가장 먼저 라이딩 스쿨을 연 것도 BMW였고, 외국에서 바이크를 탈 수 있는 투어 프로그램을 만든 것도 BMW였다. 타 보지도 못하고 구입해야 했던 우리나라에서 고객 시승용 바이크를 준비한 것도 BMW가 처음이었다. 중소 바이크 숍들이 아무 경험 없는 라이더에게 막무가내로 '과부 제조기'를 팔 때, BMW는 '어른을 위한 취미 도구'를 팔았다. '당기면 나간다'는 교육 아닌 교육을 받고 바이크를 시작한 내게, BMW의 등장은 일종의 문화적 충격이었다. 낙후됐던 우리나라의 바이크 문화를 한 단계 성숙시킨 데는 분명 BMW의 힘이 컸다. 한 사람의 라이더로서 절이라도 하고 싶은 심정이다.

화양리의 청춘은
왜 쇼바를 올렸나

지금은 그 수가 많이 줄었지만 십여 년 전까지만 해도 자정 무렵의 화양리나 여의도에는 뒤꽁무니가 하늘을 향해 올라간 기이한 형태의 오토바이 무리를 볼 수 있었다. 그들은 헬멧을 쓰지 않았고, '똥불'이라고 불리는 전구를 차체 여기저기에 달았으며, 영국 유니온 잭이 그려진 방석을 시트 위에 깔고앉고서, 차체를 쓰러질 듯 좌우로 기울이며 달렸다. 대한민국 국민 누구나 알고 있는 '폭주족'이다.

사실 그들을 실제로 만나 본 사람들은 많지 않다. 그들은 낮에는 생업에 종사하다가 자정 무렵에 뭉쳐서 돌아다니기 때문에, 한밤중에 운전을 해 본 적이 있는 사람이 아니라면 그들을 실제로 만나 본 사람은 많지 않을 것이다. 그럼에도 불구하고 '폭주족'이라는 단어를 모든 사람들이 알고, 또 그들을 직접 본 것처럼 착각하는 이유는 언론에서 다루기 좋은 선정적인 주제이기 때문이다.

　각 지역의 경찰서에 상주하는 기자들이 있다. 주로 갓 기자 명함을 받은 1년차 기자들……이라기보다 갓 입사한 신참내기들이다. 언론사는 신입 기자들이 입사하자마자 수첩과 볼펜과 칫솔을 쥐어 주고는 경찰서로 보낸다. 그것을 업계 용어로 '사슴앓이'라고 하는데, 사실은 '경찰서 돌기'라는 뜻의 일본어 '사츠마와리(さつまわり, 察回り)'에서 온 것이다. '사무라이'를 비슷한 발음의 '싸울아비'로 바꾸어 놓고 '순 우리말'이라고 우기는 것과 비슷하게, 그저 일본 신문사의 신참 교육 방식을 맹목적으로 좇고 있는 행태다. 아무런 교육도 없이, 오리엔테이션도 없이, 선배의 가르침도 없이, 수첩과 볼펜과 칫솔을 들고 난생 처음으로 파출소도 아닌 경찰서에 가는 것이다. 척 보기에도 군대 훈련병처럼 어리병병한 그 신입 기자 무리들은 경찰서 기자실에 모여서 이리저리 상황을 살핀다. 뭔가 기삿거리가 없나 두리번거리면서. 음주 운전을 하다 걸린 연예인이라도 만날 수 있는 강남 경찰서 담당이라면 다행이지만 대부분은 별의별 시시껄렁한 사건만 계속되기 마련이다. 그러다가 광복절처럼 폭주족이 모이는 시기가 되면 경찰들은 신입 기자들을 불러 모은다. 선심이라도 쓰듯이 폭주족 집중 단속에 데리고 가는 것이다. '폭주족'이라는 멋진 이름이 있고, 사진으로 찍어도 멋지다. 흔한 말로 "비주얼이 나온다."는 것이다. 게다가 그들은 대부분 비행 청소년이고, 왜 이러냐고 물으면 "이대로 달리다가 죽어도 좋아요." 혹은 "우리를 이해 못 하는 사회가 싫어요."처럼 치기어린 답변도 술

술 해 준다. 매년 반복되는 패턴이지만, 신입 기자들은 이 현장에서 마치 자신이 사회의 어두운 부분을 조명이라도 한 것 같은 착각에 빠진다. 자신의 기사로 이 사회의 병폐가 드러나고, 마음을 다친 아이들을 가족의 품으로 돌려보낼 수 있을 것 같다는 자신감에 차게 되는 것이다. 기사 송고를 마치고 나면 선배(라고 해봤자 기자 3년차)와 소주잔을 기울이면서 기자가 되길 잘했다며 보람에 젖는다.

다음 날 텔레비전 화면이나 신문 지면에서 그 기사를 본 대중들은 아침에 모터사이클을 타고 정시 출근하는 나를 보며 혀를 끌끌 찬다. "저노무 폭주족 새끼……."

나는 아침 일찍 일어나 조간신문을 읽으며 사회가 어떻게 돌아가는지를 살피고 경제란을 보며 앞으로의 계획도 다시 한 번 점검한 후 아들과 아내에게 키스를 하고 출근길에 나선 가장이다. 자동차도 갖고 있지만, 혼자 타고 도로를 점유하는 '일인 승차 차량'의 폐해를 조금이라도 줄이고자 모터사이클을 타고 나왔다. 연비는 리터당 30킬로미터가 넘고, 대한민국 환경부가 승인한 배기 파이프를 아무런 개조 없이 장착한 모터사이클을 타고 있다. 그리고 법규가 규정한 대로 헬멧을 착용했을 뿐만 아니라 척추 보호대와 어깨, 팔꿈치 보호대, 글러브는 물론 부츠까지 갖춰 입고 모든 신호를 지켜 가며 정시 출근해 사회 발전에 이바지하려고 하는 데도 그저 두 바퀴에 타고 있다는 이유만으로 '폭주족'인 것이다.

도로교통법상의 '폭주'는 "두 대 이상의 차량(모터사이클 포함)이 종

또는 횡으로 주행하며 다른 차량의 주행을 방해하는 것"을 말한다. 앞뒤로 혹은 좌우로 함께 달리면서 다른 차량의 흐름을 막는 대표적인 차량이 바로 관광버스다. 고속도로 1차선을 대여섯 대의 수학여행 관광버스가 줄줄이 막고 달리는 것을 본 경험이 있을 것이다. 장례식 차량도 마찬가지고, 주말이면 인천 공항으로 가는 길에 교우 관계가 아주 좋은 신혼부부가 비슷한 광경을 연출하는 것도 볼 수 있다. 차선을 이리저리 오가며 달리는 행위나 길 한복판에 세우는 것, 차선 두 개를 물고 달리는 것은 택시들이 자주 행하는 '폭주' 행위다. 장담컨대, 이와 같은 행위는 모터사이클보다 택시를 통해 더 자주 만나게 된다. 집 앞에만 나가도 폭주하는 택시를 만날 수 있지만, 쇼바를 올린 '폭주족'을 길에서 만나 본 지가 어언 몇 년인지는 기억도 안 난다.

 물론 나도 자동차를 운전하다 보면 퀵 서비스 기사들의 제멋대로 운전에 짜증나는 경우도 있고, 중국집 배달부의 중앙선 침범에 깜짝 놀라는 경우도 있다. 그렇지만 그들 때문에 모든 모터사이클을 보고 "으이구, 망할 놈의 오토바이."라고 하는 건 문제가 있다는 말이다. 택시 기사의 불법 유턴을 하루 두 번 이상 목격하는 우리는 아무도 그걸 보고 "자동차가 문제야."라고 하지 않는다. 제대로 법규를 지키며 운전하는 시내버스를 찾으려야 찾을 수가 없을 지경이지만, 아무도 버스 기사들의 운전 재교육 필요성을 지적하지 않는다. 하지만 모터사이클은 너무 만만한 거다. '위험한 것'이라고 하면 100퍼센트 확률로 고개를 끄덕인다.

신문에 폭주족 관련 기사가 보도될 때 흔히 등장하는 장면이다.
저 아이들은 아마도 나이 먹은 후에는 자동차를 타고 저런 짓을 하고 있을지도 모른다. 고등학교 때 폭주를 뛴 경험이 있는 사람들은 라이더들끼리 있을 때는 창피해서 그런 말을 잘 안 한다.

나는 20년 가까이 모터사이클을 타면서 단 한 번도 내 책임으로 다른 차나 보행자를 들이받는 사고를 낸 적이 없다. 또한 내 주변에서도 그런 경우를 본 적이 없다. 대부분은 자동차의 과실로 사고가 난다. 보지 못했다는 게 무슨 변명이라도 되는 것처럼 자동차 운전자들은 십중팔구 "못 봤어요."라고 하면서 청렴한 표정을 짓는다. 운전할 때 360도 주변을 살펴야 하는 건 의무 사항이고, 못 본 건 분명한 잘못이다. "못 봤어요."라는 말은 "죄송합니다."로 바뀌어야 하는데, 못 봤다고 하면 면책이 된다고 착각하는 게 문제다. "못 본 게 자랑이냐."고 하면 "너 몇 살이냐."고 되묻는다. 아마도 집에 가서는 '폭주족'이랑 사고가 났다고 할 게 뻔하다.

절대로 결론이 나지 않는 정치 이야기처럼, 우리나라 도로에서 자동차와 모터사이클은 섞이지를 못한다. 서로의 차이와 해결책에 대해 교육을 해야 함에도 불구하고, 면허 시험 단계에서 그 일을 해야 할 경찰청조차 어떻게 하면 좋은지를 모른다. 외국에서는 "모터사이클은 원래 방향 전환할 때 기울어지기 마련이니 놀라지 마라." "모터사이클은 자동차보다 가속이 빠르므로 먼저 지나가도록 양보해 줘라." 같은 것들을 면허 시험 단계에서 가르친다. 모터사이클뿐이 아니다. "트레일러를 장착하지 않은 화물차는 가속력이 날카로우므로 추월 시에 주의해야 한다."거나 "버스는 회전 반경이 넓으므로 방향 전환 차선에서 뒤따를 때는 주의가 필요하다." 등을 가르친다. 차종별 특성을 다른 차종 운전자들도 알 수 있도록 가르치는 것이다. 우리나라는 아직도 운전면허 시험을 볼 때 필기 문제집을 안 푸는 걸 자랑으로 여기는 수준이니 요원한 이야기일지도 모르지만, 우리나라의 교통사고 사망자 수나 운전대를 잡고 있는 동안 짜증내는 빈도수를 계산해 보면 미국처럼 고등학교 교과목으로 운전면허를 채택하는 걸 생각해 봐도 좋을 것이다. 그러면 아마도 많은 사람들의 삶의 질이 올라가지 않을까.

이 글은 화양리 아이들의 쇼바에 대한 궁금증에서 출발했지만, 나는 모터사이클을 오래 탔을지언정 폭주는 해 본 적이 없고, 그 녀석들을 만나 본 적도, 말을 섞어 본 적도 없어서 왜 쇼바를 올리는지는 알 수 없다. 아마도 고등학생들이 교복바지의 통을 줄이는 것처럼 자기네들끼리의 유행이겠지. 모터사이클 라이더에게 "폭주족은 왜 쇼바를 올리나요?"라고 묻는 건 좀 뜬금없는 질문이다. 담배 피우는 사람에게 "왜 연예인 아무개는 대마초를 피웠느냐?"고 묻는 것처럼, 비슷해 보일지는 몰라도 전혀 상관없는 사람에게 상관없는 질문을 하는 것과 같다. 자동차 운전자가 모두 택시 운전기사는 아니듯이 모터사이클을 탄다고 다 폭주족은 아니다. 그리고 '쇼바'는 '쇼크 업소버(Shock absorber)'의 잘못된 말이다.

할리 데이비슨에 대한 진실과 오해

할리 데이비슨(Harley Davidson)이라는 이름은 라이더가 아니더라도 남자라면 누구나 알고 있는 친숙한 이름이다. 그러나 실제로 경험해 보지 않고 영화에서 본 분위기, 책에서 읽은 스펙이나 일제 아메리칸 바이크를 타 본 간접 경험 등으로 할리 데이비슨의 세계를 제멋대로 판단해 버리는 사람도 많다. 또는 할리 데이비슨을 소유하고 있는 사람들 중에서도 그 우수한 능력을 파악하지 못하고, 무지에 의한 개조로 본래 모습을 빼앗고 있는 사람도 예상 외로 많다.

할리 데이비슨은 자유의 나라 미국에서 태어나 그 광활한 대지에서 자라난 바이크다. 다른 메이커에서는 꿈도 꾸지 못할 독자적인 문화를 소유하고 있는 이 메이커는 1960년대 말부터 시작된 일제 고성능 바이크의 역습 속에서도 꿋꿋이 살아남았으며, 오히려 "일제 4기통은 미국에서 타기엔 너무 재미없어."라고 말하는 미국인의 흔들리지 않는 지지 속에서 개량되고 진화되어 왔다. 넓은 대지를 호쾌한 배기음과 함께 달리는 모습은 할리 데이비슨의 최대 매력이지만, 결코 이것이 전부는 아니다.

엔진 아래 부분에 캠샤프트를 가지고 그 움직임을 푸시로드라는 긴 막대기로 헤드의 밸브에 전달하는 OHV(오버헤드 밸브)는 구조상 고회전, 고출력에는 알맞지 않기 때문에 근래에는 캠샤프트를 실린더 헤드 위로 이동시킨 OHC(오버헤드 캠샤프트)에게 주류를 넘겨주게 되었다. 하지만 1936년 최초로 OHV 엔진을 채용한 이래 할리 데이비슨은 77년간 이 방식에 집착하고 있다.

무거운 크랭크가 회전하면서 생기는 고동감이나 엔진의 폭발과 함께 땅을 박차는 뒤 타이어의 느낌, 마치 금세 꺼져 버릴 듯한 폭음을 토해 내는 머플러 등 이 방식의 엔진은 단순히 수치상으로 나타낼 수 없는, 사람의 감성에 무한히 가까운 뭔가가 있는 것이다.

레플리카(replica)*의 절반 정도밖에 되지 않는 회전수를 가지지만(젓가락 같이 생긴 푸시로드의 강성에 한계가 있기 때문에 고회전으로 돌리면 이 부분이 휘어 버리고 만다.) 이 엔진이 나타내는 표정은 참으로 다양하다. 실제로 타 보면 가장 의외인 것은 놀라운 회전 상승감이다. 1984년 에볼루션(Evolution) 엔진이 개발되면서 가공 정밀도와 신뢰성이 높아져 이 커다란 피스톤을

● 레이싱 바이크와 유사한 성능의 바이크로, 앞으로 숙인 자세로 빠른 속도를 즐길 수 있다. '레플리카'가 '복제'를 의미하듯 레이스에서 달리는 머신을 공도에서 달릴 수 있는 바이크로 대량 생산한 것을 말한다.

가진 엔진은 겉모습으로는 상상도 할 수 없는 매끄러운 회전 감각을 느끼게 해 준다.

할리는 공랭식이므로 효율 측면으로 따진다면 구닥다리고, 오랜 예열을 필요로 한다는 점이 귀찮기도 하다. 더구나 엔진과 미션이 분리되어 있어 엔진 오일과 미션 오일, 프라이머리 오일 등 세 종류의 윤활유가 필요하며, 따라서 저항 손실도 크다. 게다가 최근에는 환경 기준을 맞추기 위해 부분 수랭 방식을 택하면서 구조가 더욱 복잡해졌다. 완전 수랭화를 선택하는 편이 차라리 간단하지만, 그랬다가는 팬들이 모두 떠나갈 것이 분명하기 때문이다.

에볼루션 엔진은 1984년에 발표된 이래 이전까지의 미국산 엔진에서 찾아볼 수 없었던 고효율과 높은 완성도로 할리 데이비슨의 부흥을 이끌었다. 이 커다란 피스톤을 가진 엔진은 겉모습으로는 상상도 할 수 없는 매끄러운 회전 감각을 느끼게 해 주었고, 특유의 깊은 배기음을 연주해 할리 데이비슨의 대명사가 되었다.

할리 데이비슨의 모델들은 언뜻 보기에 비슷비슷해 보이지만 각각 사용될 목적과 장소가 명확히 구분되어 있다. 할리 데이비슨을 대표하는 스포츠 네이키드 모델인 스포스터 883 로드스터(위)와 한적한 국도가 어울리는 투어러 계열의 로드킹 클래식(아래).

하지만 바라보는 시각을 바꾸면 너무나 간단명료하고 단순한 이 쇳덩어리는 다른 어떤 것과도 비교할 수 없는 매력을 발산한다. "할리는 싫다."고 말하는 사람에게는 나는 절대로 타 보지 말라고 권하곤 한다. 만약 직접 경험하게 된다면 지금까지의 자신의 무지와 어리석음을 깨닫고 자괴감을 느끼게 될 것이 틀림없기 때문이다.

할리 데이비슨의 모델들은 각각 사용될 목적과 장소가 명확히 구분되어 있다. 언뜻 보기에 비슷비슷해 보이는 기종들밖에 없는 것 같지만, 같은 엔진이라고는 생각할 수 없을 정도로 각자의 개성을 표출하고 있다.

가령 같은 빅 트윈이라고 해도 투어러 FL 계열과 FX 계열은 다른 미션(기어비뿐 아니라 케이스도 다르다.)을 채용해 가속감이나 주행 감각이 확연하게 다르다. 소프테일 계열에게는 도시를 가로지르는 장면이 어울린다면, 투어러 계열은 역시 한적한 국도가 어울리고, 스포스터라면 도심이건 와인딩이건 모두 자신의 무대로 만들어 버린다. 어설픈 라이더의 존재감조차 지워 버릴 이 철마들에게 공통되는 점이라면 우수한 핸들링과 고급스러운 주행 성능 정도뿐이다.

우리나라에서는 스포스터 엔진을 조잡한 철제 리지드 프레임에 싣고, 자동차 뒷바퀴 타이어를 끼우고는 "이게 바로 할리야."라고 자랑스럽게 거들먹거리는 사람들 덕분에 "할리는 불편함을 감수해야 하는 바이크"라는 인식이 생겨 버렸지만, 할리 데이비슨이 빅 트윈을 100년 가까이 만들어 올 수 있었던 것은 바이크의 기본인 주행성이 사진 속의 할리 데이비슨은 '로드킹 커스텀' 모델로, 자동차로 치면 풀 사이즈 세단에 해당한다. 드넓은 대륙에서 태어난 만큼 여유로운 크기와 대형 차 특유의 부드러운 승차감을 자랑한다. 처음에는 부담스럽지만 익숙해지면 그 이상 바랄 것이 없다. 양쪽에 표준으로 장착되는 가방에 짐을 가득 싣고 대륙 횡단을 꿈꿔 볼 만하다.

할리 데이비슨의 투어러 라인은 '궁극의 할리 데이비슨'이다. 커다란 차체는 장거리 주행에도 라이더가 피로를 느끼지 않게 도와주고, 토크 중시형으로 세팅된 1450cc OHV 엔진(현행 모델은 1690cc)은 기분 좋은 고동을 연주하며 뒷바퀴를 퉁겨 낸다.

좋기 때문이다. 할리 데이비슨의 모든 부품은 그 성격을 잘 이해하고 아끼며 다룰 때 자신의 진짜 성능을 보여 준다. 단순히 기분상의 문제가 아니다. 공랭 엔진의 숨결과 움직임을 느끼며 조심스럽게 차체를 다루다 보면, 그전까지 불안하게 느껴졌던 브레이크가 거짓말처럼 잘 듣고, 그 육중한 차체가 마치 당신의 발처럼 움직여 줄 것이다.

이 거대한 녀석을 마음대로 움직일 수 있다는 것은 말로 표현할 수 없는 자신감을 낳는다. 그런 감성이 바로 할리 데이비슨의 문화를 이룩해 온 원동력이다. 이 맛을 알고 나면 고성능 일제 레플리카가 추월해 지나가도 아무런 동요가 없다. 어차피 5년 후면 잊혀 버릴 스포츠 바이크 따위는 안중에도 없고, 세상에는 이 철마와 자신밖에 남지 않을 것이다.

애마의 새로운 모델이 등장한다면

"자, 드디어 2014년 최신형 모델이 나왔습니다. 이번 모델은 이전 모델에 비해 모두 1821군데의 개량을 거쳐 마력은 15퍼센트, 토크는 10퍼센트나 향상되었답니다! 그럼에도 불구하고 연비는 또 얼마나 뛰어난데요! 예전에는 상상도 할 수 없는 기술력을 투입해 모든 부분에서 당신이 타고 있는 구닥다리와는 다릅니다. 아직도 옛날 모델을 탄다는 건 시대착오적인 발상! 어서 새로운 모델을 구입하세요!"

이런 가상의 글은 내가 제일 싫어하는 유형의 보도 자료를 흉내 내어 쓴 것이다. 나는 저런 과거 부정적인 글을 진심으로 증오한다. "첫째보다 훨씬 나은 우리 둘째랍니다."라는 말을 태연히 할 수 있는 정신 상태를 나는 이해할 수가 없다. 황희정승이 저 멀리서 검은 소와 흰 소를 데리고 밭을 매던 농부에게 "어느 소가 더 일을 잘 하느냐?"고 묻자, 그 농부는 소들이 듣지 못하도록 한참을 뛰어 와서 황희정승의 귀에다 대고 어느 소가 더 나은지를 알려 주지 않았던가. 요즘 모터사이클 메이커들은 그런 배려가 없다. 대놓고 "지금 타는 것보다 훨씬 좋으니까, 이거 타!"라니, 얼마나 품위 없고도 낭만 없는 상술인가.

물론 그렇게 강박증에 가까울 정도로 최신 기술을 투입해 대는 것이야말로 스포츠 모터사이클의 존재 의미라고 생각하는 사람도 많았다. 하지만 취미로 타는 모터사이클인데, 그렇게 성능과 퍼포먼스에 집착해서야 즐거울 리가 없다. 속도 경쟁에서 새로 나온 바이크에게 지고 나면 왠지 자신의 실력보다는 모터사이클의 문제인 것처럼 여겨서 새로운 것으로 바꾸게 마련이고, 그걸 계속 반복하다 보면 바이크를 타고 달리는 재미보다는 부가적인 것들에 더 집착하게 되는 것이다. 애초에 서킷을 달릴 것도 아니면서 '최강'이나 '최신' 등의 가치를 중요시하는 것부터가 자연스러운 게 아니다. 그런 분위기에 피로감을 느낀 사람은 꽤 많았던 모양이다. 2년마다 모델 체인지되는 것이 상식이었던 슈퍼스포츠 모터사이클 시장은 점차 축소되어, 몇 년 전부터 모델 체인지 주기가 길어지는가 싶더니 최근에는 아예 최신 모델을 만나 보기 힘들 정도가 되어 버렸다.

어쩌면 최근의 클래식 바이크 붐도 그런 '슈퍼스포츠의 자기 부정'에 환멸을 느낀 사람들이 많기 때문에 생겨난 것인지도 모른다. 성능보다는 낭만을 더 중요시하고, 효율보다 감성을 더 중요시하는 사람들이 늘어난 것이다. 나도 그런 부류 중의 한 명이다.

사실 '클래식 바이크'라고 하면 오래된 바이크나 예전 바이크의 분위기를 살려 만든 복고풍 모델을 떠올리는 사람들이 많은데, 그런 바이크만을 의미하는 것은 아니다. 사전을 찾아보면 '클래식(classic)'이란 첫 번째 의미로 '최고 수준의'라는 뜻을 갖고 있고, 두 번째로는 '고전적인'이라는 뜻을 갖고 있다. 즉 클래식 바이크는 원가나 유행을 따지지 않고 본질적인 것을 추구해서 만들어진 바이크, 그리고 오래 타더라도 그 가치가 변질되지 않는 바이크를 말한다. 오래될수록 가치가 높아지는 것이라면 최고의 클래식 바이크라고 불러도 좋을 것이다.

애초에 나는 옛날 방식의 탈것을 좋아해서 클래식 바이크를 좋아하기도 하지만, 오랫동안 타더라도 가치가 변하지 않는다는 점 때문에 고르기도 했다. 구입한 지 얼마 지나지도 않았는데, '최신형 등장'이라는 소식 때문에 속이 상하고 싶지 않았기 때문이다.

바이크 전문지를 계속 구독하는 독자라면 누구나 그런 경험이 있을 것이다. 자기 애마의 최신형이 출시됐다는 소식에 그 기사를 읽어야 할지 말아야 할지 고민한 기억. 안 읽자니 최신형 모델의 실력이 궁금하고, 읽자니 순식간에 자기 애마가 낡은 것처럼 느껴질 것 같아 이러지도 못하고 저러지도 못하는 순간들. 특히 일제 슈퍼스포츠 바이크가 2년마다 모델 체인지되던 시절(요즘은 3년마다 혹은 비정기적 업데이트로 바뀌었다.)에는 새로운 모델이 나온 후 살까 말까 고민하고 어영부영하다가 1년을 보낸 후, 애마를 구입해서 1년 정도 신나게 타다 보면 새로운 모델 소식이 들리면서 '구식'이 되어 버리는 악순환이 계속되곤 했다. 그 씁쓸한 기분은 뭐라고 말로 형언할 수 없다. 심지어 한참 재미있게 타고 있을 때도 모델 체인지가 얼마 남지 않았다는 압박감을 느끼게 되는 주객전도 현상까지 일어난다.

다행히도 나는 매년 모델 체인지가 되는 최첨단 바이크보다는 처음 나왔는데도 구닥다리처럼 보이는 바이크에 관심이 많다. 내가 좋아하는 BMW, 두카티, 베스파 같은 브랜드는 모두 모델 체인지와는 그다지 상관이 없는 브랜드들이다. 일제 바이크를 탄 기간이 비교적 짧았던 것도 어쩌면 그런 모델 체인지가 싫었기 때문이기도 하다. 일제 바이크에도 클래식이 있지만, 그런 모델들이 수입되기 시작한 건 극히 최근의 일이다.

미국이나 유럽제 바이크들은 모델 체인지로 떠들썩하게 굴지 않는다. 아예 이름이 바뀌는 신모델이 있으면 몰라도 연식 변경 모델로 기존 오너들을 비참하게 만드는 일은 하지 않는다. 그렇다고 아무런 변경이 없냐면 그건 아니다. 두카티나 BMW, 베스파도 매년 알게 모르게 문제점이 보완되며 완성도를 다듬어 간다. 사실 이게 정상인데, 박리다매를 해야 하는 대량 생산 메이커들이 기존 오너들의 재구매를 유도하기 위해 연식 변경 모델로 소비자들을 유혹하기 시작한 것이다.

이런 분위기는 자동차계에서도 마찬가지다. 2년마다 디자인을 바꾸고 옵션을 추가하거나 변경해 가며 '바뀌었다'는 분위기를 강조할수록, 브랜드 가치가 떨어지는 경우가 많다. 브랜드 가치가 높을수록 모델 체인지 주기가 길고, 계속해서 업데이트를 하면서도 뭔가 바뀌었

베스파는 작은 스쿠터지만 오래될수록 멋스럽게 느껴지는 특징이 있다.
사진은 GTV250(위)과 GTS300(아래).

다는 사실에 호들갑을 떨지 않는다. 기존 고객들의 만족도를 높여 주기 위한 방법이자, 브랜드의 가치를 지속적으로 이어 가기 위한 방법이다. 그런 것들은 시간이 지나면 '클래식'으로서의 가치가 생긴다. 가령 20년 전의 메르세데스 벤츠를 보면 지금의 그것과 공통된 점들이 보인다. 각 세그먼트의 담당 역할이라든지, 스티어링 휠을 돌리는 감각이라든지, 변속기 조작 패턴이라든지, 계기반의 배치라든지, 다양한 부분에서 뭔가 연결되어 있다는 것을 느낄 수 있다. 하지만 현대의 20년 전 자동차와 지금의 자동차를 비교해 보면 완전히 혈통이 다른 것이라고 해도 과언이 아니다. 최고의 가치를 의미했던 그랜저는 에쿠스와 제네시스에게 밀려 회사원도 탈 수 있는 고급형 세단이 되었다. 사실은 에쿠스가 그랜저의 후속이었지만, 자기 부정을 통해 '더 좋아졌다'는 것을 강조해 버린 예다. 그랜저라는 이름을 대중용 세단인 쏘나타와 플랫폼을 공유하는 고급형 세단에 부여함으로써 스스로 브랜드 가치를 떨어뜨렸다. 그랜저는 여전히 잘 팔리는 베스트셀러이지만, 20년 전 울던 아이도 그치는 카리스마는 사라진 지 오래다. 심지어 그 카리스마는 에쿠스에게서도 찾아볼 수 없다.

시속 300킬로미터 도전기

꽤 빠르게 생긴 슈퍼스포츠 모터사이클에 올라 신호 대기를 하고 있으면 옆 차 운전자들로부터 질문 세례를 받기 십상이다. 질문은 반드시 다음 세 가지 중의 하나다. "그거 몇 씨씨예요?" "그런 거 얼마나 해요?" 그리고 "그거 몇 킬로까지 나가요?"

바이크를 산 지 며칠 안 됐다면 관심이 고마워서라도 대답해 주겠지만 신호 대기에 걸릴 때마다 물어보면 불쑥 짜증이 치솟는다. 오늘만 해도 여의도에서 남산으로 가는 동안 "1400cc예요. 1700만 원 정도 해요. 300킬로미터까지 나가요."라는 대답을 수백 번은 한 것 같다. "우와!" 하면서 놀란 눈빛이라도 보이면 그나마 고맙지만, 대답하고 있는데 파란 신호를 받고 달려가 버리면 확 쫓아가서 때려 주고 싶어진다. 그렇지만 오늘은 흥분하면 안 된다. 시속 300킬로미터 도전을 해

ZZR1400은 1990년 최초의 시속 300킬로미터 오버 머신으로 선보인 ZZR1100의 후속 모델이다. 그러나 ZZR1400은 최고 속도보다는 장거리를 빠른 속도로 달리기 위한 용도로 태어났다. 국내에서는 별로 인기를 끌지 못했지만 여전히 많은 사람들이 동경하는 바이크다.

야 하는 신성한 날이 아니던가.

시속 300킬로미터 돌파라는 중대한 목표를 위해 내가 선택한 기종은 가와사키의 초고속 투어러 ZZR1400. 1352cc짜리 DOHC 직렬 4기통 엔진을 실은 이 녀석은 최고 출력이 200마력에 달한다. 자동차 엔진이라면 3000cc는 되어야 낼 수 있는 힘이다. 게다가 자동차라면 최소 1톤이 넘는 데 비해 이 바이크의 무게는 겨우 215킬로그램. 엔진은 무려 1만 하고도 1000rpm까지 돈다. 승용차에 익숙한 사람은 레드존에 도달하기도 전에 오줌을 지릴 것이다.

오늘의 도전을 위해 나는 지난 일주일 동안 평소에는 절대 안 하던 스트레칭과 윗몸 일으키기를 도저히 숨이 차서 못할 때까지 반복했다. 복근과 배근이 약하면 바이크를 제대로 다룰 수가 없기 때문이다. 그리고 무릎으로 바이크를 조이는 연습을 하기 위해 책상에 앉아 있는 동안 무릎 사이에 1.4킬로그램짜리 헬멧을 끼우고 있었다. 지나치게 친절한 친구 녀석은 "팔굽혀 펴기는 안 해? 속도가 빨라지면 바람도 엄청날 텐데, 핸들을 붙잡고 있으려면 힘이 있어야지."라고 하면서 트레이닝 파트너를 자처했다. 하지만 팔 힘으로 바이크를 붙들고 있으면 앞바퀴가 들려 고꾸라지거나 핸들의 자연스러운 움직임을 방해해서 벽에다 처박게 된다. "손은 핸들에 올려놓을 뿐." 나는 『슬램덩크』 주인공을 흉내 내며 무능한 트레이닝 파트너에게 해고 통보를 내렸다.

ZZR1400은 저렴하고 확실하다. ABS 브레이크 옵션을 포함해도 가격은 국산 중형차 값보다 싸다. 최고 시속 300킬로미터, 시속 200킬로미터까지 가속하는 데 단 2초가 걸리는 비현실적인 동력 성능을 얻는 대가로 이 정도면 저렴하지 않은가. 이 녀석과 함께 '시속 300킬로미터 넘기'에 도전할 코스는 용인 서킷도 아니고 태백 서킷도 아니다. 바로 서울 한복판의 남산 3호 터널이다. 이 바이크는 2킬로미터의 직선 도로만 있으면 정지 상태에서 시속 300킬로미터까지 도달할 수 있다. 출발 지점인 이태원 입구에서 타이어가 알맞게 데워졌는지, 공기압은 알맞은지를 확인한다. 내부가 카본 케블라® 로 만들어진 브리지스톤 전용 타이어를 끼우고는 있지만 공기압이 맞지 않는다면 초고속에서 갈가리 찢겨질 위험이 있기 때문이다.

● 카본 섬유와 케블라 섬유를 섞어 넣어 만든 타이어. 보통 모터사이클용 타이어에는 철제 심이 들어가지만, 카본 케블라 섬유를 넣는 편이 더 강력해서 고속 주행에 알맞다.

자동차들이 신호에 걸려 도로가 텅 비는 시간에 맞춰 심호흡을 한 번 하고는 출발했다. 경리단 앞길에 도달했을 때 이미 시속 200킬로미터를 돌파했지만(아직 2단 기어다.) 차들 때문에 속도를 130킬로미터까지 줄여야 했다. 유턴 차선을 이용해 십여 대의 차들을 한꺼번에 앞지른 다음, 다시 스로틀을 끝까지 열었다. 남산 3호 터널을 향한 오르막이 마지막 승부처다. 터널 입구까지는 적어도 시속 250킬로미터에 도달해야 한다. 그래야만 터널을 반 정도 지난 지점에서 300킬로미터 돌파에 성공하고 나머지는 감속에 활용할 수 있다.

리터급 슈퍼스포츠 바이크를 타다 보면 시속 270킬로미터까지는 친숙해진다. 그러나 그 이상은 완전히 다른 이야기다. 스로틀을 끝까지 열고 있는 1초가 1시간처럼 길게 느껴지고 속도가 10킬로미터 올라갈

ZZR1100에서 ZZR1200을 거쳐 ZZR1400의 이름을 사용하기 시작한 2007년형 모델. 여섯 개의 라이트를 달고 있는 모습이 압도적이었다. 세월이 흐른 지금도 큰 변화 없이 비슷한 이미지를 고수해 오고 있다.

'라임 그린'이라고 불리는 형광 초록색은 가와사키의 레이싱 머신에 쓰였던 유서 깊은 색이다. 라이더들 사이에서는 이 색깔을 보자마자 '가와사키'를 떠올릴 정도. '닌자'라는 애칭으로도 유명한데, 원래는 영화 「톱 건」에 등장했던 GPz900R의 명칭이었으나 큰 인기를 끌면서 가와사키의 스포츠 바이크 전반에 쓰이게 됐다.

때마다 스쳐 지나가는 풍경이 낯설어진다. 찐득한 젤리처럼 변한 공기의 벽이 앞을 가로막는다. 터널 속에 간간이 박혀 있는 나트륨등이 마치 일직선으로 연결된 것처럼 보이고, 강력한 주행풍이 헬멧의 틈새로 새어 들어와 짧은 속눈썹을 잡아 뽑기라도 할 것처럼 펄럭이게 한다. 눈알이 자꾸만 뇌수 속으로 파고드는 것 같은데도 눈을 깜박일 수가 없다. 눈을 비비느라 시선을 가렸다가는 어딘가에 처박게 될 것이다. 지금 나는 1초에 83.3미터를 달리고 있지 않은가. 얼음 위를 달리는 것처럼 타이어가 슬슬 미끄러지는 것을 보니 타이어 표면이 마찰열 때문에 녹기 시작한 모양이다.

붉은색 속도계 바늘이 '280' 다음의 빈 공간을 살짝 넘어서는 것을 확인하고 브레이크 레버를 지긋이 움켜쥐며 자그마한 방풍 스크린 뒤에 숨어 있던 몸을 일으킨다. '쏴아아아' 나이아가라 폭포와도 비슷한 양의 바람이 몸을 때리며 속도가 줄기 시작한다. 이 정도 속도에서는 브레이크만으로 설 수가 없다. 몸을 최대한 일으켜 전투기처럼 에어브레이크를 활용해야 한다. 신경을 곤두세우고 전력을 다해 브레이킹을 했는데도 터널의 출구에 다다라서야 간신히 적당한 속도까지 줄일 수 있었다. 줄였다고는 해도 아직 시속 130킬로미터지만.

컴컴한 터널 속에서 총알처럼 튀어나오는 바이크에 놀랐는지 혼잡통행료 징수원이 눈을 동그랗게 뜨고 쳐다본다. 그러나 아직 내 눈동자는 정상적인 속도에 적응하지 못했다. 초점이 흐려진 탓에 아쉽게도 요금 징수원 얼굴이 예쁜지는 확인할 수 없었다. 손을 가볍게 들어 올려 놀라게 해 미안하다는 인사를 하고는 무료 통행 게이트를 빠져나와 갓길에 차를 세웠다. 떨리는 손으로 담배를 꺼내 한 대 피워 문다. 당연한 일이지만 내가 서울의 한가운데에서 시속 300킬로미터를 돌파했다고 해서 바뀌는 것은 아무것도 없다. 어차피 남들의 시선이나 존경을 바라고 시도한 것이 아니다. 중요한 것은 지금 이 순간 서울에서 가장 빠른 남자가 바로 나였다는 사실, 그것뿐이다.

김 여사에 대한 보고서

십여 년 전 어느 날이었다. 나는 어머니께 돈을 꿔 장만한 할리 데이비슨을 타고 집으로 향하고 있었다. '투타타타타' 하는 배기음은 마치 헬리콥터가 이륙하는 소리처럼 사방에 울려 퍼졌다. 나는 폭주족처럼 보이고 싶지도 않았고, 할리 데이비슨은 천천히 달릴 때가 더 재미있기 때문에 차들과 나란히 정속 주행을 하고 있었다. 어머니께 돈을 꿔서 장만했다는 사실을 굳이 밝힌 이유는 내가 어떤 마음가짐으로 바이크에 올랐는지를 이야기하기 위해서다. 당시의 나는 100만 원 남짓한 급여 중에서 매달 50만 원씩을 어머니께 드려야 했고, 그건 수리비가 추가되면 바이크를 유지하는 게 불가능하다는 의미였다. 그래서 나는 매우 얌전하게 바이크를 몰았다. 그때만 해도 할리 데이비슨이 흔하지 않았을 때라 길을 나서면 사람들의 시선을 모았다. 개중에는

"언젠가는 나도!"라는 얼굴로 쳐다보며 엄지손가락을 추켜세우는 이도 있었다. 가진 것 없는 사회 초년생이었지만 할리 데이비슨을 탈 때만큼은 어깨에 힘을 좀 넣을 수 있었다. 내 퇴근길은 그때까지만 해도 매우 기분 좋은 하루 일과였다.

그런데 뒤에서 기척이 느껴졌다. 사이드미러를 슬쩍 들여다봤더니 바로 뒤에 차가 한 대 붙어 있었다. 아뿔싸, 누가 날 들이받으려고 하는 줄 알았다. 뒤를 돌아보니 내 바이크의 뒷바퀴와 뒤차의 범퍼 간격이 거짓말 하나 안 보태고 10센티미터도 안 됐다. 깜짝 놀라 앞으로 가속해 거리를 벌렸다. 뒤차 운전자가 졸고 있었던 것일까. 나는 앞차와의 차간 거리도 잘 지키고 있었고, 차선도 버스 전용 차선 바로 옆에 위치한 하위 차선을 지키며 달리고 있었다. 아무 문제 될 것이 없었다는 이야기다. 비싼 모터사이클만 보면 객기를 부리는 스포츠카들이 가끔 있긴 한데, 뒤차는 흰색 아토즈였다. 배기량도, 최고 속도도 내 할리 데이비슨의 반밖에 안 된다. 제대로 정신이 박혀 있다면 승부욕 때문에 그럴 리는 없을 텐데.

정신을 추스르고 뒤차 운전자를 살펴보니 빠글빠글 파마를 한 아줌마였다. 그녀는 뭔가에 무척 기분이 상한 듯 인상을 잔뜩 찌푸리고 있었다. 게다가 화가 난 대상은 나인 것 같았다. 그녀는 하이 빔을 켜대면서 짜증나는 소리의 클랙슨을 길게 울려 댔다. 뒤를 돌아보니 그녀는 손짓으로 저리 비키라는 신호를 보내고 있었다. 나는 바보 같은 우리나라 교통 법규가 지정한 모터사이클 지정 차선(모터사이클은 우마차나 경운기와 함께 최하위 차선을 달려야 한다.)을 달리고 있었고, 규정 속도를 지키고 있었다. 앞차와의 간격도 딱 적당했다.

도대체 뭘 잘못한 건지 몰랐지만 우선 피하기로 했다. 스로틀을 열어 슬쩍 거리를 벌리면서 옆에 있는 차선으로 옮겼다. 좀 더 속력을 내어 내 앞에 있던 차를 추월한 후 그 앞으로 끼어들었다. 이제 화를 내는 아줌마는 내 뒤차의 뒤에 위치하고 있었다. 위험은 없어졌다고 생각했는데, 그 아줌마의 분노는 그렇게 만만한 것이 아니었다.

아줌마가 운전하는 흰색 아토스는 순식간에 내 뒤차를 추월하더니 내 모터사이클을 사정없이 들이박았다. 옆으로 튕겨 나간 나는 마침 옆에 서 있던 버스에 부딪힌 덕분에 간신히 넘어지지 않고 서 있을 수 있었다. 아토스의 차체가 내 왼쪽 발을 치고 지나가 무릎 아래가 얼얼했는데, 발가락이 아무래도 부러진 것 같았다.

아토스는 아무 일도 없었다는 듯 갈 길을 가고 있었다. 어이가 없어서 어쩔 줄 몰라 하고 있으니 옆에서 현장을 목격한 택시와 버스 기사 아저씨가 내가 무사함을 확인한 후 아줌마를 잡기 위해 달려가기 시작했다. 나도 바로 뒤를 따라갔다. 그녀는 다음 신호등에서 태연하게 신호를 기다리고 있었다. 택시 기사와 버스 기사, 그리고 내가 운전석 쪽으로 다가가 유리창을 두드려도 아무 반응이 없었다.

"도대체 왜 그러시는 거예요?" 내가 물었더니 그 아줌마의 대답이 가관이었다.

"뭘요?"

나보다 택시 기사 아저씨가 더 흥분했다. 왜 멀쩡하게 길 가는 사람을 받고 도망가느냐고 따지자 그녀는 태연하게 말했다. "내 앞에서 알짱거리고 서 있잖아요."

경찰서에 가서 조서를 꾸미면서 들어 보니, 그녀는 모터사이클이 도로를 달리면 안 되는 줄 알고 있었다. 텔레비전에서 폭주족 이야기가 많이 나오는데, 폭주족 들이받은 게 무슨 잘못이냐는 것이다. 경찰이 "이 사람(나를 의미한다.)은 폭주족도 아닐뿐더러 폭주족이라고 해도 들이받으면 아주머니 잘못이에요."라고 설명해도 도무지 반성하는 기미가 없었다. 그녀는 바로 앞에 있는 내가 아니라 내 앞에 서 있는 '자동차'와 차간 거리를 맞추려고 했고, 그러다 보니 그 사이에 있는 내가 방해가 되었던 모양이었다. 자기 앞에서 비키라는 손짓이 무슨 의미였는지 그제야 알게 됐다. 그녀는 내가 알짱거려서 일부러 들이박았다고 진술했는데, 대한민국 역사 이래 초유의 사건이어서 담당 경찰도 어찌할 바를 몰랐다. 나는 이건 교통계가 아니라 형사계에 가서 살인 미수로 취급해야 하는 사건이라고 주장했고, 내 주장은 거의 받아들여지는 듯했다. 그녀가 다니는 담당 교회 목사가 와서 내 발목을 붙잡으며 빌었다. 뒤늦게 상황을 파악한 그녀(알고 보니 신학대학에 다니는 여자였다.)도 눈물을 흘리며 애원했기 때문에 나는 그냥 교통사고로 처리해도 좋다고 승낙했다. 다만 합의 조건으로 그녀의 차를 당장 팔 것, 그리고 정신 감정을 받을 것을 요구했으며, 다시는 차를 사지 않겠다는 각서도 함께 받았다.

이후에도 아줌마와의 악연은 끝나지 않았다. 좌·우회전 차선이 별도로 마련된 총 4차선 도로에서 직진용 2차선에 서 있었는데, 좌회전용 1차선에 서 있던 아줌마가 파란색 직진 신호가 떨어지는 동시에 우회전(!)을 하는 바람에 20여 미터를 튕겨 나간 적도 있었다. 기구한 운명의 내 모터사이클은 폐차해야 했고, 200만 원짜리 슈트와 70만 원짜리 헬멧은 너덜너덜해졌다. 그녀는 땅바닥에 나뒹구는 내게 다가와 자기 차의 사이드미러를 어쩔 거냐며 버럭 화를 냈다. 경찰과 구급차 요원, 목격자 여섯 명이 달라붙었는데도 그녀가 자신의 잘못을 인정하는 데는 약 세 시간이 걸렸다. 그리고 자신의 잘못을 인정하는 대가로 사이드미러 수리비를 요구했지만 그 주장을 철회시키기 위해 그녀의 보험사 직원이 와서 두 시간을 더 허비해야 했다.

도대체 왜 그녀들은 그런 만행을 아무렇지도 않은 얼굴로 저지르는 것일까. 그녀들이 만약 바다표범이나 톰슨가젤처럼 우리와 아무 상관이 없는 종이었다면 그냥 무시하고 살겠지만, 사실 '김 여사'라는 분들은 우리의 어머니, 누나, 여동생, 여자 친구가 될 수도 있는 일이 아닌가. 대놓고 욕을 할 수도 없고, 그렇다고 그러려니 하고 넘어가기도 힘든 그녀들의 운전 행태가 나는 폭주족보다 더 무섭다.

우리는 폭주족을 얼마나 자주 만날까. 화양리나 여의도에 사는 게 아니라면, 한 달에 한 번도 만나기 쉽지 않을 것이다. (퀵 서비스 맨이나 자장면 배달부는 폭주족이 아니다. 당신이 독촉했기 때문에 빨리 달릴 뿐이다.) 진짜 '폭주족'이라고 불려야 마땅한 것은 바로 택시와 버스 기사, 그리고 수많은 김 여사들이 아닌가.

사실 나는 제대로 된 도로 주행 능력보다는 아무 쓸모없는 기능 위주로 가르치는 운전면허 시험의 문제라고 생각했다. 아우토반에서는 시속 160킬로미터 이상으로 1차선을 질주하는 백발 할머니도 쉽게 볼 수 있고, 알프스 산맥에서는 레이서 뺨치게 고갯길을 달리는 아줌마들도 볼 수 있으니까. 외국에서 운전할 때는 비매너 운전자를 만날 확률이 우리나라보다 적은 만큼 여자 운전자가 눈에 띄는 확률도 적다. 우리나라처럼 차의 거동을 보고 운전자의 성별을 알아맞히기는 거의 불가능에 가까웠다.

그러나 나처럼 가끔 외국에 나가 운전하는 사람이 아닌 그 나라에 거주하는 사람들의 의견을 모아 봤더니, 역시 여자 운전자에 대한 편견은 나라마다 존재하는 모양이었다. 미국의 친구에게 "거기도 여자 운전자들이 운전을 못하니?"라고 물었더니 'F'로 시작하는 욕설을 정확히 14번이나 쏟아 냈다. 유튜브에서 'woman driver'라는 단어를 쳐 보면 전 세계 김 여사의 만행이 적나라하게 드러나 있다. 리무진이라도 주차할 수 있을 법한 널찍한 주차 공간에 차를 세우는 데 30분이 걸리는 이탈리아 김 여사, 남편이 애지중지하는 1967년식 셸비 코브라(Shelby Cobra)를 도로 건너편 집에 들이박는 미국 김 여사, 시속 100킬로미터로 달리면서 책을 읽고 있는 영국 김 여사, 평행 주차에 성공하는 데 무려 7분 36초를 소요한 요르단 김 여사까지 오대양 육대주의 김 여사들을 만

● 전 세계 자동차 마니아들이 열광하는 희귀한 머슬 카.

날 수 있었다.

　지금까지는 물론 앞으로도 여권 단체로부터 기부금을 전혀 받지 못할 것으로 예견되는 한 과학자에 따르면, 여성은 남성에 비해 공간 지각 능력이 떨어진다고 한다. 따라서 공간 지각 능력과 움직이는 사물의 관계를 파악하는 동체 시력이 필수적인 자동차 운전에서 여성이 남성보다 운전을 못하는 것은 생리적으로 당연한 결과라고 한다.

　그러나 도로에서의 운전이 F1처럼 극단적인 정신력과 체력, 공간 지각력을 요구하는 것도 아니기 때문에 좀 더 시간이 지나면 여성 운전자들의 실수나 그녀들을 비하하는 분위기도 많이 사라질 것이다. 실제로 내 주변에는 남자보다 운전을 잘하는 여자도 많고, 나보다 모터사이클을 훨씬 잘 타는 여자도 많다. 어쩌면 "모터사이클은 위험하다."는 편견과 "여자는 운전을 못한다."는 편견은 비슷한 것인지도 모른다. 위험한 것은 '모터사이클'이나 '여자'가 아니라 '편견'이다. 버스와 택시가 운전을 이상하게 한다고 도로에서 몰아낼 수 없듯이, 모터사이클과 여성 운전자도 박멸의 대상이 아니라 공존의 대상이다. 그러기 위해서는 그들의 변화뿐 아니라 반대편의 변화도 필요하다. 장담컨대, 모터사이클과 여자 운전자에 대한 편견이 사라지는 날, 우리나라의 정치권에도 평화와 안정이 올 것이다. 불가능한 이야기 같다고? 이를 실현해야 인간답게 살 수 있는 날이 찾아오지 않을까.

모터사이클을 타고 부르는 나의 구식 사랑 노래

2

시간이 흘러도 변하지 않는 것, 로열 엔필드

비가 오는 날에만 이용하는 차의 CD 플레이어에는 오래 전 집어넣은 CD 한 장이 벌써 몇 달째 돌고 있다. 바로 기타의 신으로 불리는 제프 벡(Jeff Beck)이 '진 빈센트 앤드 히즈 블루 캡스(Gene Vincent and His Blue Caps)'라는 로큰롤 밴드를 추모하며 발표한 앨범「크레이지 레그스(Crazy Legs)」다. 당대의 기타 테크니션인 제프 벡이 1950년대로 회귀해 일절의 기교 없이 연주한 순수 로큰롤 앨범. 틀어 놓으면 아무리 우울하고 피곤한 월요일 아침이라도 금세 기운을 차릴 수 있어서 좋아한다. 게다가 이 스타일의 음악은 내가 사랑해 마지않는 '카페 레이서(바이커스나 로커스라고도 불린다.)'들이 사랑했던 음악이다. 바이크를 타지 않는 날도 이 노래를 듣고 있으면 카페 레이서 기분을 만끽할 수 있다.

사실 모터사이클의 세계에서 진정한 카페 레이서의 후예를 꼽자면 현행 슈퍼스포츠 바이크일 것이다. 당시에는 가장 빠르고 멋진 바이크라야 카페 레이서의 무리에 낄 수 있었다. 최신형 바이크에 각자의 개성을 듬뿍 담아 개조한 후 타고 다녀야 비로소 카페에 세워 둘 수 있었던 것이다. 지금의 시각으로 본다면 일제 리터급 스포츠 바이크나 이탈리안 스포츠 바이크라고 생각하면 된다. 요즘은 슈퍼스포츠 바이크의 인기가 주춤하면서 업데이트 주기가 길어지기는 했지만, 모든 메이커를 통틀어서 보면 매년 새로운 기술로 업데이트 되면서 오늘의 최강자가 내일을 기약할 수 없는 상황이 되었다. 한 시즌이 지나고 나면 또 다른 메이커에서 그 최강 모델을 잡기 위한 최신형 바이크를 내놓기 때문이다. 그러다 보니 예전의 카페 레이서들이 타던 바이크는 지금의 관점으로 보면 스포츠 바이크라기보다는 '클래식 바이크'다. 50년 전에는 최강의 바이크였을지 몰라도, 지금의 퀵 서비스용 바이크보다 느린 게 현실이다.

그러나 카페 레이서를 좋아하는 사람들은 속도가 어쨌건 간에 그들이 살던 시대를 동경한다. 제로백이 어쩌고, 최고 속도가 어쩌고 하는 것보다는 그 시절의 낭만과 여유를 사랑하는 것이다. 지금은 '클래식'이 유행이다 보니 너도나도 카페 레이서를 부르짖지만, 지난 세기말에는 아무도 카페 레이서를 그리워하지 않았다. 당시의 나는 할리 데이비슨 스포스터를 카페 레이서로 개조해 타고 다녔다. 영국제 스포츠 바이크였다면 가장 좋았겠지만, 당시에는 영국제는커녕 이와 비슷한 것도 찾을 수 없었다. 1950년대 태어난 이래 그다지 바뀌지 않은

뒤통수를 치는 듯한 빅 싱글 엔진의 가속감, 카뷰레터가 공기를 빨아들일 때 나는 휘파람 소리, 얇은 차체를 다리 사이에 끼우고 바람을 가르는 쾌감. 시공을 초월한 로열 엔필드가 찾아준, 오래전 좋았던 그 시절의 추억들.

'실러캔스' 스포스터가 그나마 영국제 카페 레이서와 가장 비슷했다. 녀석은 실제로도 영국제 스포츠 바이크를 의식해 만들어진 바이크였으니 마냥 엉뚱한 짓은 아니었다.

그러던 것이 유행이 돌고 돌면서 다시 클래식 바이크가 주목받기 시작했다. 가와사키가 노턴(Norton)에 대한 오마주로 W650을 등장시키더니, 본가(本家) 트라이엄프가 본네빌(Bonneville)을 다시 만들어 냈다. 혼다는 본네빌의 미니 바이크 버전인 XZ100을 등장시켰고, 베스파의 부활을 필두로 클래식 스쿠터 붐도 일어났다. 21세기 초부터 시작된 복고 열풍은 여전히 현재 진행형이어서, 급기야 최신 기술을 투입하는 것을 당연시하는 두카티와 BMW까지 스포츠 클래식 라인을 등장시켰다. 오래된 바이크에게서 이미지를 빌려 와 최신 기술로 빚어낸 이 바이크들은 특이한 탈것을 원하는 개성파 라이더들에게 각광을 받으며 예전의 슈퍼스포츠 붐 못지않은 인기를 끌고 있다.

그런 와중에 또 하나의 실러캔스가 인기를 끌고 있다. 조금이나마 진화해 온 스포스터와 달리 이 녀석은 완전히 진화를 멈춘 희귀종으로, 기어 시프트가 요즘 바이크처럼 왼쪽으로 바뀐 것을 제외하면 1930년대의 외관과 완전히 같은 모양새를 하고 있다. 바로 로열 엔필드(Royal Enfield)가 그 주인공이다. 트라이엄프, 노턴과 함께 일세를 풍미한 이 바이크는 영국에서 생산이 중지된 이후에도 영국의 식민지였던 인도에서 그 명맥을 유지하고 있었는데, 바로 그 녀석이 우리나라에 들어온 것이다.

헤드라이트와 계기반, 엔진에 이르기까지 모든 것이 예전 그대로의 모습을 담고 있다. 최신 모델은 인젝션화가 진행되는 등 진화가 이루어졌지만, 그래도 변한 것은 거의 없다. 오래전 좋았던 시대를 느낄 것이냐, 불편하다고 여길 것이냐는 라이더의 선택에 달렸다.

모터사이클 기술이 발전하는 속도는 자동차 기술의 발전 속도와 비교가 되지 않는다. 또 한 가지 신기한 사실은 현대 기술과는 동떨어진 오래전의 바이크에도 최신형 바이크에 상응하는 즐거움이 존재한다는 사실이다.
아니, 세월과 낭만이 깃든 옛것에는 최신 기술로도 모방할 수 없는 그 무엇이 있다. 라이더의 가슴을 뜨겁게 만드는 영국 혈통, 로열 엔필드가 바로 그런 바이크다.

로열 엔필드의 모델들은 요즘 바이크라면 상상도 못할 드럼 브레이크, 카뷰레터, 단순하다 못해 피식 웃음이 나고 마는 여러 기계 장치들까지, 완전히 옛날 모습 그대로다. 격렬한 달리기를 추구하는 라이더들은 로열 엔필드를 보고 "패션 이외의 의미가 있느냐."고 물을지도 모른다. 그러나 그 우문은 바이크의 즐거움을 단순히 속도로만 생각하는 편협한 사고방식에 기인한 것이다. 이 바이크는 돌돌거리며 도는, 그러나 결코 약하지 않은 엔진을 싣고 있다. 게다가 공랭이다. 날씨에 따라 엔진의 소리가 달라지고, 카뷰레터가 공기를 빨아들일 때는 휘파람 소리가 들린다.(최근에는 인젝션으로 바뀌었다.) 때로는 오일을 뱉어내기도 하고, 배기량이 더 작은 바이크에게 너무나 쉽게 추월을 당한다. 그러나 그런 건 아무래도 상관없다. 달리는 행위 자체가 즐겁기 때문이다. 두 바퀴 위에 올라 느릿느릿 아스팔트 위를 달리는 행위, 천천히 바람을 가르는 소리, 그리고 둔탁하게 만들어진 냉각핀의 조형미만으로도 이 바이크를 즐길 이유는 충분하다.

그런 것들의 의미를 이해하기 힘들다면 그냥 "패션 이외의 의미는 없다."고 결론지어도 좋다. 바이크를 패션으로 즐기면 안 된다는 법 따위 어디에도 없으니까. 이동 수단으로서의 바이크, 투어링 머신으로서의 바이크, 서킷을 달리기 위한 바이크도 좋지만, 애초에 우리가 모터사이클이라는 탈것에 빠져든 이유는 '멋있어서' 아닌가. 오래전 모터사이클이라는 탈것이 처음으로 개발되었을 때의 흥분과 감동을 현재에 다시 느낄 수 있다는 건 최신 모터사이클만 타 본 사람은 절대로 맛볼 수 없는 행운이다.

    이 바이크를 갖고 있는 사람이라면 영국제 왁스드 재킷을 한 벌 구비해도 나쁘지 않을 것이다. 이 재킷을 입고 바이크와 함께 사진을 찍어 페이스북에 올리면 반응이 뜨거울 것이다. 주말에 손수 세차를 하는 것도 괜찮다. 넓은 거실이 있거나 카페라도 운영하고 있다면 인테리어 소품으로도 나쁘지 않다. 줄을 서야 먹을 수 있는 유명한 아이스크림 가게에 이 바이크를 타고 가는 것도 좋다. 심심하게 줄 서 있는 동안 사랑스러운 애마를 바라볼 수 있고, 사람들은 낯선 라이더의 모습을 보면서 기분 좋은 위화감을 느낄 것이다. 세상에는 모터사이클의 수만큼 다양하게 즐기는 방법이 있다. 수십 년 전의 로열 엔필드를 그 모습 그대로 만날 수 있다는 건 또 하나의 가능성이 생겼다는 이야기다. 이 세상은 그런 가능성과 다양성 덕분에 아름다워진다.

클래식의 탈을 쓴 모던 스포츠, 두카티 GT1000

몇 년 전 가짜 명품 시계가 세간의 화제를 모은 적이 있었다. 뿌리가 없을 뿐 아니라 실재하지도 않는 환상의 시계를 어떤 이들은 1억 원에 가까운 돈을 주고 샀다고 한다. 그런데 알고 보면 소위 명품 세계에서 이런 일은 비일비재하다. 얼마 되지도 않은 유럽의 신생 메이커가 국내에 들어오면 '100년 전통의' 또는 '극소수에게만 허락된' 따위의 수식어를 달고 소개된다. 허영심에 목을 매는 사람들은 얼마간의 돈을 지불하고 그 만들어진 이미지를 구입한 후 만족감에 몸을 떤다. 오랜만에 좋은 먹잇감을 만난 언론은 '명품 공화국'이니, '명품에 목매는 사람들'이니 하는 제목을 붙여 가며 연일 명품 문화를 까기에 바쁘다.

그런데 나는 여전히 '명품'이 좋다. 유능한 장인이 땀 흘려 만들고 소비자로부터 인정을 받아서 이름이 널리 퍼지게 되면, 그리고 오랫동

스파르타적인 맛이 매력인 두카티와는 다소 이질적인 분위기의 GT1000. 스포츠 클래식 시리즈의 마지막 모델로 선보인 바이크였다. '클래식'이라는 이름으로 예전의 모습을 재현하면서 현대적인 감각으로 재해석한 '모던 클래식'이다.

안 그 명성이 녹슬지 않으면 비로소 명품이라고 불리게 된다. 그러니 명품을 싫어할 이유가 어디 있단 말인가. 가격이 비싸 아무나 살 수 없다는 이유로 비난하는 이들이 있는데, 이는 말도 안 되는 논리다. 그 이름이 왜 유명한지, 어떤 면에서 다른 제품보다 나은지에는 관심도 없고 단지 "가격이 비싸니까 남들이 알아주겠지." 하는 심리에서 명품을 구입하는 '인간'이 문제이지, 명품에는 아무런 죄가 없다.

실제로 모터사이클 시장은 명품 선호도가 무척 높다. 국산 바이크는 상업 용도로 개발된 것이 대부분이라서 취미를 위해 즐기자면 수입 바이크를 사는 수밖에 없고, 이 수입 바이크들은 가격이 꽤 비싸다. 웬만한 수입 바이크는 바퀴가 두 개밖에 안 달린 주제에 천만 원이 훌쩍 넘으니 명품으로 받아들여진다.

그러나 가격이 비싸면 무조건 명품일까? 외국 유명 메이커의 이름을 달고 있으면 무조건 명품이 될 수 있는 것일까? 나는 아니라고 생각한다. 우리나라에 수입되고 있는 바이크 중에는 가격도 천만 원이 넘고 성능도 꽤 좋은 편이지만 명품 대열에 낄 수 없는 것들도 많다. 무조건 가격으로 명품의 가치를 따지는 것은 10만 원짜리 시계를 1억 원을 주고 사는 바보들의 생각과 다를 바가 없다.

명품으로 인정을 받으려면 다른 것과 구분되는 '오리진', 타협하지 않는 '고집', 남을 능가하는 '성능', 소유하는 것만으로 만족할 수 있는 '존재감', 그리고 시간이 흘러도 변치 않는 '영속성'을 지니고 있어야 한다. 그리고 위의 모든 조건을 조금의 에누리도 없이 갖추어야 한다.

지금 이 시점에서 가장 빠르다고 해서, 가격이 가장 비싸다고 해서 명품의 지위를 얻을 수 있는 것은 아니다.

이 정도로 엄격한 조건을 제시하면 명품으로서의 명예를 가질 수 있는 메이커는 얼마 남지 않는다. 한 가지 확실한 것은 이탈리아의 영웅 두카티가 절대 빠지지 않으리라는 것이다.

이런 말을 하면 "또 유러피언 애찬이냐."라는 야유가 들리는 듯하지만, 나는 두카티를 가지고 있다고 해서 무조건 "바이크를 잘 아시는군요."라고 말할 생각은 추호도 없다. 앞서 말한 것처럼 명품은 그 가치를 아는 자가 소유할 때 진정한 의미가 생긴다. 그런 면에서 두카티만큼 가혹한 것도 없다. 이 냉혹한 이탈리안 브랜드는 눈곱만큼의 친절도 베풀 줄을 몰라서, 지금까지 혹독한 라이딩 포지션을 강요하는 슈퍼스포츠만을 주로 만들어 왔다. '네이키드'로 분류되는 두카티 몬스터도 다른 회사의 슈퍼스포츠 뺨치는 민감한 핸들링과 과격한 포지션인 데다, 두카티 자신들이 '투어러'라고 분류하는 ST 시리즈조차 다른 메이커의 감각으로 보면 슈퍼스포츠에 가깝다. 두카티의 개발진은 세계에서 가장 많이 팔리는 장르인 크루저는 "절대 만들 생각이 없다."고 공공연히 밝힌 적도 있다.(그리고 알다시피 지금은 크루저도, 투어러도 만들기 시작했다. 이제부터의 변화는 조금 두고 봐야 한다.)

날렵한 외관과 붉디붉은 이탈리안 레드 컬러에 반해 지갑을 연 것까지는 좋았다. 남들에게 자랑하려면 타고 다녀야 하건만, 실력이 없는 주제에 이 녀석을 타고 달린다는 게 쉬운 일은 아니었던 것이다.

GT1000의 겉모습은 요즘 유행하는 패션 바이크처럼 얌전하게 생겼다. 높다란 파이프 핸들에 두 가닥 서스펜션이라는, 두카티로서는 이례적인 구조의 바이크다.(위)

올드 타입의 두카티 로고가 찍혀 있는 시트는 클래식 바이크와 비슷한 생김새를 갖고 있다. 철제 연료 탱크는 생각보다 크고 시트 높이도 높은 편이다.(아래)

GT1000은 무거운 철제 휠에다 크롬
도금까지 했다. 가벼운 알루미늄 휠을 쓰는
게 상식인 바이크계에서는 이례적인 일이다.
두카티가 가벼운 마그네슘 휠 사용에도 가장
적극적인 메이커라는 점을 생각해 보면,
이는 원가 절감 때문이 아니라 분위기를 내기
위해서라는 걸 알 수 있다. 다른 부분에서
크롬을 찾기 쉬운 것도 그 때문이다.

"난 멋있게 보여야 해."라고 자기 최면을 걸면서 타고 다니는 사람들도 가끔 있지만 (재미는커녕 고통만 느끼면서 말이다.) 뭔가를 아는 사람 눈에는 그저 바이크에 끌려 다니는 불쌍한 모습으로 보일 뿐 전혀 멋져 보이지 않는다.

그런 스파르타적인 면이 매력이었던 두카티에서 매우 이질적인 분위기의 바이크를 내놨다. 스포츠 클래식 시리즈의 마지막 모델로 선보인 GT1000이 바로 그 주인공이었다. 이 녀석은 높다란 파이프 핸들에 두 가닥 서스펜션이라는, 두카티로서는 매우 이례적인 구조의 바이크였다. '클래식'이라는 이름으로 예전의 모습을 그대로 재현했다는 점에서 납득할 수는 있지만 같은 스포츠 클래식 시리즈의 '스포르트 1000'과 '폴 스마트 1000'이 무척 스포티한 포지션의 현대판 슈퍼 스포츠였다는 점을 감안하면 역시 좀 달랐다. 처음 사진으로 접했을 때는 "두카티, 너마저?" 하는 식의 배신감을 느꼈던 것도 사실이다. 아무나 탈 수 있는, 지금까지의 스파르타적인 기질을 버린 바이크로 보였기 때문이었다.

그러나 이 바이크가 국내에 소개된 지 몇 년이 지난 시점에서 결론부터 말하자면, GT1000은 아무나 탈 수 있을지는 몰라도 결코 녹록한 상대는 아니었다. 여전히 과격하고 저돌적이며 헤드라이트 끝에서 브레이크 램프 끝까지 '두카티다움'으로 꽁꽁 뭉친 스포츠 바이크였던 것이다.

GT1000은 레이스에서 활약하던 두카티가 시판용 대배기량 바이크로 처음 내놓은 GT750을 새롭게 해석해 선보인 바이크였다. GT의 이름을 계승하는 만큼 그 모양뿐 아니라 성능까지도 무척이나 고집스럽게 설정해 놓은 흔적이 역력했다. 차체 구성이나 가격을 보고 '스포츠 클래식 시리즈의 막내'로 단정하는 것은 오판이었다. 명품을 가격으로 판단하지 마라는 말을 구구절절 늘어놓은 것도 그 때문이었다.

외관은 이름 그대로 무척 클래식하다. 철제 탱크는 생각보다 크고 시트 높이도 높은 편이다. 단출한 구성이지만 작아 보이지는 않는다. 양쪽으로 빠져 나오는 두 가닥 머플러와 두 가닥 서스펜션 때문에 당당해 보인다.

자세는 적당히 앞으로 숙이는 포지션으로, 지금까지의 두카티나 다른 스포츠 클래식 시리즈와 비교하면 거의 직립이라고 해도 좋을 만큼 일어서 있다. 스텝의 위치가 뒤로 빠져 있는 것을 보면 "거리에서 편하게 타세요."라는 식의 바이크는 아니다. 스텝 위에서의 체중 이동이나 힐 그립(heel grip)⁕이 제대로 고려되어 있는 걸 봐도 역시 두카티가 만든 바이크라는 것을 알 수 있었다. 배기음은 두카티 공랭답게 건조하고 묵직하다. 어딘가 막힌 듯한 저음이 기분 좋게 아랫배를 울려온다. 시동을 걸고 예열하는 동안 이미 라이더의 기분을 고조시키는 그런 타입이었다.

● 발뒤꿈치로 바이크 차체를 꽉 잡고 있는 행동. 양쪽 무릎으로 바이크의 연료 탱크 부분을 꽉 붙잡는 것은 니 그립(knee grip)이라고 한다.

그런데 이 녀석은 몬스터나 물티스트라다, 스포츠 클래식에 쓰인 1000cc 공랭 엔진을 사용하면서도 클러치 방식이 다르다. ST3에서 볼 수 있었던 습식 클러치가 쓰인 것이다. 두카티의 공랭 엔진에 습식 클러치라니! 의아한 생각이 들었다. 찰찰거리는 건식 클러치의 소리가 없다면 그게 과연 두카티의 공랭이냔 말이다. 마뜩찮은 기분으로 클러치를 끊고 달리기 시작했는데, 이게 의외로 기분 좋은 느낌을 주었다. 찰랑거리는 클러치 소리가 없으니 매끄럽고 둔탁한 공랭 L 트윈의 회전음이 고스란히 전해져 왔다.

예전에는 두카티라고 하면 "내구성이 약하다." 또는 "클러치가 잘 닳는다."는 선입견이 있었다. 그런데 이 완성도 높은 엔진의 회전음을 듣고 나니 그런 소리는 이제 쏙 들어가겠다는 생각이 들었다. 믿음이 가는 것이다. 게다가 습식 클러치를 장착했으니 실력 없는 라이더가 쓸데없는 반 클러치를 긁어대도 문제가 생길 리 없었다. 건식 클러치의 금속성 공명음도 좋지만 이건 이것대로 나쁘지 않았다. 아니, 무척 좋았다.

엔진의 회전 상승도 무척 날카로웠다. 스로틀을 열면 예민하게 반응했고, 3000rpm부터는 묵직한 느낌이 손에 전해지면서 엔진의 파워가 노도같이 뿜어져 나왔다. 거칠게 열면 '퉁!' 하는 토크가 전해지자마자 타이어가 차체를 멀찌감치 퉁겨 냈다.

풀 브레이킹과 동시에 스로틀을 슬쩍슬쩍 열어 주며 클러치를 연결하고 기어를 두 단 낮췄다. '후옹…… 후옹……' 하는 스내칭 소리와 함께 기분 좋은 접지감이 전해졌다. 기어와 엔진의 회전수에는 한 치의 오차도 없었다. 타자마자 풀 브레이킹 중의 시프트다운을 이렇게 할 수 있는 바이크는 역시 두카티뿐이라는 생각이 들었다.

마음속으로 감동하며 시트 위에서 체중을 옮겼다. 그리고 유격이 거의 없는 브레이크 레버를 슬쩍 놓자 차체가 훌쩍 기울며 방향이 바뀌었다. 아아아아, 이 느낌! 차체가 얇고 무게 중심이 높은 트윈 엔진의 특성상 린 동작이 무척 빠르리라는 것은 예상할 수 있었다. 그러나 코너링 도중에 마치 4기통처럼 안정된 자세를 보이리라고는 생각지 못했다. 이건 마치 언제나 타고 다니며 손발에 익은 바이크처럼 돌아 주는 것이 아닌가.

기분이 좋아진 나는 수십 분 동안 코너링을 반복했다. 체중 이동의 시기를 바꿔 보기도 하고 린 위드(lean with)˙로 돌아보기도 하면 ● 바이크와 몸의 기울기를 같게 해 코너를 돌아 나가는 것을 말한다.

서 놀다 보니 이 민감하고 영리한 바이크와 사랑에 빠지기 시작했다. 코너링 도중에 시선을 슬쩍 더 안쪽으로 돌리거나 어깨를 살짝 트는 작은 동작에도 반응하는 이 녀석을 어찌 예뻐하지 않을 수 있을까.

두카티 바이크는 까다롭다는 인식이 강하지만 실제로는 그렇지 않다. 물론 한 세대 전의 916 계열이나 SS900은 무척이나 라이더를 가리는 타입이었으나 현행 모델들은 모두 타기 쉽고 안정적이다. 기본만 제대로 지켜 주면 라이더가 원하는 대로 움직인다. 이상한 것을 요구하지도 않는다. 다른 메이커의 바이크들이 너무 친절해져서 라이더의 의사에 상관없이 알아서 해 주기 때문에 두카티가 괜스레 까다로운 듯한 취급을 받는 것뿐이다. 기본이 되어 있고, 라이딩 테크닉을 연마

솔직히 말해서 GT1000의 주행 성능은 두카티에게 기대하는 수준이라고 보기 어렵다. 서스펜션은 형편없고, 섀시도 십 년 전에나 통용되던 수준이다. 바퀴는 바이크에 잘 쓰이지 않는 철제 부품이라서 발놀림도 무겁다. 그러나 그런 모든 단점을 상쇄하는 것이 바로 디자인과 분위기다.

하고자 하는 의식이 있는 라이더라면 두카티는 천국을 보여 준다.

　GT1000의 클래식한 외관은 몸에 달라붙는 라인의 슈트를 입고 출퇴근길에 이용해도 어색하지 않다. 점잖은 느낌을 주는 다크 그레이 색상에 옵션으로 제공되는 가죽 가방을 달면 일상생활에도 잘 어울리는 바이크다. 물론 개성파라면 이탈리안 레드가 좋을 것이다. 주말의 와인딩에는 역시 붉은색이 어울리니까.

　모터사이클 저널리스트라는 직업은 말 그대로 모터사이클을 타보고 그 느낌을 적는 일이다. 이 일을 하다 보면 눈이 높아지기 마련이다. 그렇지 않으면 아마 차고에 점점 쌓여 가는 모터사이클을 바라보며 파산 신청을 하게 될 것이 틀림없다. 그래서 웬만한 바이크에는 매력을 느끼지 않지만 나는 이 바이크를 탄 후에 완전히 반해 버리고 말았다. 시승용 바이크를 반납한 후 바로 계획을 세워서 구입해 버렸고, 내가 구입하자마자 이 모델은 단종되었다. 인기는 점점 높아져 다시 중고로 내놓았을 때는 몇 명의 구매 대기자가 줄을 서기까지 했다. 판매한 지 몇 년이 지난 지금도 GT1000의 인기는 식을 줄을 모른다.

　'클래식'이란 '옛것'을 의미하는데, 이 바이크는 결코 옛것을 그대로 재현한 것이 아니다. 고전적인 형태나 분위기를 현대적인 감각으로 재해석한 '모던 클래식'이라고 불러야 옳다. GT1000은 요즘 젊은 라이더들 사이에서 인기를 끌고 있는 '클래식'이라는 코드에 현대적인 차체 구성과 주행 성능, 그리고 이탈리안 메이커다운 초호화 장비를 갖췄으니 인기를 끌지 않을 수가 없었을 것이다.

명품을 즐기는 방법에는 여러 가지가 있다. 지금 바로 구입해서 경험하는 것도 좋고, 꿈으로 삼아 시간을 두고 차근차근 맛봐도 좋다. 바이크란 어차피 꿈으로 타는 것이니까. "비싸니까 좋은 게 당연하지."라며 패배자의 비난을 쏟아 내거나, 명품에 어울리는 사람이 되려는 노력은 잊은 채 소유하는 것만으로 만족하는 여대생 흉내만 내지 않으면 된다. 당신이라면 어느 쪽을 선택할 것인가.

나의 옛 애마에게 바치는 연애편지

1990년대 초는 고등학생이던 내가 아직 바이크를 동경의 대상으로만 바라보던 때였다. 물론 마음만 먹으면 당시 인기를 끌던 효성 스즈키 MX125 허슬러나 막 출시되어 인기를 끌었던 대림 드림(지금의 VF)을 탈 수도 있었겠지만 내게 바이크란 그런 현실적인 것이 아니었다. 나에게 이상적인 바이크는 람보르기니 쿤타치나 페라리 테스타로사처럼 초현실적인 존재여야 했다. 그야말로 동경의 대상이었던 것이다.

그래서 드림 바이크 목록에 일제 바이크는 없었다. 당시의 일제 바이크는 혁신적인 디자인이나 새로운 것에 대한 도전이라는 명제를 갖고 있지 못했다. 1950~1960년대에 성능이나 가격적인 면에서 사나이의 상징, 꿈의 실현이라는 의미를 갖고 있던 바이크를 누구나 타고 즐길 수 있는 현실적인 존재로 만들어 버린 것이 일제 바이크였다. 라이더를 꿈꾸는 사람이라면 누구나 반길 만한 일제 바이크의 부흥을 바라보면서, 나는 라이더도 아닌 주제에 반감을 갖고 있었다.

디자이너 지망생이었던 나는 당시 여러 분야의 외국 서적을 탐독하곤 했다. 외국의 책을 통해 접한 이탈리아 디자인은 가구, 자동차, 장신구, 의상, 심지어는 무기에 이르기까지 나에게 궁극의 것으로 다가왔고 물론 바이크도 예외가 아니었다. 지금 봐도 촌스럽기는커녕 여전히 현역으로 남아 있는 두카티 몬스터나 916 시리즈가 등장한 것도 바로 이때였다.

이들과 비교하면 당시의 일제 바이크는 "내가 사장이라면 디자이너들은 전부 해고야!"라고 호언장담할 수 있을 정도로 박색이었다. 뚱뚱하고 어설픈 카울 라인은 보기만 해도 기분이 나빠질 지경이었다. 그때 눈에 띈 것이 BMW의 R1100RS였다.

웃음이 나올 정도로 못생긴 녀석이었다. 이탈리안의 섹시한 라인도, 생산성을 중시한 일제 바이크의 심플한 맛도 없었다. 도무지 이해가 가지 않는 직선 기조의 복잡한 라인이 나열되어 있을 뿐이었다. 제원표를 봐도 출력이나 무게나 아무것도 내세울 것이 없었다. 가격을 납득할 수 있는 것은 BMW라는 이름뿐이라고 해도 과언이 아니었다.

BMW RS 시리즈의 디자인에 대해 말하자면, 이 바이크는 바우하우스 디자인의 교과서와도 같은 디자인이라고 할 수 있다. 20세기의 가장 유명한 미술 교육 기관이며 현대미술에서도 빼놓을 수 없는 사조였던 바우하우스는 기능적이고 합목적적인 것을 중시했다. 그런 바

BMW R1100RS는 주행풍으로부터 라이더를 보호하는 카울, 핸들과 시트의 위치를 바꿔 다양한 사람의 체격에 맞출 수 있는 구조, 보는 방향에 따라 다른 느낌을 주는 외관을 갖추고 있다. 기능적이고 합목적적인 것을 중시한 바우하우스의 사조를 따른 디자인이다.

우하우스의 사조를 충실히 따른 R1100/1150RS는 주행풍으로부터 라이더를 보호하는 카울, 핸들과 시트의 위치를 바꿔 다양한 사람의 체격에 맞출 수 있는 구조, 보는 방향에 따라 다른 느낌을 주는 외관을 갖추고 있었다.

시간이 흘러 디자인 경향이 바뀌었고 자동차나 모터사이클의 외관은 직선에서 곡선으로 변화했다. 주행풍을 제어하는 방식도 '공기의 차단'보다는 '공기의 흐름을 컨트롤'하는 방식이 주류가 되었다. 그러나 RS만은 아직도 예스러운 직선 디자인을 그대로 채용했다. 그리고 그런 전통을 고수하는 것이야말로 바우하우스의 이념이었다. 기능과 목적을 위해 유행 따위는 개의치 않는 것이다.

지금 때가 어느 때인데 아직도 바우하우스 타령이냐고 비웃는 사람도 있었지만, RS 마니아들은 1100RS가 1150RS로 모델 체인지되던 당시 RS가 어떤 모습으로 바뀔지 불안해했고, 옛 모습 그대로 환생한 1150RS를 보면서 기쁨의 탄성을 질렀다. 새로운 조류조차 바우하우스 디자인 앞에 무릎을 꿇고 말았던 것이다. "바우하우스고 뭐고 간에 레이싱 머신처럼 날렵한 게 좋아."라고 한다면 할 말은 없지만 시대를 역행하는 듯한 RS의 디자인에는 전통을 지킨다는 자부심이 드러나 있었다.

어느새 나는 RS를 꼼꼼히 뜯어보게 되었다. 그러면서 RS라는 이름은 공도에서 WGP 레이스가 펼쳐지던 시절의 BMW 레이싱 머신 렌슈포르트(Rennsport, 영어로 '레이싱 스포츠'라는 뜻)의 약자라는 것, 그렇기 때문에 그들은 아직도 공도에서만은 RS가 최고라고 자부한다는 것, 고회전 고출력이라는 시대의 흐름에 휩쓸려 사라질 뻔했던 공랭 박서 엔진(boxer engine)*이 라이더들의 끊임없는 요구에 응해 부활되었다는 것, 할리 데이비슨이 그렇듯이 뭔가 감성적인 면에 호소하는 엔진이라는 것을 짐작할 수 있었다.

● 수평 대향 엔진이라고도 하며 마주 보는 두 개의 실린더가 180도로 누워 있는 형식이다. 권투 선수가 서로 펀치를 주고받는 것과 비슷해서 '박서' 엔진이라고 한다. 피스톤끼리 서로 진동을 상쇄하므로 승차감이 좋고 안정적이다.

일반인들이 대기 오염을 걱정하는 것은 상상도 할 수 없던 시대에 고가의 백금 촉매가 들어간 배기가스 정화 장치가 순정으로 장착된다는 것을 보면 역시 앞서 가는 사람으로 보이고 싶어 하는 속물들의 바이크 같기도 했다. 바이크에도 '노블레스 오블리주'라는 건가…… 하는 생각까지 하게 됐을 때는 이미 RS의 매력에 빠진 상태였다. 그러다 편집이나 사진이 마음에 들었던 일본 바이크 잡지 《라이더스 클럽》의 편집장 네모토 켄(根本健)이 RS를 구입했다며 잡지를 통해 기뻐 죽겠다고 밝힌 것을 보고는 "나도 언젠가는……"이라고 마음을 먹고 말았다. 《라이더스 클럽》은 20년 전부터 지금까지 내가 매달 구독하고 있는 잡지인데, WGP와 르망 24시간 내구 레이스에도 참가했던 베테랑 저널리스트가 RS를 선택한 데에는 그만한 이유가 있을 거라는 믿음이 생겼던 것이다.

내가 이렇게 장황하게 RS에 빠지게 된 계기를 적는 것은 솔직히 말해 RS의 매력을 이 짧은 글을 통해 일목요연하게 써 낼 자신이 없기

나는 지금도 해외에 나가서 RS를 만나면, 옛 여자 친구라도 만난 것 같은 기분으로 그녀의 사진을 찍는다. 그 수가 점점 줄어드는 것이 느껴지는데, 마치 첫사랑이 나이를 먹어 가는 걸 지켜보는 듯한 기분이다.

때문이다. 수많은 바이크를 타고 시승기를 써 오면서 비교 대상도 많이 알고 있고, 또 RS는 내 애마였기 때문에 어떤 바이크보다도 많이 타 왔지만 역시 경험해 보지 않은 사람에게 설명하기란 힘들다. "한 번 타 보세요. 정말 재미있어요."라는 것도 별로 설득력이 없다는 것을 잘 안다. 한 번 타 본 정도로는 RS의 진면목을 파악할 수 없기 때문이다.

나는 R1100S로 시작해 R1100RS, R1150RS 두 대, R1200RT, C650GT에 이르기까지 10년 넘게 BMW 바이크를 탔다. 그중에서 RS 계열만 세 대를 탄 이유는 그저 너무 편해서이다. 솔직히 말해 내가 가장 빠르게 달릴 수 있는 BMW 바이크를 고르라면 생각할 필요도 없이 GS 시리즈일 것이다. GS는 빠르고 재미있고 멋지다. 노면 상태에 상관없이 달릴 수 있고, 장거리 주행에 매우 적합할 뿐 아니라 시내에서도 편하다. 당연히 우리나라에서도 베스트셀러이면서 중고 가격도 매우 좋다. 알고는 있지만 한 대 사려고 하면 나는 역시 RS 쪽으로 손이 간다.

그 이유가 뭔지는 지금도 잘 모르겠다. 그저 장점이라면 라이딩 테크닉이 어쩌고, 의상이 어쩌고 하는 것과 상관없이 편하게 탈 수 있고, 장거리를 뛰어도 전혀 피곤하지 않으며, 고장 없고, 꽤 빠르고, 드물기 때문에, 남들에게 보일 때 어깨에 힘이 약간 들어가는 정도일 것이다. 그건 GS도 마찬가지 아니냐고 말하는 사람이 있을지도 모르겠지만 RS의 장점을 설명하기에는 이걸로도 사실 턱없이 부족하다. 15년이나 바이크를 타고 글을 쓰는 일을 해 왔는데도 도저히 표현할 여력이 없는 것이다.(무엇보다도 나는 GS가 생긴 게 마음에 안 든다.)

어쩌면 '제 눈에 안경'이 딱 맞는 말인지도 모르겠다. 적어도 내 눈에 RS는 이 세상에서 가장 사랑스러운 바이크다. 나와 취향이 비슷한 사람이 드물다는 사실이 슬프면서도 약간은 기쁘다. 1993년부터 12년간 똑같은 모양으로 생산되던 박서 RS는 2005년에 단종되었고 R1200ST에게 새 바통을 넘겨주었다. 그리고 R1200ST는 언제부터였는지도 모르게 사라져서, 이제 RS의 혈통은 더 이상 이어지지 않는다. 이 글은 유독 인기를 끌지 못한 미녀에게 바치는 나의 소심한 연애편지다. 누가 뭐래도 그녀는 아름다웠고, 가장 BMW다운 바이크였다.

시간의 흐름을 거스르는 완성도,
BMW R69S

　독일 엔지니어들은 이미 1960년대에 '인간'이라는 존재를 의식하고 기계를 설계한 것일까. 1967년식 R69S를 보면서 드는 의문이었다. 인간 공학(Ergonomics)라는 말이 갓 생겨나기 시작한 무렵에 태어난 바이크임에도 불구하고 투박하거나 사용하기 불편한 부분이 먼저 눈에 띄는 대신 인간의 삶 속에서 어떻게 사용될지를 고려한 설계가 눈에 들어왔다. 외관이 너무 깨끗했기 때문이기도 했지만 40여 년의 세월이 지났는데도 대부분의 요즘 바이크보다 훨씬 인간적으로 보이는 데는 다른 이유가 있었다.

　현대의 BMW 바이크는 ABS와 열선 그립 등을 기본으로 장착하는 등 안전과 편의성을 극한까지 추구해 국내 라이더들에게 크게 어필하고 있다. 그러나 그런 것들은 겉으로 보이는 요소일 뿐, 라이더들이 직접 느끼지는 못하지만 자신도 모르는 사이에 빠져드는 요소들을 잊으면 안 된다. 가령 BMW가 개발하고 독자적으로 사용하고 있는 텔레레버(Telelever)와 패러레버(Paralever)가 대표적인 예다. 텔레레버는 조향 장치와 완충 장치를 분리시킨 서스펜션을 말하고, 패러레버는 일정한 접지력을 유지할 수 있도록 개발된 장치를 말한다. 이 장치는 모터사이클 서스펜션의 기본이 되는 텔레스코픽(Telescopic) 방식(BMW를 제외한 99퍼센트의 메이커가 사용하고 있는 서스펜션 구조. 이것을 가장 먼저 채택한 것도 사실은 BMW였다.)보다 무겁고 복잡하다. 그래서 가격이 올라갈 수밖에 없다. 텔레레버 방식은 방향 전환과 충격 흡수를 분리할 수 있는 방식이어서 더 안전하고, 장거리 주행 시에 피로도가 적다. 브레이크를 잡을 때 앞쪽으로 차체가 기울어지는 '노즈 다이브(Nose Dive)' 현상도 없기 때문에 언제나 안정적인 자세를 취할 수 있다.

물론 텔레스코픽 방식은 모든 라이더들에게 익숙할 뿐 아니라, 기술의 발달로 텔레레버 못지않은 안정성을 갖추는 것도 가능하다. 스피드를 내는 게 목적이라면 가볍고 단순한 구조의 텔레스코픽 쪽이 훨씬 유리하다는 것은 자명한 사실이다. 그러나 BMW가 이 방식을 사용하는 것은 '공도 라이딩'을 즐기는 데 있어서 이쪽이 절대적으로 유리하다고 믿기 때문이다. 그리고 바이크를 대부분 공도에서 사용하는 일반 라이더들은 이 방식을 타다 보면 훨씬 몸이 편안하고, 안심할 수 있다는 걸 깨닫게 된다.

이전까지 모터사이클 라이더의 화두였던 최고 속도, 최고 출력, 머

R69S는 BMW의 1960년대를 대표하는 모델 중 하나로, 스포츠 바이크와 장거리 투어러의 자질을 동시에 나타내기 시작한 바이크다. 특이한 얼스 프론트 서스펜션은 강성이 높아 사이드 카 용도로 많이 개조되기도 했다. 스티브 잡스가 젊었을 때 탔던 R60/2도 같은 계열의 바이크다.

플러 소리 등 기계적·성능적 요소가 즐거움과 안전성, 쾌적함 등으로 옮겨 갔다는 것은 국내 바이크 문화의 질이 한층 높아졌음을 증명한다고 할 수 있다. 물론 고가의 바이크라는 점 때문에 아무나 가까이 하기에는 힘들지만, BMW가 만들어 내는 '모터라드'는 같은 회사의 자동차가 '화이트칼라를 위한 증명서'라는 이미지를 풍기는 것과 달리 순수하게 라이더의 입장에서 만든 바이크라는 점이 흥미롭다.

　탱크에 붙어 있는 BMW의 앰블럼은 물론 매력적이다. 자신을 증명해 주는 듯하기도 하고, 바이크에 관심이 없는 사람들의 눈길조차 끌어당긴다. 하지만 직접 타 보면 그 프로펠러 엠블럼에는 겉으로 보이는 것보다 훨씬 더 많은 것이 숨어 있음을 알게 된다. 그것은 엄청난 힘도, 매력적인 조형미도 아니다. 이런 것보다 훨씬 높은 경지에서 완성된, 필요한 만큼의 힘과 투박하지만 묵묵히 주어진 일을 수행하는 기계가 뿜어내는 기능미다. 이는 이상적인 바이크를 구성하는 요소 중 하나임에 틀림없다.

1967년은 우리나라는 말할 것도 없고 미국에서조차 인권 문제가 심각하던 때였다. 전쟁이 끝나고 삶의 질에 대해 생각할 겨를이 생기면서 사람들은 인간다운 권리에 대해 생각하기 시작했고, 기술이 발전하면서 '인간 공학'이 대두되기 시작했다. 우리나라에서는 1980년대 초가 되어서야 '인권'이라는 말이 나왔을 정도로 '사람'은 세상의 중심에서 멀었다. 그러나 15세기 르네상스 이후 '신(神) 중심의 사회에서 인간 중심의 사회'가 된 유럽은 달랐다. 이미 500년 전에 그들은 인간의 존엄성을 알고 있었고, 언제나 사회의 중심은 인간이었다.

1960년대 BMW 모터라드가 인간 중심적인 바이크를 만들었다는 것은 R69S의 여러 부분에서 확인할 수 있다. R69S는 최근의 BMW 바이크와 마찬가지로 순정 공구도 풍부해서 에어 펌프를 포함해 다양한 공구가 연료 탱크에 수납된다. 그리고 앞바퀴는 호환이 가능한 구조로 설계되어 있어서 간단하게 탈착과 교환이 가능하다. 또한 시트와 연료 탱크 등에 2~3가지 옵션이 있어서 라이더의 취향에 따라 선택할 수 있다. 프론트 포크에 장착된 스티어링 댐퍼는 감쇠력을 조절할 수 있고, 리어 서스펜션도 탠덤 주행을 고려해 2단계로 조절할 수 있는 구조다. 시트나 핸들의 각도를 간단히 변경할 수 있도록 만드는 메이커가 여전히 BMW밖에 없다는 사실은 그들이 '바이크를 대하는 시각'이 어떤 것인가를 엿볼 수 있게 해 준다. 가장 빠르게 달릴 수 있는 '조건'을 제공하는 것이 절대적인 성능보다 중요하다는 것을 그들은 이미 알고 있었던 것이다.

하루가 다르게 기술과 디자인이 바뀌어 가는 모터사이클 시장에서 BMW는 지난 90년 동안 같은 것을 만들고 있다. 즐겁고 안전하게 타고 달릴 수 있는 바이크. 스피드나 최고 출력 같은 제원표의 수치를 기준으로 바이크를 따지는 사람들에게는 어필하기가 쉽지 않을 것이다. 하지만 BMW 바이크는 인간을 중심으로 만들어진 덕분에 실제로 달려 보면 의외로 빠르다. 제원표상의 출력이 두 배 가까이 높은 바이크를 와인딩에서 제쳐 버리는 것도 가능하다. 장거리를 달린다면 승부는 더욱 확실하게 판가름 난다. BMW 라이더가 아무렇지도 않게 달리는 거리를, 다른 바이크라면 기진맥진한 상태로 달려야 한다. 바로 사람을 우선시한 덕분에 라이더가 자신의 능력을 잘 발휘할 수 있기 때문이다. 사람이 올라타는 바이크를 기계적으로 이해한다는 것은 어찌 보면 모순이며, 인간의 입장에서 이해하는 것이 당연한 건지도 모른다. 핸들 바의 각도나 윈드 실드의 각도를 조절할 수 있다거나, 시트 높이를 조절할 수 있는 등 BMW의 바이크는 다른 메이커가 쉽게 간과하는 부분을 꾸준히 유지하고 있다. 시트 높이를 조절할 수 있기 때문에 키 190센티미터의 독일인도, 160센티미터의 한국인도 만족하며 탈 수 있는 것이다. 바로 이러한 점이 BMW가 모터사이클을 만드는 철학을 대표한다.

공랭식 박서 엔진은 카뷰레터 방식으로 귀여우면서도 박력 있는 사운드를 연주한다. 유연 휘발유 시대의 모터사이클이기 때문에 연료에 소량의 납을 섞어 넣어야 제대로 달릴 수 있다. 사진에서처럼 이 정도로 관리가 잘 된 바이크는 점점 수량이 줄어들어 찾아보기 어려워졌다.

모델명 끄트머리에 붙은 'S'자를 보면 알 수 있듯이 R69S는 현행 K1200S의 직계 조상이다. 구조는 많이 다르지만 각자의 시대에서 빠르고 안전하다는 점은 공통적이다. R69S는 그 당시 가장 빠른 바이크였던 영국제 트라이엄프와 노턴을 따라잡기 위해 BMW가 개발한 바이크였는데, 1960년부터 1969년까지 10년간 생산되었다. 지금의 BMW 바이크가 텔레레버를 장착하는 것처럼, 노면 상태가 그다지 좋지 않았던 당시의 상황에 맞게 얼스 포크(Earles fork)가 장착되었고 1962년부터는 스티어링 댐퍼도 표준 장착되었다. 텔레스코픽 타입의 포크가 이미 개발된 시기였지만, BMW는 새로운 도전을 멈추지 않았다. 얼스 포크는 앞부분의 강성을 높이는 효과가 있어 사이드 카 라이더들에게 많은 지지를 받았다. 모터사이클에 더 이상 쓰이지 않는 방식이지만, 사이드 카 중에서는 지금 생산되는 것들도 여전히 이 방식의 서스펜션을 사용하고 있다.

● 영국인 어니스트 얼스(Ernest Earles)가 1953년에 특허를 낸 서스펜션 방식. 뒤 서스펜션에 쓰이던 댐퍼를 앞에도 장착한 형태로, 강성이 높고 제동을 걸어도 관성으로 인한 자세 변화가 적은 것이 특징이다.

4스트로크 OHV 방식의 600cc 박서 엔진은 4단 미션과 함께 활발한 가속을 가능케 했다. 35마력의 R50S로 38마력의 영국제 바이크에 대항하고 있던 BMW는 신모델 R69S가 42마력과 그 출력을 모두 노면에 전달할 수 있는 새로운 서스펜션으로 무장하고 등장하자 다시 최강의 자리에 올라설 수 있었다. 당시의 레이스는 서킷이 아니라 대부분 공도에서 펼쳐졌고, BMW가 여전히 공도에서 가장 빠른 바이크로 불리는 것도 이와 무관하지 않다. BMW 개발자들은 서킷보다는 공도에서 빨라야 의미가 있다고 믿었기 때문이다.

앞서 말한 것처럼 이 바이크는 1967년에 제작된 모델이다. 놀라운 것은 이 바이크의 부품을 아직도 손에 넣을 수 있다는 사실이다. 부품 재고가 없다면 BMW가 새로 제작해서 만들어 준다. 국산 바이크나 자동차라면 2000년에 생산된 것 중에서도 부품을 구하러 폐차장을 뒤져야 하는 경우가 흔하다. 그러나 BMW는 40년이 훌쩍 넘은 바이크의 부품을 보유하는 것은 물론 카탈로그까지 준비해 놓고 있다. 현재의 바이크도 좋지만 완벽하게 움직이는 옛날 바이크가 정말 갖고 싶은 라이더라면 기쁘기 그지없는 일이다. 이처럼 지속적인 지원이 보장된다는 것은 큰 매력이 아닐 수 없다. 우리나라에서 불고 있는 최근의 BMW 붐은 낮은 금리로 제공되는 파이낸스 서비스 덕분인데, 그런 것들까지도 어쩌면 '상품'보다는 바이크를 타는 '사람'을 먼저 생각했기 때문에 나온 아이디어가 아닐까 싶다. 신체 조건에 상관없이 즐길 수 있는 바이크, 오랜 시간이 흐르더라도 변함없이 즐길 수 있는 바이크, 그리고 빈부에 상관없이 누구나 다가갈 수 있는 바이크……. 내가 BMW 예찬론을 펼 때마다 어떤 이들은 특정 브랜드를 너무 옹호하는 것 아니냐며 의혹의 눈초리를 보내기도 하지만, 이 바이크 메이커는 타면 탈수록 흐뭇한 마음이 든다. 여전히 힘찬 소리를 내며 달리는 R69S를 보고 있으면 내 마음을 이해할 수 있을 것이다.

가와사키의
마지막 공랭 4기통, 제퍼

1980년대 공기 역학이 대두되면서 레플리카 붐과 함께 거의 모든 스포츠 바이크에는 카울이 씌워지게 되었다. 그리고 카울이 없는 바이크는 아저씨 같다거나 고성능이 아니라는 소리를 듣게 되었다. 스포츠 바이크건, 투어링 바이크건, 거리를 달리는 용도의 바이크건 모두 카울이 씌워졌다. 1980년대에는 할리 데이비슨에도 카울이 씌워질 정도였으니, 그 인기가 얼마나 대단했는지 알 수 있다. 그러나 유행은 돌고 도는 법.

1989년 가와사키에서 400cc의 제퍼(Zephyr)가 출시되면서 일본에서는 '네이키드(Naked)'라는 새로운 개념의 용어가 생겨났다. 기존의 스포츠 바이크가 고속에서의 운동성을 중시해 카울을 씌우고 고회전으로 세팅하는 것에 비해 네이키드는 도심에서의 편리한 조작성, 까다

가와사키 제퍼는 네이키드 바이크의 시초답게 전형적인 모습을 하고 있다. 번쩍거리는 네 가닥의 크롬 배기관도 레플리카에서는 찾아볼 수 없는 매력이다. 도심에서의 편리한 조작성, 까다롭지 않은 출력 특성이라는 장점으로 한때 레플리카에 식상한 라이더들에게 주목을 받았다.

롭지 않은 출력 특성 등을 중시한 결과, 레플리카에 식상한 라이더들에게 주목을 받았기 때문이다. 제퍼는 엄청난 인기를 끌었고, 1980년대의 끝을 알렸다. 1980년대에 카울이 달린 바이크는 '미래적'이라는 이미지를 주었지만, 1989년에는 더 이상 이런 이미지가 통용될 수 없었다. 세기말이 가까워 오는 그 시점이 바로 '미래' 그 자체였기 때문이었다.

　재미있는 것은 카울을 '벗긴(Naked)' 이 바이크의 모습은 영락없는

1970년대의 스포츠 바이크였다는 점이다. 10년 만에 카울을 벗겨 냈을 뿐인데, 1972년에 등장했던 가와사키의 스포츠 바이크 Z1과 크게 다를 바가 없었다.

"사나이는 Z를 탄다." 바이크 마니아라면 수도 없이 들어 온 말일 것이다. 1960년대 말 2스트로크 바이크만을 만들던 메이커 가와사키가 갑자기 들고 나온 4스트로크 900cc, 그것도 DOHC 엔진을 탑재한 괴물이 Z였다. 그 이미지는 지금까지 가와사키 라이더들의 중심을 지지하면서 이어져 내려왔다. 남성 호르몬이 넘쳐흐르는 라이더들이 '가와사키'라는 브랜드를 존경해 마지않는 것도 바로 이 바이크 때문이었다.

네이키드 바이크는 성능의 높고 낮음 이전에 엔진이 겉으로 드러나 있는 당당한 외관이 큰 매력이다. 게다가 제퍼는 떡 벌어져 있는 두 개의 캠이 DOHC라는 것을 주장하듯 버티고 있다. 엔진의 성능을 높이기 위해서는 밸브의 배열 각을 좁혀 열에너지의 손실을 줄여야 하는데, DOHC라는 기술은 이 밸브 각을 좁히면서도 밸브 개방 면적을 크게 얻기 위한 목적으로 개발된 것이다. 그런데 제퍼 카이는 DOHC이면서도 배열 각이 넓고, 그래서 캠의 위치도 벌어져 있다. 기술적으로 보자면 어이없는 일일지 몰라도 이는 겉으로 드러난 엔진을 더욱 당당하게 보이게 하기 위한 것으로, 바이크의 취미성을 강조하는 설계 사상이다. 네이키드는 어차피 고성능을 즐기기 위한 바이크가 아니다. 그래서 겉으로 보기에 멋있는 편이 소유욕을 충족시키면서 결과적으로 즐겁게 달릴 수 있다는 철학을 내세운 것이다.

제퍼의 라이딩 포지션은 핸들, 시트, 스텝의 균형이 잘 잡혀 있어서 상체를 적당히 앞으로 기울이는 전경 자세를 이룰 수 있다. 동급 네이키드 중 가장 나지막한 핸들은 위치나 각도가 절묘해서 시내 주행에서나 와인딩을 달릴 때나 전혀 불편함이 없을 뿐 아니라 당당함 또한 표현할 수 있다. 편하고 효율적인 위치를 찾기 좋아하는 혼다의 바이크에서는 절대 느낄 수 없는 불량 감각. 그러나 불량스러움이 몸에 배어 있는 이들에게는 이쪽 세계가 편한 것처럼, 빠른 속도로 코너를 공략할 때는 물론 차분히 달릴 때에도 오히려 차분한 이미지의 혼다 CB400보다 이쪽이 편하게 느껴진다. 이런 핸들과 승차 자세에 익숙해지면 낮고 멀리 위치한 레플리카의 핸들은 거들떠보기도 싫어진다.

공랭 네이키드는 아무리 배기량이 커도 수치상으로 100마력 주변에서 머물게 마련이지만, 타 보면 의외로 묵직한 파워에 놀라게 된다. 거리에서 주로 사용하는 중속역의 토크가 충분하기 때문이다. 물론 수랭 라이벌들보다 회전 상승 속도는 좀 떨어져도 필요한 만큼의 힘은 갖고 있고, 게다가 8000rpm에 도달하면서부터는 레드 존이 시작되는 12500rpm까지 단숨에 회전하면서 속도가 치솟기 때문에 결코 느리다는 생각은 들지 않는다. 반대로 생각하면 공랭 특유의 유순한 회전 상승을 이용해 일찌감치 스로틀을 열 수 있기 때문에 와인딩 등에서 구동력을 걸기 편하다. 결과적으로 더 호쾌하고 빠르게 스로틀을 끝까지 열며 달릴 수 있다는 말이다.

가와사키 Z1은 출시 당시 전 세계를 충격에 빠뜨렸다. 혼다에 이은 두 번째 고성능 4기통이었으며, 혼다와 달리 불량스러운 분위기가 철철 흘렀기 때문이다. 이후 가와사키의 전설이 시작되었다.

    풀 스로틀로 달리는 중에도 체중 이동을 의식하기만 하면 가볍게 돌아 주는 핸들링도 특히 인상적이다. 코너링을 할 때 바이크 기울기보다 몸을 더 기울이는 린 인(lean in) 동작 따위는 필요 없다. 아니, 린 인 자세를 취할 틈도 없이 방향을 바꿔 버린다는 표현이 맞겠다. 시승 중에 린 인을 취해 보려고 했더니 이미 방향이 바뀌어 있어서 헬멧 속에서 멋쩍은 웃음을 지었던 것이 생각난다.

    차체를 기울이는 속도가 빠르지만 4기통답게 깊은 선회각에서는 묵직하게 안정되기 때문에 불안한 감도 없다. 이런 선회성은 하체의

1980년대의 이미지 그대로 여전히 출시되고 있는 ZRX1200R. 작은 카울이지만 헤드라이트 주변의 조형이 달라지는 것만으로 분위기가 완전히 바뀐다. 이 바이크의 엔진은 수랭 4기통으로, 시속 300킬로미터를 넘나드는 초고속 투어러 ZZR1400과 같은 계열이다.

균형이 잘 맞는 덕분인데, 타이어는 전후 17인치 레이디얼 타이어(radial tire)°로 동급 중에서 최초로 레이디얼화가 진행됐다는 점에서도 가와사키가 이 기종에 쏟은 열정을 알 수 있다. 평범한 부품의 조합이면서도 착실히 진화하는 하체 부분은 브렘보제 캘리퍼와 최고급 서스펜션을 장착한 최신 기종들 사이에서도 빛을 잃지 않게 하는 원동력이다.

● 고속 주행용으로 개발된 타이어로, 타이어의 접지면과 측면을 구성하는 섬유층이 타이어의 회전 방향에 대해 직각으로 나열된 구조의 타이어를 말한다.

이렇게 장점을 열거하고 나니 지하철에서 행상이 선전하는 물건처럼 뭐든 웬만큼은 할 수 있어도 제대로 하는 것이 없는 것처럼 들릴지 모르겠지만, 네이키드의 매력은 다재다능하게 활용할 수 있다는 데 있다. 공공도로라면 레플리카만큼 빠르고, 아메리칸처럼 번쩍거리는 질감도 있다. 더구나 공랭이라면 집 앞의 편의점까지 간다거나 캠퍼스 안에서 매점과 강의실 사이를 왔다 갔다 하는 용도로도 그만이다. 시속 150킬로미터로 장거리를 매일 달리지 않는다면 이런 네이키드를 권해 주고 싶다. 괜히 어정쩡한 자세로 레플리카를 타면서 나쁜 습관을 들이느니 잘 다듬어진 네이키드가 라이딩 실력을 쌓기에 훨씬 낫기 때문이다.

물론 시속 140킬로미터 이상이 되면 주행풍 때문에 몸을 가누기가 힘들고, 점점 실력을 쌓아 가다 보면 좀 더 적극적으로 달릴 수 있는 레플리카를 원하게 될지도 모른다. 하지만 바이크를 대부분 시내에서 사용하고 가끔 가까운 와인딩을 찾는 정도라면 마음껏 휘돌릴 수 있는 엔진과 다루기 쉬운 차체의 네이키드가 최고다. 수십 년이 흐른 후에도 친구처럼 여겨지는 바이크를 원한다면 더할 나위 없이 제격이다. '오토바이'라고 하면 생각나는 그런 전형적인 스타일이기 때문에 유행이 바뀌고 시대가 바뀌어도 질리지 않는다.

네이키드는 이상하게도 국내에서 인기가 없어 공랭 4기통의 제퍼는 정식으로 수입된 적도 없지만, 일부 마니아들 덕분에 소량이 수입되어 오늘날 여전히 거리에서 간혹 만나볼 수 있다. 일본에서도 단종이 심심찮게 거론되는데, 커스텀 메이커들이 만드는 물량도 만만치 않으므로 당분간은 만나볼 수 있을 것이다. 혼다 CB1100의 부활과 함께 제퍼의 수명도 연장되었으면 하는 바람이다. 어딘가 고장이라도 난 것처럼 걸걸대며 돌아가는 가와사키 공랭 4기통의 맛을 함께 논할 수 있는 친구들이 늘어난다면 얼마나 좋을까.

1980년대로의 회귀를 꿈꾸는 알렌 네스

그래, 바로 이런 기분이었다. 적어도 21세기 초반까지는 바로 이런 엔진의 느낌을 두고 우리가 '아메리칸 크루저(American Cruiser)'라고 불렀다. 비효율적일 정도로 거대한 배기량을 가진 공랭 OHV V트윈 엔진이 뿜어내는 힘의 향연에 나도 젊음을 바쳤다. 기통당 1000cc에 가까운 배기량은 여러 가지 면에서 비효율적이다. 기술적으로 그 절반인 500cc 정도가 기통당 가장 알맞은 배기량으로 여겨지고 있으며, 그 이상이 되면 무게가 늘어난다거나 회전수가 너무 느리게 올라간다거나 냉각이 어려워진다거나 폭발을 균일하게 시키지 못한다거나 하는 문제가 나타난다. 그것도 그 모든 문제들이 동시다발적으로 일어나기 십상이다. 게다가 이 시대에 공기로 엔진을 냉각시킨다는 것도 어떤 의미에서는 시대착오적이다. 자동차계에서는 공랭식 엔진이 퇴출

> 세월에 따라 변해 가는 것. 그건 세상 모든 일에 통용되는 불변의 법칙이다.
> 인간이 향수라는 단어 아래 아무리 부여잡으려고 애를 써도 변하지 않는 것은 없다.
> 그래서 옛 모습 그대로인 친구를 만날 때는 기쁨을 넘어선 일종의 희열을 느끼게 된다.

된 지 수십 년이 넘었다. 감성을 중시하는 포르쉐조차 포기한 지 오래다. 거기에 OHV 방식의 밸브 개폐 구조는 이미 60년쯤 전에 OHC로 대체된 기술이다. OHC 중에서도 캠이 하나인 SOHC(Single Overhead Camshaft)는 두 개의 캠을 가진 DOHC(Double Overhead Camshaft)에 밀려 인정받지 못하는 세상에 OHV라니……. 효율성을 생명으로 하는 엔지니어라면 고개를 절레절레 흔들 것이다.

지금 내 다리 사이에서 푸드득거리며 숨을 고르고 있는 알렌 네스(Arlen Ness)의 엔진은 그 '비효율'의 결정체다. 이 엔진은 할리 데이비슨의 에볼루션 엔진을 그대로 답습해 만든 S&S의 124큐빅인치(2034cc) V트윈이다. 답습했다고는 해도 구조가 같을 뿐, 모든 면에서 더 뛰어난 사양의 엔진이다. 배기량만 큰 것이 아니라 정밀하게 가공한 내부 부품을 사용했고, 재질도 필요 이상의 강성을 가진 것들로 만들어져 있다. 냉각핀은 정성들여 광을 냈고, 고성능의 상징이라고 할 수 있는 S&S 슈퍼 G 카뷰레터가 엔진에 혼합기를 불어넣는 역할을 한다. 연료 분사(fuel injection)가 상식인 시대에 카뷰레터, 그것도 스로틀을 열면 '쉬익! 쉬익!' 하는 사나운 소리를 내면서 공기를 들이마시는 고성능 카뷰레터를 만난 것은 참으로 오랜만이었다. 스타터 단추를 누르고 엔진이 숨을 내쉬기 시작하자 아메리칸 크루저에 빠져 살았던 시절이 떠올랐다. 입가에 웃음이 번진다. 이 맛! 아는 사람은 알고, 모르는 사람은 절대로 모른다. 스로틀을 열어 엔진에 공기와 가솔린을 집어넣고, 수많은 기계 덩어리들이 움직이며 폭발시키고, 그 힘을 뒷바퀴로 전달해 땅을 박차고 나아가는 과정. 앞서 말한 대로 이런 방식의 바이크는 비효율적인 구조이기 때문에 그 과정을 사람이 느낄 수 있다. 오랫동안 바이크를 타 온 사람이라면, 그리고 기계 구조를 잘 알고 있다면 이 바이크 내부에서 일어나는 기계의 움직임 하나하나를 느끼는 것조차 가능하다. 전자식 연료 분사로 적정량의 혼합기를 실린더에 밀어 넣고, 필요 없는 부품을 철저하게 배제해서 1만 rpm까지 말끔하게 돌아가는 최신식 엔진에서는 상상도 할 수 없는 일이다. 그런 면에서 아메리칸 크루저의 '비효율'은 다분히 의도적인 것이다. 좀 더 사람이 많은 것을 느낄 수 있도록 하기 위한 구조인 것이다.

평소 "바이크는 위험하지 않다. 위험한 것은 사람이다."라는 게 나의 지론이지만, 사실 이 녀석은 확실히 위험하다. 겉모습만 보고 할리데이비슨과 비슷하다고 생각할지도 모르지만, 스타일이 비슷할 뿐 완전히 다른 바이크나 마찬가지다. 앞바퀴를 저 멀리 보내기 위해 프론트 서스펜션은 역학적으로 말도 안 되는 각도까지 눕혀 놓았다. 그래서 저속에서는 핸들이 이리저리 꺾인다. 영화에 흔히 나오는 미국 바이커들이 근육질인 이유는, 웬만한 힘이 없으면 직진조차 하기 힘들기 때문이다. 코너를 돌기 위해 기울이는 것도 쉬운 일이 아니다. 잘못해서 핸들이 급격히 꺾이기라도 하면, 수천만 원짜리 모터사이클을 아스팔트에 내리꽂는 셈이다. 그렇다고 너무 힘을 주면 코너를 돌기는 커녕 반경이 점점 부풀어 올라서 인도로 뛰어들게 될 것이다. 게다가 2000cc가 넘는 엔진이 무지막지한 토크를 뿜어내기 때문에 스로틀을 잘못 열었다가는 바퀴가 흰 연기를 뿜으면서 바이크를 미끄러뜨릴 것이고, 타이어가 급격히 접지력을 되찾으면 라이더는 로데오를 하는 초보 카우보이처럼 하늘 위로 솟구쳐 오르게 될 것이다.(이런 현상을 '하이사이드high side'라고 부른다.)

그런데 이 바이크는 바로 그렇기 때문에 미치도록 매혹적이다. 검은 가죽 재킷과 검은 레이밴 선글라스를 쓰고 위험한 향기를 내뿜고 싶은 남자에게 이토록 어울리는 바이크는 없을지도 모른다. 누구나 탈 수 있다면 이 바이크의 매력은 반감될 것이다. 할리 데이비슨의 유전자를 갖고 태어난 녀석이지만 할리 데이비슨과는 완전히 다르다.

만약 할리 데이비슨의 오너라면 이 녀석에 오르는 순간 할리 데이

할리 데이비슨의 에볼루션 엔진을 답습해 만든 S&S의 124큐빅인치 V트윈 엔진. 냉각핀은 정성을 들여 광을 냈고, 고성능의 상징이라고 할 수 있는 슈퍼 G 카뷰레터가 사나운 소리를 내며 엔진에 혼합기를 불어넣는다. 피스톤이 한 번 내려갈 때마다 1000cc의 혼합기를 들이마시는 S&S 엔진.

비슨의 완성도와 배려심에 다시 한 번 감탄하게 될 것이다. 일제나 독일제 바이크와 비교하면 투박하게 대충 만든 듯한 할리 데이비슨조차 알렌 네스와 비교하면 정말 친절하게 만들어진 모터사이클이라는 사실을 느낄 수 있을 것이라는 이야기다. 그리고 아마도 자신의 할리 데이비슨에 오르더라도 알렌 네스의 느낌을 결코 잊지 못할 것이다.

모양으로 보나, 도색 스타일로 보나, 화려한 옵션 파츠로 보나, 이 바이크는 '클래식'이라고 불릴 만한 물건은 아니다. 어디까지나 유행의 최첨단을 달리는 최신 아메리칸 초퍼(Chopper)다. 차체 여기저기에서 엿볼 수 있는 구성 코드는 1980년대, 좋았던 옛 시절에 대한 오마주다.

● 공장에서 생산되는 모터사이클을 자신이 선호하는 모양으로 만들기 위해 자르고(chop) 붙여서 새로운 형태로 개조한 것.

1980년대는 아메리칸 크루저의 역사에서 기념할 만한 시대다. P-51 머스탱 전투기와 시보레 코르벳(Chevrolet Corvette)이 만들어 놓은 아메리칸 드림에 당당히 할리 데이비슨이 합류한 것도 이 시대였다.(그 이전에는 사실 영국제와 이탈리아제, 일본제 모터사이클에 치이는 별것 아닌 존재였다.) 1970년대까지만 해도 주류 문화라기보다는 '바이커스'라고 불리는 일부 마니아들의 탈것으로 여겨지던 할리 데이비슨이 다양한 계층에게 받아들여지기 시작한 것도 이 시기였다. 할리우드의 영화배우와 로스엔젤리스의 록커들은 너도나도 터프한 이미지를 발산하기 위해 할리 데이비슨에 올랐고, 변호사나 의사, 기업가들이 그 대열에 합류했다. 할리 데이비슨 오너스 그룹(HOG)이 결성되어 전 세계적인 할리 데이비슨 오너 네트워크가

커스텀 모터사이클의 특징은 양산 모터사이클이 사용할 수 없는 고급 부품을 마음껏 사용한다는 데 있다. 엔진과 서스펜션은 알루미늄을 정성들여 광을 낸 후처리 기법을 썼다. 크롬 도금보다 손이 몇 배나 더 가지만, 묵직한 광택의 느낌에는 크롬 도금으로 흉내 낼 수 없는 기품이 있다.

구축되기 시작한 것도 이때부터다.

　미국 시장에서 시작된 크루저 열기가 전 세계로 퍼지기 시작하자 유럽제 스포츠 바이크 메이커들은 거대한 미국 시장을 노리고 할리 데이비슨을 유럽 사람의 머리로 재해석한 바이크를 내놓기 시작했다. 일본 메이커들은 잔 고장이 없고 저렴하며 더 작은 배기량으로 더 빠르게 더 멀리 달릴 수 있는 크루저를 내놓았다. 그러나 이런 바이크들은 미국 시장에서 하나도 성공하지 못했다. 이유는 간단하다. 거기에는 '아메리칸 드림'이 없었기 때문이었다. 물론 미국 라이더들이 일본제 크루저를 하나도 구입하지 않은 것은 아니었다. 그들은 라이더 모임이 있는 날이면 거대한 나무에 일본제 크루저를 매달아 놓고 총을 난사하거나 불을 지르는 데 활용했다.

　그리고 그런 아메리칸 드림의 중심에는 알렌 네스가 있었다. 공장에서 갓 나온 순정 상태의 할리 데이비슨을 보고 멋지다고 하는 사람들은 초보이거나 할리 데이비슨을 동경하는 사람들이었다. 이런 저런 옵션을 달아서 '자신만의 바이크'로 꾸미는 것도 결국 중급자에 지나지 않았다. 진짜 베테랑들은 자기가 원하는 핸들 바의 높이, 앞 서스펜션의 각도, 뒷바퀴의 위치와 두께, 스윙 암 형상, 엔진과 변속기 사이의 구동 방식 등을 하나하나 원하는 대로 개조했고, 그 작업을 가장 멋지게 해내는 사람이 바로 알렌 네스였다.

　초퍼 디자이너이자 커스텀 파츠 메이커였던 알렌 네스는 1980년대 음악, 패션과 가장 잘 어울리는 아메리칸 크루저를 디자인하는 사람으로서 아메리칸 크루저 라이더의 우상이었다. 그가 디자인하고 도색한 초퍼는 라이더들 사이에서 언제나 화제가 되었고, 누구나 그가 만든 모터사이클을 타고 싶어 했다. 할리 데이비슨 가문의 상속자 윌리 데이비슨(Willie G. Davidson)이 교황이라면, 알렌 네스는 바울이었다. 정통 할리 데이비슨에 색다른 멋을 가미한 그의 작품은 어떤 의미에서는 새로운 바이블이었다.

사실 이런 알렌 네스의 모터사이클은 더 이상 만날 수 없다. '환경 보호'의 시대에 어울리는 바이크가 아니기 때문에 이미 생산을 중지했고, 이제 만날 수 있는 것은 바이크 숍에 세워진 재고 물건뿐이다.(안 팔리고 재고가 남아 있다는 게 얼마나 반가운 일인지 모른다.) 근 몇 년간 세상은 너무나도 빠르게 변화하기 시작했다. 할리 데이비슨은 카뷰레터를 버리고 전자 분사 시스템을 채용했고, 포르쉐는 전기로 달리는 하이브리드 카와 디젤 차량을 만들기 시작했다. 그런 시대에 알렌 네스의 로 라이너(Low Liner)는 마치 심해에서 건져 낸 실러캔스처럼, 대용량 버터플라이 카뷰레터와 슈퍼 트랩 머플러를 달고 있는 것이다. 아아아, 반갑다고 해야 할지 다행이라고 해야 할지! 카뷰레터 시절의 향수를 갖고 있는 라이더라면 십여 년 만에 만난 첫사랑의 손에 아직 결혼반지가 끼워져 있지 않은 것을 확인한 것과 같은 기분일 것이다.

전위적인 색의 조합으로 칠해진 불꽃 무늬는 알렌 네스의 장기다. 불꽃 무늬 위로 두꺼운 클리어 층이 덮인 연료 탱크는 살아 있는 것처럼 꿈틀대는 엔진 위에 놓여 있고, 그 엔진은 아름다운 원을 그리며

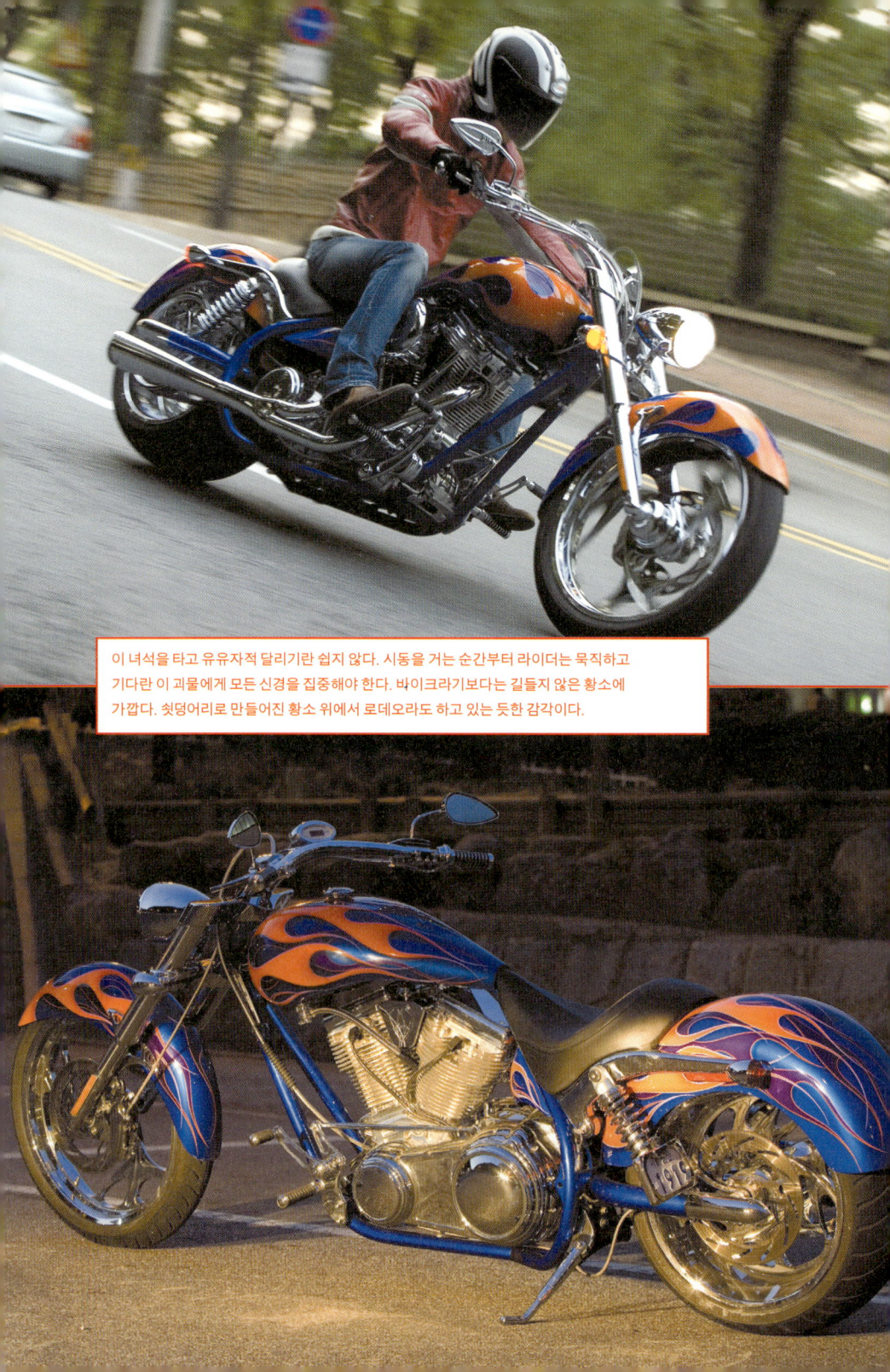

이 녀석을 타고 유유자적 달리기란 쉽지 않다. 시동을 거는 순간부터 라이더는 묵직하고 기다란 이 괴물에게 모든 신경을 집중해야 한다. 바이크라기보다는 길들지 않은 황소에 가깝다. 쇳덩어리로 만들어진 황소 위에서 로데오라도 하고 있는 듯한 감각이다.

똬리를 튼 오리지널 프레임에 감싸여 있다.

엔진 마운트 부위에 고무 부싱을 달아 진동을 줄인 러버 마운트(rubber mount) 방식이나 차체 외부에 장착된 두 가닥 서스펜션을 보면 할리 데이비슨의 다이나(Dyna) 계열이라고 봐도 좋을 것이다. 이름도 '로 라이더(Low Rider)'를 의식한 것처럼 보이는 '로 라이너'. 그러나 폭 300밀리미터 리어 타이어와 앞으로 쭉 뻗은 포크, 각 부분을 장식하는 알렌 네스 디자인의 크롬 파츠들이 개성을 뿜어낸다. 존재감이라는 측면에서는 이미 완성의 경지에 다다랐다.

오리지널 할리 데이비슨이 연료 분사 방식을 채택한 지금은 이런 식의 카뷰레터와 대배기량 엔진 조합의 커스텀이 어렵기 때문에 스로틀을 열었을 때 나는 흡기음을 들으려면 이 녀석을 사는 수밖에 없을 것이다. 그것은 마치 먹잇감을 발견한 육식 동물이 전력 질주를 앞두고 숨을 들이마시는 소리와도 닮았다. 벌게진 눈을 부릅뜨고 커다란 동작으로 스로틀을 열기 때문에 카뷰레터가 그런 소리를 내는 것인지, 그런 소리가 나기 때문에 라이더가 전투적인 기분에 빠져드는 것인지는 아직도 잘 모르겠다.

어쨌거나 이 녀석을 타고 유유자적 달리기란 쉽지 않다. 이그니션 키를 돌리고 시동을 거는 순간부터 라이더는 모든 신경을 이 묵직하고 기다란 괴물에게 집중해야 한다. 운전하기가 쉽지 않다는 이야기다. 핸들은 무겁고 조향각은 부족하다. 파워가 넘치는 데다 라이더에 대한 배려라고는 전혀 없기 때문에 유턴은커녕 평범한 코너링도 쉬운 일이 아니다. 헬스클럽에서 정성 들여 근육을 키우고 라이딩 스킬을 갖춘 사람이라면 매끈한 삼두박근을 자랑하며 이 녀석을 다룰 수 있겠지만 2종 소형 면허증을 갖고 있다는 안일한 자세로 올랐다가는 상당한 금전적·육체적인 손실을 각오해야 할 것이다. 바로 이런 점이 할리 데이비슨과의 결정적인 차이다.

아메리칸 크루저의 경험이 없거나 막 입문한 사람에게 할리 데이비슨의 이미지란 "과격하고 불친절하며 거친 탈것"일 텐데, 사실 할리 데이비슨은 매우 잘 다듬어진 기계다. 겉으로 보이는 이미지는 거칠지만 실제로 앉아 보면 누구나 충분히 다룰 수 있을 만큼 부드럽다.

반면 알렌 네스는 밑도 끝도 없이 거칠고, 불친절하다. 무지막지하다고 해야 할지 살벌하다고 해야 할지 모를 파워 덕분에 스로틀을 열면 서울 시내의 신호등과 신호등 사이의 한 구간에서조차 시속 200킬로미터 부근에 도달하게 되는데, 이때 핸들을 잡은 손에는 힘을 꽉 줘야 한다. 라이딩 교본에서 배운 대로 슬쩍 얹어 놨다가는 지옥의 떨림 같은 진동 때문에 핸들 바를 놓치고 말 것이다.

코너를 돌면서 기울어지는 각도는 무척 깊은 편이지만, 두터운 리어 타이어 때문에 라이더가 일부러 눌러대지 않으면 절대로 눕지 않는다. 브레이크 시스템은 차체를 멈추는 것보다는 번쩍거리는 질감으로 다른 사람의 시선을 붙잡는 효과가 더 크다.

그렇다. 바이크라기보다는 길들지 않은 황소 쪽에 가깝다. 모터사이클을 라이딩한다기보다 쇳덩어리로 만들어진 황소 위에서 로데오라도 하고 있는 듯한 감각이다. 미국 사람들이 그렇게 심취하는 로데오와 이렇게 닮았다니, 역시 '아메리칸'이라고 불릴 만하다. 만약 사납고 난폭한 진짜 '아메리칸' 바이크를 타고 싶다면 할리 데이비슨 매장으로 갈 게 아니라, 알렌 네스나 빅 독(Big Dog)의 재고를 찾아보는 게 좋을 것이다.

카페 레이서의 진실

카페 레이서 이야기를 하기 전에 트라이엄프에 대해서 이야기를 좀 하고 넘어가야겠다. 아마도 모터사이클 좀 탄다 하는 독자들은 벌써부터 "아? 영국을 대표하는 모터사이클이지. 카페 레이서 시대를 연상시키는 클래식 바이크가 인기를 끌고 있고……" 어쩌고 하면서 폼을 잡으려고 할 것이다.

물론 맞는 이야기다. 1960~1970년대 카페 레이서 붐의 한복판에 있던 바이크이기도 하고, 지금은 그 시절의 정서를 잘 살린 복각 모델로 인기를 끌고 있다.

그런데 이걸로 트라이엄프를 설명했다고 하기에는 좀 섭섭하다. 아니, 많이 섭섭하다. 트라이엄프는 애초에 '클래식'을 만들어 과거를 회상하는 취미 따위는 없는 회사다. 그 증거로 트라이엄프 본네빌

(Bonneville)은 구형 OHV가 아니라 최신 DOHC 엔진을 싣고 있다. 이는 감성보다는 성능을 중시한다는 증거이고, 실제로 타고 달려 보면 완벽하게 현대적인 바이크라는 것을 알 수 있다. 두카티가 생산했던 스포츠 클래식보다도 어떤 의미에서는 훨씬 더 현대적인 바이크다. 모르는 사람의 눈에는 옛 모습 그대로 만들어진 바이크로 보일 수도 있겠지만, 그건 할리 데이비슨이나 로열 엔필드에 해당하는 이야기다.

모터사이클 역사에서 반백년이라는 시간이 갖는 의미는 선캄브리아기와 21세기 사이의 시간과 마찬가지다. 지금으로부터 50~60년 전의 GP 레이서는 현재의 미들급 스포츠 바이크보다도 못한 성능을 갖고 있었다. 오늘날 모터사이클은 운송 수단이라기보다는 스포츠 도구이기 때문에, 옛 구조 그대로 달린다는 건 즐거움을 포기하는 행위와도 같다.

사실 '카페 레이서'도 당시에는 최신 기술로 만든 바이크를 최신 기술로 라이딩하는 사람들을 일컫는 말이었다. 런던의 카페에 모여 앉아 있던 라이더들이 주크박스에 음악을 신청하고, 그 곡이 끝나기 전에 반환점을 돌아 누가 가장 빨리 오는가를 내기했던 것이 '카페 레이서'라는 말의 어원이다. 가장 빨리 도착하기 위해서는 가장 빠르고 가장 뛰어난 실력이 필요했다. "속도 따위는 아무래도 좋아. 분위기만 있다면……"이라고 말하는 현대의 카페 레이서 추종자를 과거의 '진짜 카페 레이서'들이 본다면, 아마도 멱살을 잡고 죽을 때까지 흔들어 댔을 것이다. 과거의 카페 레이서 정신은 지금의 슈퍼스포츠 바이크

런던 에이스 카페에 모인 카페 레이서 무리들. 오늘날 '카페 레이서'라고 하면 1960~1970년대 분위기의 모터사이클을 타는 사람들을 일컫는다. 에이스 카페는 당시 영국 카페 레이서의 본거지였다.

독일 가르미슈파르텐키르헨에서 매년 7월에 열리는 BMW 바이커스 미팅에 참가한 카페 레이서들. 모터사이클뿐 아니라 패션과 헤어스타일은 카페 레이서의 정체성을 나타내는 중요한 특징이다.

라이더에게 이어진다. 즉 최신 스포츠 바이크를 타고 서킷을 달리는 사람들이 오히려 과거 카페 레이서와 비슷한 의미를 갖는 것이다.

그럼에도 불구하고 현대에 '카페 레이서'라고 하면 1960~1970년대 분위기의 모터사이클을 타는 사람들을 일컫는다. 카페 레이서의 본거지인 영국 런던에는 지금도 당시의 모터사이클을 당시의 패션 스타일로 타는 무리들이 있다. 예전에 카페 레이서의 본거지였던 '에이스 카페(Ace Cafe)'도 여전히 성업 중이다. 그리고 유럽 전역에는 당시의 문화를 소중히 여기는 사람들이, 여전히 진 빈센트(Gene Vincent)의 음악을 틀어 놓고 OHV 엔진 레이서의 재미를 맛보고 있다. 우리나라에는 당시에 스포츠 모터사이클이라는 것 자체가 없었기 때문에 그런 문화가 익숙하지는 않지만, 빈티지 바이크를 수입해서 타는 이들도 있고, 당시의 바이크 분위기를 흉내 낸 모델로 카페 레이서 이미지를 표방하는 이들도 많다. 두카티의 스포츠 클래식 시리즈, 트라이엄프 본네빌, 가와사키의 W650, 로열 엔필드 등이 카페 레이서 추종자들에게 사랑을 받는 기종들이다.

이런 바이크들은 형태나 구조상으로 빨리 달릴 수 있는 바이크가 아니다. 물론 실력에 따라서는 슈퍼스포츠 뺨치는 동력 성능을 자랑할 수도 있겠지만, 성능보다는 분위기를 중시하는 게 '현대의 카페 레이서'에게 더 잘 어울린다.

서울이라면 가로수길의 카페에서 커피를 마시다가 한남대교를 넘어 남산 한 바퀴 돌고 오는 '시내 레이스'를 즐기는 정도가 알맞다. 물

가와사키가 노턴에 대한 오마주로 만든 W650(위)과 트라이엄프 본네빌의 미니 바이크 버전으로 혼다가 만든 XZ100(아래). 클래식 바이크에 대한 열풍은 오래된 바이크에게서 이미지를 빌려 와 최신 기술로 빚어내는 것으로 나타났다.

론 자동차 사이를 요리조리 헤집듯이 촐싹대며 달리는 것보다는 적당한 페이스로 남들 보기 좋게 달리는 게 멋지다. 눈에 불을 켜고 달릴 거라면 최신 슈퍼스포츠나 스트리트 파이터 스타일의 바이크가 훨씬 어울린다. 그리고 요즘처럼 모터사이클에 대한 인식이 바뀌기 시작하는 시기라면 그런 모터사이클로 최대한 쥐어짜며 달리는 건 공공도로보다는 서킷에서 해야 하지 않을까 싶다.

카페 레이서는 바이크의 기종이나 패션뿐 아니라, 음악과 라이프 스타일 전반에 걸친 문화다. 겉모습보다는 내면에 충실해야 더욱 멋진 만큼, 음악에 대한 조예를 키우거나 악기를 연습하는 편이 진짜 카페 레이서가 되는 길이다. 셀비지 데님이나 벨스타프 재킷 같은 패션에도 능통해야 하고, 포마드의 종류와 머리카락 관리법에 대해서도 잘 이해하고 있어야 한다. 그저 카페 레이서 비슷한 바이크 한 대에 가죽 재킷 한 벌 갖고 있는 정도로 카페 레이서 분위기를 내려고 하는 건, 여의도 공원에서 코스프레하는 아이들과 다를 바가 없다. 모터사이클은 '오타쿠'보다는 '사나이'의 탈것이다. 마초 코스프레하는 사람들은 이미 아메리칸 크루저 쪽에 넘쳐나니, 카페 레이서는 진짜 사나이들에게 양보하시길.

마이너리티 리포트, 선택 받은 소수의 모터사이클

3

살아 있는 전설 트라이엄프의 현재 진행형

스피드 트리플(Speed Triple). 사실 이 바이크는 국내에서 인지도도 높은 편이고 인기도 나름 많은 편이었다. 적어도 관심도 못 받거나 욕을 먹는 바이크는 아니었던 것이다. 실은 영화 「미션 임파서블 2」에서 톰 크루즈가 타고 나와 멋진 액션을 보여 주면서 뭇 라이더들의 선망의 대상이 되기도 했다. 왠지 스피드 트리플에 오르면 영화 속의 톰 크루즈처럼 화려한 묘기를 부릴 수 있을 것 같은 기분이 들었거든.

그런데 이상하게도 길거리에서 이 바이크를 만나는 일은 거의 없다. 트라이엄프가 십여 년 전 국내에 소개됐다가 금세 망해 버린 탓이다. 당시에도 트라이엄프를 원하는 사람은 많았지만, 국내에 수입이 시작됐다고 해서 줄을 서서 살 정도로 수입 모터사이클이 익숙하던 시기는 아니었다. 관심이 있는 사람들이 트라이엄프의 국내 진출을 축하하면서도 한편으로는 구입해도 좋을지 분위기를 지켜보고 있었는데, 당시의 수입사는 그걸 견디지 못하고 그만 쓰러져 버린 것이다.

같은 영국 출신이지만 스피드 트리플에서는 햄릿의 우유부단함을 찾아볼 수 없었다. '슈퍼스포츠의 성능을 공도에서'라는 명확한 콘셉트는 겉모양에서부터 뿜어져 나왔다. 두 개의 파이프를 연결한 변형 트윈 스파 프레임(twin spar frame), 그리고 그 안쪽에 낮게 장착된 병렬 3기통 엔진, 외발 스윙 암, 굵다란 프론트 포크, 치켜 올라간 리어 부분……. 파이프 핸들을 제외하면 트라이엄프의 슈퍼스포츠 데이토나(Daytona) 955i와 완전히 동일한 구성이다. 일제 스포츠 바이크처럼 대량 생산에 적합한 구조이면서도, 단순하게 만들어 단가를 줄이는 데만 집중하는 것이 아니라 소유욕을 만족시킬 수 있도록 디테일에도 신경을 썼다는 말이다.

● 두 가닥의 두꺼운 프레임으로 엔진을 좌우에서 감싸는 형태의 프레임. 주로 고출력 바이크에 쓰인다.

파이프 타입 핸들이라고는 해도 네이키드라고 불리는 녀석들의 편안한 포지션과는 거리가 멀다. 세퍼레이트 핸들은 너무 낮아서 마음대로 차체를 휘두를 수 없다. 그래서 스피드 트리플은 좀 더 적극적으로 조작하기 위해 파이프 타입을 택했을 뿐이다. 스텝도 엄청나게 뒤에 있다. 시트에 앉아 보면 '스트리트 파이터'라는 명칭이 확 와 닿는다. 싸우기 위해 취하는 준비 자세처럼, 앉는 것만으로 달려 나가야 할 것 같은 분위기를 풍겼다.

'스트리트 파이터'라는 장르가 슈퍼스포츠의 성능을 공도에서

나지막한 파이프 핸들로 공격적인 자세가 연출된다. 스텝도 엄청나게 뒤에 있어서 시트에 앉아 보면 '스트리트 파이터'라는 이름이 확 와 닿는다. 싸우기 위해 취하는 준비 자세처럼, 앉는 것만으로도 달려 나가야 할 것 같은 분위기를 풍긴다. 이 바이크는 2003년형 스피드 트리플로 이때가 가장 스피드 트리플다운 모습이었다.

100퍼센트 사용하기 위해 만들어졌다고는 해도 요즘 그런 바이크는 각 메이커마다 하나씩 있다고 해도 될 정도로 많다. 유럽에서 시작된 유행이 일본 메이커까지 번졌기 때문이다. 그렇다고 스피드 트리플의 존재 가치가 떨어지느냐 하면 물론 아니다. 스피드 트리플은 슈퍼스포츠 바이크를 개조해 스트리트 파이터로 만드는 유행이 유럽에서 시작되기도 전부터 그 콘셉트를 관철해 왔다. 동력 성능 면에서 일제 바이크를 위협하는 유일한 유럽제 바이크였던 데이토나를 최소한으로 개조해 네이키드로 만들어 버린 것이다. 사실은 이 '최소한'이라는 부분이 스피드 트리플만의 정체성을 결정한다.

가령 일본 메이커가 만든 스트리트 파이터를 보면 자사의 슈퍼스포츠 바이크 엔진을 사용하면서도 프레임은 네이키드 전용 설계를 사용한다. 슈퍼스포츠의 엔진을 실은 스트리트 파이터용 네이키드를 만들면서도 "그래도 이건 네이키드잖아." 또는 "이 정도까지의 강성은 필요 없잖아."라고 하는 일종의 타협을 하고 있는 것이다. 물론 나름대로 공도에서 100마력 이상의 파워를 마음 놓고 사용할 수 있도록 하는 배려이기도 할 것이다. 그래서 일제 메이커의 스트리트 파이터도 빠르고 재미있긴 하지만 역시 스피드 트리플이 갖고 있는 카리스마는 느낄 수가 없다. 트라이엄프의 스피드 트리플은 목표를 정했으면 다른 생각은 아무것도 하지 않고 그 목표만 바라보는 것이다.

앵글로 색슨이 만드는 '탈것'은 묘한 색기를 갖고 있다. 재규어가 그렇고 랜드로버가 그렇고 트라이엄프가 그렇다. 모두 제대로 팔리지

극단적으로 짧은 서스펜션 스트로크와 함께 강인한 인상을 주는 프론트 부분. 날카롭게 급차선 변경을 해보면 수준 높은 작동감에 놀라게 된다.(위)

엔진은 데이토나의 엔진을 검은색으로 도장해 사용한다. 수랭 엔진 특유의 투박함과 여기저기 뻗어 나온 냉각 호스가 터프한 느낌을 준다. 만약 일제 메이커였다면 분명히 엔진이 노출되면 모양에도 신경을 써야지 하면서 냉각핀 비슷한 것을 넣었을 것이다. 앵글로 색슨은 역시 직설적이다.(아래)

스피드 트리플은
최근 생산되고 있는 모델도
좋은 평을 받고 있긴 하지만,
영국에서 소량 생산하는 대신
태국에서 대량 생산하는
정책으로 바뀐 이후
카리스마가 좀 부족해 보이는
것도 사실이다.

않아서 여기저기로 넘어가곤 했지만 '아는 사람은 아는' 매력이 있는 것이다. 메르세데스 벤츠가 완벽한 차임에는 틀림없지만 재규어의 뒷모습에서 느껴지는 섹시함은 흉내 낼 수 없고, 카이엔이 아무리 잘 달려도 랜드로버의 터프하면서도 고급스러운 감각은 따라갈 수 없듯, 트라이엄프의 카리스마에서도 이와 비슷한 것이 느껴진다.

영국인이라고 하면 '신사'를 떠올리곤 하는데, 그들의 예의범절이나 격식은 사실 이들이 너무 사납고 혈기 왕성했기 때문에 만들어진 것이다. 앵글로 색슨은 원래 게르만족의 일파로 '야만인'으로 불리던 게르만 중에서도 사납고 싸움 잘하기로 유명한 민족이었다고 한다. 그런 사람들끼리 모여 사는데 예의를 차리지 않으면 모두 죽어나는 수밖에 없었을 것이다. 사납고 거칠고 예의바르고 상냥한, 이런 상반된 성향이 어우러진 분위기가 그들이 만든 물건에도 스며들어 있음이 틀림없다.

물론 최근의 트라이엄프는 어정쩡한 면이 있다. 두카티나 BMW와는 달리 끝마무리가 고급스럽지도 않고, 일제 메이커보다 절대 성능이 앞서지도 못한다. 대량 생산품인지 믿기지 않을 정도의 투박함도 남아 있다. 그러나 3기통의 독특한 회전 감각과 배기음, 스파르타적인 주행 성능, 극단적인 저속 토크는 트라이엄프가 아니면 느낄 수 없는 매력이다. 주행 성능이 형편없더라도 '살아 있는 전설'과도 같은 트라이엄프의 현재 진행형을 탈 수 있다는 것 자체가 고마운 일이다.

바이크를 왜 타냐고 물어보면 남과 다른 나만의 개성을 나타내고 싶다고 대답하는 사람들이 많다. 사실 그런 말을 들을 때마다 나는 "미안하지만 옆에 있는 네 친구랑 똑같아."라는 말을 해 주고 싶었다. 메이커 로고가 새겨진 가죽 재킷, 퇴계로에서 파는 빨간색 레이싱 부츠, 유명 일본 메이커 장갑에, 최근에 나온 백 몇 십 마력짜리 레플리카 바이크……. 전부 기성품인데 개성을 나타낼 수 있을까?

한껏 튜닝을 해서는 '남과 다른 바이크'를 탄다고 자부하는 친구들도 마찬가지다. 잡지에서 본 이미지대로 튜닝 숍에서 산 파츠를 붙인다고 개성이 나올 수 없다. 카탈로그를 보고 따라하는 튜닝을 개성으로 평가해 줄 사람은 바이크에 문외한이거나 초보자뿐일 것이다.

그러나 역사와 실력을 가진 바이크, 그것도 흔하지 않은 바이크를 타면 그냥 청바지에 낡은 엔지니어 부츠를 신어도 개성으로 보인다. 스피트 트리플이라면 앞바퀴를 하늘로 들면서 스턴트를 선보일 필요 없이, 그저 얌전히 코너를 돌아서 주차장에 세우고는 진한 에스프레소 한 잔을 시키는 것만으로 영화 속 주인공처럼 보일 것이다. 그리고 누군가 멋진 바이크라며 말을 걸어오면 씩 웃어 주는 것만으로 좋다. 트라이엄프에 깃든 영국의 모터스포츠 역사는 커피 한 잔을 마시며 이야기하기에는 시간이 너무 부족하니까. 언젠가 트라이엄프를 다시 한국에서 만날 수 있는 날이 돌아오면 좋겠다.

라이더가 만든 사나이의 바이크, 가와사키 Z1000

사나이의 가와사키. 일제 4대 모터사이클 메이커 중에 가와사키만큼 자신의 이미지를 확고히 다지고 있는 메이커도 없다. 혼다와 야마하의 공장이 있는 하마마쓰(浜松)와 가와사키의 공장이 위치한 고베(神戶) 사이에 보이지 않는 국경이 있다고 해도 믿을 정도다. 많이 찍어 내면 그만인 양산품이니, 개성이 없는 공업 생산품이니 하면서 욕을 먹는 일본제 바이크 중에서도 가와사키만큼은 유럽 바이크에 버금가는 카리스마가 있다.

가와사키는 일본 4대 메이커 중에서 생산량은 가장 적지만 그만큼 라인업에 올라와 있는 바이크들의 완성도와 카리스마가 빛난다. "싸고 고장만 안 나면 메이커는 상관없어."라고 하는 사람들은 가와사키를 탈 자격이 없다. "난 가와사키가 아니면 안 돼."라고 말할 정도의 배짱은 있어야 '사나이의 가와사키'를 탈 자격이 있는 것이다. Z1000은 그런 가와사키의 바이크 중에서도 가장 중심에서 빛나는 존재다.

옛날 옛적, 마하 3(Mach III)라는 바이크가 있었다. 2스트로크 3기통에 500cc였으니 데뷔하던 1969년 당시에는 그야말로 엄청난 녀석이었다. 지금으로 말하자면 4기통 2000cc 슈퍼스포츠 머신 정도의 임팩트였을까. 1968년은 마침 최초의 양산형 4기통인 혼다 CB750이 데뷔하던 해이기도 해서 초점은 그쪽으로 맞춰졌지만 라임그린 색의 마하 3는 수많은 추종자들을 낳았다.

2스트로크 엔진의 예리한 가속력, 스로틀을 열면 언제 어느 때나 앞바퀴를 쳐들어 버리는 파워, 세 가닥 머플러에서 토해져 나오는 희푸른 연기의 존재감. 아무나 오를 수 없었기에 그 당시의 라이더들은 경의를 표해 마하 3에게 '야생마(じゃじゃ馬, 쟈쟈우마)'라는 별명을 붙여 주었다. 마하 3는 특정 부류의 사람들을 끌어들이는 마력이 있었다. 그 특정 부류가 바로 라이더 중에서도 '사나이'라고 불리는 사람들이고, Z의 전설을 만들어 온 사람들이었다. 그리고 Z1000이 출시되기 직전 일본의 바이크 잡지들은 '마하 3의 재림'이라며 떠들썩했다. 좌우 2개씩 뻗은 네 가닥 머플러, 네이키드이면서도 슈퍼스포츠를 강하게 의식한 포지션과 스타일링, 그리고 가와사키 최강의 슈퍼스포츠인 ZX-9R로부터 물려받은 막강한 엔진. 시대의 흐름에 따라 2스트로크 3기통은 4스트로크 4기통으로, 세 가닥 머플러는 네 가닥으로 바뀌었지만 Z1000은 마하 3의 21세기형 모습으로 부족함이 없었다.

Z1000의 전신이라고 불리는 마하 3. 당시의 타이어 기술로는 도저히 파워를 노면에 100퍼센트 전달할 수 없을 정도로 막강했다. Z1도 이 야생마 앞에서는 얌전한 아가씨일 뿐이었다나.

제3부 마이너리티 리포트, 선택 받은 소수의 모터사이클

육식 동물을 연상케 하는
날카로운 헤드라이트 부분.
네이키드라고는 해도 전체적인
디자인에서 느긋한 인상은 전혀
풍기지 않는다. 어디까지나
스포츠 바이크인 것이다.
레플리카 빰치는 하체도
인상적이다.(위)

190밀리미터 사이즈의 타이어,
날카로운 칼로 베어낸 듯한
리어의 조형미, 박력 있는
네 가닥의 머플러는 라이더의
마음을 흔들어 놓는다.(아래)

Z1000의 라이딩 감각은 슈퍼스포츠 ZX-9R의 엔진을 물려받은 만큼 역대 가와사키 네이키드 중에서 최강이다. 게다가 새로 설계된 인젝션 덕분에 중저속 토크가 강조되어 스로틀을 열면 언제나 넘치는 힘을 느낄 수 있다. 물론 좋은 의미에서나 나쁜 의미에서나 일제 바이크이기 때문에 트라이엄프 스피드 트리플과 같은 극단적인 중저속 토크나 두카티 몬스터 같은 예리한 린 감각을 전하지는 않지만 유럽제 바이크에서 느낄 수 없는 편안함과 안심감이 있는 것이다. 인간이란, 그중에서도 라이더라는 족속은 매우 간사해서 처음에는 '익숙함'에 고마워하다가도 시간이 좀 지나면 '지루함'으로 느껴 버리는 경우가 많다. 그런 면에서 Z1000의 '익숙함'은 참으로 절묘한 수준이다.

　　'오토바이'라는 탈것을 만드는 데는 많은 사람들이 참여한다. 제작에 드는 돈을 대는 사장도 필요하고, 새로운 기술을 연구하고 만들어 내는 기술자도 필요하며, 유려한 겉모양으로 눈길을 끌도록 디자인하는 디자이너도 있어야 하고, 소비자와 직접 상대하면서 소비자들이 뭘 원하는지 알아내는 영업 사원도 필요하다. 그리고 가와사키는 모든 면에서 혼다나 야마하보다 힘이 약하다. 그렇다면 그들이 만들어 내는 바이크는 형편없어야 정상인데 이상하게도 사나이의 바이크니 마니아들의 탈것이니 하면서 추앙을 받는다.

　　가와사키 최초의 모토GP 라이더이자 1970~1980년대에 가와사키의 테스트 라이더를 맡아 GPz900R을 비롯한 닌자 시리즈 등을 만들어 낸 장본인인 기요하라 아키히코(清原明彦) 씨는 이렇게 설명한다.

Z1000의 현행 모델은 네이키드의 이미지를 벗고 슈퍼스포츠의 미래형과 같은 독자적인 외관을 이루고 있다. 국내에는 정식 수입되지 않지만, 해외에서는 여전히 높은 인기를 끌고 있다.

"예전부터 엔지니어가 아니라 내가 타고 싶은 대로 만들어 왔습니다. 나는 라이더이기 때문에 결국 라이더들이 좋아할 만한 바이크를 만들어 낼 수 있었습니다."

바이크 메이커란 의외로 냉정하다. 라이더들이 아무리 타고 싶어 해도 돈이 되지 않으면 만들지 않는다. 물론 테스트 라이더는 어느 회사에나 있고 일본 바이크 메이커의 직원들은 어떤 직종에 있건 간에 바이크를 즐기는 사람들이지만 가와사키처럼 테스트 라이더의 취향이 그대로 드러나 있는 메이커는 드물다.

가와사키가 위치한 고베, 즉 간사이(関西) 지역의 남자들은 다혈질이고 화끈하다. 어떤 면에서 보면 우리나라 사람과 비슷하다. 가와사키의 바이크가 우리나라에서 인기를 끌었던 이유는 바로 거친 사나이들이 만든 바이크가 감성적인 면에서 우리나라 사람과 잘 맞았기 때문이 아닐까.

기요하라 씨는 이렇게 말했다. "가와사키가 처음 바이크를 생산하기 시작하던 무렵 오오츠키 부장이라는 분이 책임자였습니다. 그는 별명이 '미스터 HP(horsepower)'라고 불릴 정도로 마력, 파워에 집착했죠. '전 세계 어떤 메이커보다 빨라야 된다. 파워를 올려! 스피드를 더 내라! 제로백을 더 줄여!'라는 것이 그의 입버릇이었어요. 이 때문에 가와사키의 바이크는 당연히 어떤 바이크보다도 빨라야 했습니다. 빠르기만 해서는 재미없으니까 레이스나 테스트 주행을 통해 이것저것 시험하는 겁니다. 가와사키는 일본 메이커 중에서는 가장 후발 주자이고 솔직히 말하면 지금까지는 시행착오의 과정이었습니다. 얼마 전에야 겨우 가와사키의 이상형이 완성됐다고 볼 수 있습니다. 그 주인공이 바로 ZX-10R이나 Z1000 같은 녀석이죠."

이 말은 곧 라이더가 원하는 바이크, 라이더가 직접 타면서 진화시켜 온 바이크라는 뜻이다. 다른 일본 메이커처럼 책상에서부터 완벽한 바이크를 만들었다면 유럽제 못지않은 카리스마는 얻을 수 없었을 것이다. Z1000의 4기통이 전하는 거친 진동, 날카로운 배기음, 머리가 멍해지는 가속력을 느끼면서 '닌자'나 '발칸'이 우리나라에서 빅 바이크의 대명사였던 때가 떠올랐다. 우리나라 라이더들은 도대체 언제부터 '사나이'라는 이름을 잊고 연약해진 것일까.

공랭 4기통 빅 네이키드의 매력

날카롭게 날이 선 냉각핀, 헤드 위에 떡하니 널찍하게 자리 잡은 두 개의 캠, 보기 좋게 그을린 네 개의 스테인리스 배기 파이프……. 공랭 4기통 엔진에는 다른 형식의 엔진에서는 볼 수 없는 카리스마가 있다. 극단적인 소형화가 이루어진 최근의 수랭 4기통에서는 찾아보기 힘든 공랭 4기통만의 존재감. 네 개의 피스톤이 이 안에서 맹렬히 움직이고 있다는 것을 상상만 해도 왠지 흐뭇한 기분이 든다.

고성능 엔진일수록 발열량이 크기 때문에 냉각은 매우 중요한 요소다. 그래서 실린더 블록과 헤드 내부에 워터 재킷(water jacket, 물 통로)을 만들어 냉각수로 엔진의 열을 식히고, 뜨거워진 냉각수를 라디에이터로 보내어 차갑게 한 후 다시 순환시켜 사용하는 것은 현대적 엔진의 상식과도 같다. 수랭식은 공랭식보다 냉각 효율이 좋고 엔진 전체의 크기를 소형화할 수 있다. 수랭 엔진이 LED 텔레비전이라면, 공랭 엔진은 브라운관 텔레비전과도 같다. 부피가 크고 화질도 나쁘고 생산 단가까지 더 비싸서, 지금 세상에는 아무 짝에도 쓸모가 없는 것과 마찬가지다. 이 때문에 자동차는 양산차를 기준으로 할 때 100퍼센트 수랭화가 이루어졌다.

그런데 유독 모터사이클에서만큼은 아직도 '공랭'이 남아 있다. 효율을 따진다면 애초에 사라지는 게 옳았고, 현재의 배기가스 기준을 맞추려면 수랭으로 하는 편이 공랭보다 몇 배는 유리하다. 아니, 공랭으로는 배기가스를 줄이는 데에는 한계가 있기 때문에 수랭화하는 편이 훨씬 타산이 맞는다. 하지만 이쪽 업계에서 공랭을 '포기'하는 것은 일종의 자살행위다. 이제 공랭의 시대가 끝나 간다는 걸 누구나 알고 있지만, 아무도 그걸 인정하려고 하지 않는다. BMW는 1980년대 초반에 공랭의 시대는 끝났다며 수랭화를 선언했다가 소비자들의 반대에 못 이겨 다시 공랭 엔진을 메인으로 삼았고, 할리 데이비슨은 배기가스 저감에 골머리를 썩으면서도 수랭화만큼은 안 된다는 입장을 고수하기 위해 '반(半) 수랭'이라는 고육지책을 선택하기도 했다. '성능'이 무엇보다 중요한 모터사이클에 공랭 엔진이 남아 있는 것은 왜일까?

'수랭'과 '공랭'이라는 것은 모터사이클에 있어서 단순히 엔진을 물로 냉각시키느냐, 공기로 냉각시키느냐만을 의미하는 것은 아니다. 그것은 모터사이클을 대하는 자세의 차이와도 같다. 공랭 모터사이클

냉각핀이 촘촘히 늘어서 있는 공랭 4기통 엔진. 거대한 크기가 주는 존재감을 중시한 설계다. 강력한 토크를 발휘하기 때문에 공랭이라고 해서 동력 성능에 불만을 가질 일은 없을 것이다. 사진은 야마하 XJR1300의 엔진.

을 타는 이들이 중요시하는 것은 수랭 모터사이클을 타는 이들이 중요시하는 것과 완전히 다르다. 모르는 사람들이 보면 다 똑같다고 할지도 모르고, 냉각 방식이 다르다고 해도 어쨌든 모터사이클이 달리는 곳이야 똑같은 도로 위이기 때문에 납득하기 어렵겠지만, 공랭과 수랭 모터사이클은 어쩌면 각각 다른 탈것을 의미하는지도 모른다.

사실 4기통 엔진의 수랭화는 너무나 당연하다. "회전수를 높이기 위해서는 기통이 많을수록 유리하고, 모터사이클에게는 4기통이 최적"이라는 설계 사상에서 태어난 만큼 태생 자체가 최고의 효율을 위한 엔진이다. 따라서 효율을 극대화하기 위해 실린더 간격을 좁히고, 캠의 배치 각도를 줄이고, 회전수를 올리다 보면 자연스레 수랭화가 필요해지는 것이다. 이 때문에 지금까지 살아남은 공랭 4기통은 많지 않다. 전 세계의 메이커를 통틀어도 손에 꼽을 수 있을 정도다. 대신 지금 만날 수 있는 공랭 4기통은 역사상 최고로 완성된 녀석이라고 해도 과언이 아니다. 공랭이 아니면, 그중에서도 4기통이 아니면 가질 수 없는 매력을 온몸 가득히 품고 있는 것이다.

거대한 차체에 널따란 대배기량 4기통 엔진, 두 개의 리어 서스펜션과 정립식 포크, 이른바 '빅 네이키드'라고 불리는 바이크의 필수불가결한 요소다. 예전에 '오토바이'라고 부르던 바로 그 모습을 간직하고 있는 바이크인 것이다.

수십 년 전의 모습과 똑같이 생긴 이런 바이크들은 '스탠더드'로 불리며 일본과 유럽에서 여전히 사랑을 받고 있다. 타기 쉽고 쓸모가 많지만 너무 튀지도 않고 꿀리지도 않는다. 바이크의 화려함이나 개성에 라이더가 가려지는 일도 없다. "난 바이크도 타는 사람이지만 그게 전부는 아니야. 나에게는 다른 멋진 모습도 얼마든지 있거든."이라고 말하고 싶은 사람을 위한 그야말로 '애마'인 것이다.

별로 화려하지도 않은 평범한 네이키드에 올라 한쪽 입 꼬리를 슬쩍 올리며 인사를 하고는 잠깐의 휠 스핀과 함께 사라지기. 레플리카라면 까치발로 선 채 후진하랴, 핸들을 이리 꺾었다, 저리 꺾었다 하며 출발할 위치를 잡느라 바쁘겠지만 네이키드라면 너무나 심플하다. 물론 이 멋진 장르의 바이크는 우리나라에서 인기가 없다. 아직 한국에서는 값비싼 바이크를 한 대 샀다면 누구나 쳐다봐 줘야 하고 누구보다 빨라야 하며 누구에게도 꿀리지 않아야 한다. 그걸 조작할 수 있느냐, 없느냐는 나중 문제다. 결국 바이크의 성능을 자신의 성능으로 착각하는 것이다.

주변에서 바이크를 산 이후로 라이프스타일까지 바뀌어 버리는 사람을 쉽게 볼 수 있다. 요란한 레이싱 재킷에 인공 관절까지 붙어 있는 1킬로그램짜리 레이싱 부츠를 신고 무릎 보호대까지 차고는 "나 라이더야."라고 온몸으로 외치며 여자 친구와 영화를 보러 극장에 온 녀석을 보고 그만 웃어 버린 적이 있다. 같은 라이더가 보기에도 우스운데 일반인들의 눈에는 어떻게 보일까? 라이더가 바이크를 타는 것인지 바이크가 라이더를 타는 것인지 모를 지경이었다.

"바이크란 말이야, 바람을 가르는 거라고. 시속 300킬로미터로 달리면 앞쪽의 시야가 얼마나 좁아지는지 알아? 그렇지만 죽어도 여한이 없고 어쩌고저쩌고……." 차라리 군대에서 축구를 한 이야기를 하는 편이 낫다. 등에는 베개 같은 것이 툭 튀어 나와 있고 요란한 스티커까지 덕지덕지 붙어 있는 옷을 입은 먼지투성이 사내자식이 늘어놓는 개똥철학 따위에 관심을 갖는 사람은 화양리에서 돌아다니는 날라리 여고생뿐일 것이다.

인생에서 소중한 것은 정말 많다. 가족, 친구, 연인을 비롯해서 열정을 갖고 있는 직업, 취미……. 게다가 취미가 여러 개가 되면 "그중에

혼다가 2010년부터 선보인 CB1100은 공랭 엔진의 감성을 여전히 추구하는 사람들을 위한 선물처럼 등장했다. 4기통 공랭 엔진에서 뿜어 나온 네 가닥의 배기관이 바이크의 조형미를 더하고 있다.

혼다를 대표하는 네이키드 바이크인 CB시리즈는 750cc에서 시작해 아래로는 400cc, 위로는 1300cc까지 다양한 라인업을 만들었다. 다른 배기량의 경우 모두 수랭 방식이지만, CB1100은 일부러 공랭 방식을 택해 클래식한 맛을 풍기도록 연출했다.

서 가장 좋은 게 뭐냐."는 질문처럼 고역인 게 없다. 어느 하나에 완전히 빠져서 정신을 못 차리는 것도 나쁘지 않지만 결국 시간이 흐르면 어느 정도 거리를 두면서 진득하게 시간을 두고 즐기게 된다. 한 가지에 너무 빠져서 다른 것에 소홀하다 보면 결국엔 지치는 시기가 오기 때문이다.

이런 생각에 동의하는 사람이라면 빅 네이키드가 딱 알맞다. 어른스러운 바이크인 것이다. 슈퍼스포츠와 맞먹는 빠른 속도감도 즐길 수 있지만 도심에서 편안하게 라이딩을 즐길 수 있고, 실용성도 높다. 지나치게 화려하지 않는 대신에 공랭 엔진의 거대한 존재감 덕분에 소유욕을 만족시킬 수도 있고, 시그널 레이스(signal race)*에서는 레플리카를 비웃을 수 있는 가속력도 있다. 그리고 군데군데 손을 보면서 나만의 바이크로 만들어 가는 쾌감도 즐길 수 있기 때문에 개성을 나타내고 싶다면 네이키드 바이크가 적격이다.

* 신호가 떨어지는 동시에 출발해 다음 신호까지 속도를 겨루는 것.

네이키드 스타일은 세계에서 거의 모든 메이커들이 생산하는 만큼 세계에서 가장 많은 라이더들이 애용하는 바이크이기도 하다. 우선 조종에 필요한 핸들과 스텝 등의 자세가 편안해 중·장거리를 달리기에 용이하고, 탠덤 시트도 편안해 두 명이 타기에도 만족스럽다. 통학이나 출퇴근에도 좋으며 주말에는 친구나 연인을 뒤에 태우고 나들이를 다녀오기에도 안성맞춤이다. 또한 엔진의 힘도 뛰어나기 때문에 비즈니스용으로도 활용할 수 있다. 어쩌면 라이더가 원하는 모든 용도를 기호에 맞게 만족시켜 줄 수 있는 바이크일지도 모른다.

그리고 바이크에 미친 사람처럼 보이지도 않는다. 우리나라처럼 바이크에 대한 인식이 좋지 않고 제대로 즐길 수 있는 여건이 되어 있지 않은 나라에서 인생의 중요도 1순위로 바이크를 꼽고 있다가는 사회 부적응자가 되기 십상이다. 바이크는 어디까지나 '소중한 나 자신'을 위한 취미 도구일 뿐이다. 나 자신을 돋보이게 하는 액세서리로서의 바이크, 청바지에도 충분히 어울리는 바이크, 또 다른 액세서리를 위해 도움을 주는 '신발'로서의 바이크. 네이키드란 알고 보면 멋쟁이를 위한 바이크다. 그러고 보면 우리나라에서 빅 네이키드가 마이너라는 것은 다행인지도 모르겠다. "이 녀석? 내가 제일 좋아하는 친구야."라며 소개할 수 있는 바이크가 바로 공랭 빅 네이키드다.

게다가 미국·유럽제 바이크가 인기를 끌고 있는 우리나라 시장에서 4기통 빅 네이키드는 무척 희귀한 존재다. 브랜드 네임으로는 조금 꿀릴지 몰라도 패션 감각에 따라서는 일제 4기통이 훨씬 개성 있어 보일 수도 있다.

혼다 CB1100은 그런 상황을 꿰뚫어 보기라도 한 듯 등장한 바이크다. 원래 혼다가 공랭 4기통 빅 네이키드의 생산을 멈춘 것은 무려 30년 전이다. 배기량 750cc급의 미들 네이키드나 아메리칸 타입에서는 이후에도 공랭을 만들기도 했지만, 빅 네이키드에서는 1983년 이래 공랭 4기통이 사라졌다. 유러피언 메이커들이 '공랭의 감성'을 내세울 때도 혼다는 눈 하나 깜짝하지 않았다. 기술은 진보하지 않으면 더 이상 기술이 아니라는 자신들의 철학을 믿고 있었기 때문이다.

그러나 2010년부터 선보인 CB1100은 '공랭'의 감성을 여전히 추구하는 사람들을 위한 선물처럼 등장했다. 그렇다고 시류와 타협한 것도 아니었다. 혼다는 구닥다리 형식인 공랭 4기통 엔진의 네이키드를 만들면서도 예전의 기술을 그대로 사용한 것이 아니라 자신들의 최신 기술을 투입해 지극히 현대적인 감성으로 구현해 냈다. '클래식'이 유행한다고 해서 아버지 양복을 그대로 꺼내 입을 수 없듯이, 클래식 바이크에도 업데이트가 필요하다는 사실을 잘 알고 있는 것이다. 혼다 4기통 엔진의 날카로운 회전음과 오래 전 좋았던 시대를 떠올리게 하는 실루엣, 그리고 믿을 수 있는 주행 성능. 혼다 CB1100은 지금 가장 멋진 바이크가 무엇이냐고 물을 때 자신 있게 답할 수 있는 모터사이클 중 하나다.

이탈리아의 블랙 뷰티, 모토 구치 V11 스쿠라

미켈란젤로의 다비드 상, 피렌체의 두오모 성당, 페라리 250GTO, 베레타 M92F, 모니카 벨루치……. 바라보고 있으면 정신이 아득해질 정도로 아름다운 것들이 있다. 이들에게는 모두 이탈리아 반도에서 태어났다는 공통점이 있다.

    지중해 중앙에 장화 모양으로 자리 잡은 이 반도에는 온갖 아름다운 것들이 넘쳐난다. 한때 전 세계를 장악한 로마 제국의 피를 이어받아 다양한 역사와 최고의 예술 감각을 쌓아 온 덕도 있지만, 밝고 정열적인 라틴 민족은 '멋'이 무엇인지 알고 있기 때문에 그들의 손을 거치면 건물이건 가구건 자동차이건 간에, 심지어 사람을 죽이는 무기까지도 아름다운 모습을 가지고 있다. 소피아 로렌에서 알리사 밀라노, 모니카 벨루치 등 이탈리아 출신의 여자들에게는 눈빛만 쳐다봐도 몽

롱해지는 매력이 있다. 이탈리아에 가 본 적이 있는 사람들은 길거리에도 그런 여자들이 넘쳐난다고 침을 튀기며 장광설을 늘어놓는다.

예쁜 여자가 많은 나라라니 참 좋은 곳이 아닐 수 없지만, 그건 그저 관광객 입장일 때의 이야기다. 이탈리아 여자들과 함께 살고 있는 이탈리아 남자들이야말로 입이 떡 벌어질 정도로 매력이 넘친다.

이탈리아 남자들은 키가 크고 잘 생긴 타입의 미남은 아니다. 백인치고는 체구가 작고, 코와 눈이 지나치게 커서 생김새도 우스꽝스럽다. 머리카락도 우리와 다를 바 없는 흑발이 대부분이다. 그러나 이탈리아 남자들은 유머러스하고 상황 판단이 재빠르다. 센스가 있다는 말이다. 게다가 자기 자신을 꾸미는 것이 아주 자연스러운 일이다. 매시즌마다 새 옷을 고르고, 신발을 구입하고, 병원이나 태닝 숍에 가서 피부 톤을 관리하고, 매주 머리카락의 구불구불한 정도와 길이를 다듬는 것이 그들에게는 지극히 자연스러운 '일상'이다. 이탈리아 남자들이 영국 신사처럼 매너로 여자를 대하는 게 아니라, 느끼하고 솔직하고 음담패설 가득한 '상남자' 스타일로 여자를 대하는데도 불구하고 전 세계 수많은 여자들이 이탈리아 남자에게 호감을 갖는 이유가 바로 그런 센스와 자기 관리 때문이다.

그런 이탈리아 남자들이 만든 모터사이클은 어떨까. 우리가 동경하는 두카티와 페라리가 그들에게는 '국산'이다. 이탈리아에서 태어난 남자들은 어렸을 때부터 빨간 두카티가 거리를 달리고 페라리가 굉음을 내는 장면을 보면서 자란다. 이탈리아제 자동차와 모터사이클의 특성을 살펴보면 이탈리아 남자들의 성향을 잘 알 수 있다. 아주 신경질적이고 예민하며 남에게 지는 것을 견디지 못한다. 그리고 아름답지 않은 건 죄악으로 여긴다. 그런 분위기 속에서 자란 남자들의 손에서 페라리와 람보르기니와 두카티가 태어났고, 그런 것들을 보며 자란 아이들은 또 새로운 세대의 아름다운 탈것을 만들어 내는 것이다.

모토 구치(Moto Guzzi)라는 브랜드도 이탈리아의 개성과 섹시함을 증명하는 좋은 예가 될 수 있다. 모토 구치는 우리나라에 그다지 알려지지 않은 브랜드이지만, 1921년에 설립되어 지금까지 이어져 내려오고 있는 유서 깊은 바이크 메이커다. 제1차 세계대전에서 이탈리아 공군 파일럿으로 활약했던 두 명의 사내가 자신들의 비행기를 손보던 미캐닉과 함께 전쟁이 끝난 후 모터사이클을 만들어 보자며 의기투합한 것이 모토 구치의 시작이었다. 작은 단기통 엔진으로 비즈니스를 시작했지만, 1935년 맨 섬 TT 레이스(Isle of Man Tourist Trophy Race)에서 우승을 차지하면서 이름을 날리기 시작했다. 또한 모토 구치는 그랑프리 레이스에 모터사이클 최초로 V8 엔진을 장착하고 등장해 이름을 날렸다. 비즈니스는 250cc급의 단기통 엔진이 주류였고, 제2차 세계대전 후에는 스쿠터를 주로 만들어 팔았지만, 레이스에서 쌓은 고성능 이미지는 계속됐다. 모토 구치에게 레이스는 마케팅의 일환이라기보다는 그들이 '진짜 하고 싶은 것'이라고 보는 편이 옳았다.

그리고 1970년대에 들어서 세로 배치형 V트윈 엔진을 브랜드의 얼굴로 삼으면서 개성 넘치는 스포츠 바이크로서의 입지를 탄탄하게 다지기 시작했다. 레이스용 V8 엔진을 디자인했던 줄리오 체사레 카르카노(Giulio Cesare Carcano)가 1960년대 초에 디자인한 V트윈 엔진은 구조는 간단했지만 성능이 뛰어나고 개성이 넘쳤다. V형 2기통의 실린더를 90도로 배치하면 기통 간의 움직임이 서로 진동을 상쇄하는 효과를 얻을 수 있다. 그러나 이것을 바이크 프레임에 앞뒤로 나열한 가로형으로 배치하면, 앞바퀴의 위치를 결정하기가 쉽지 않다. 앞뒤 길이가 너무 길어지기 때문이다. 앞바퀴의 위치가 너무 멀어지면 조종하기가 어렵고 코너링이 둔해진다. 이 때문에 모토 구치는 엔진을 세로로 배치했다. 바이크의 좌우로 엔진 헤드가 튀어나와 있는 점은 BMW의 박서 엔진과 같지만, 좌우 180도로 배치된 박서 엔진과 달리 모토 구치의 90도 V트윈은 실린더가 위를 향하기 때문에 코너링 시 기울이는 각도를 크게 확보할 수 있었다. 바이크 차체 바깥으로 엔진이 튀어나오는 구조는 냉각에도 유리했으며, 무엇보다도 멋졌다. 냉각핀이 새겨진 엔진이 차체 좌우로 튀어나와 있는 디자인은 사람들의 눈길을 끌기 충분했다.

    모토 구치가 이탈리안 스포츠카 메이커인 데 토마소(De Tomaso)의 산하에 있던 1973년부터 2000년은 100년 가까운 모토 구치의 전체 역사 중에서 가장 빛나던 시기다. 일본 바이크 브랜드의 전성기였기 때문에 판매량은 그다지 많지 않았지만, 이탈리아 출신다운 멋들어진 디자인이 정말 많았다.

    특히 2002년에 출시된 V11은 모토 구치의 전통과 현대적인 분위

모토 구치는 과거 레이스에서 맹활약했다. 기통 수를 나눌수록 회전수를 더 높일 수 있기 때문에 극단적인 V8을 제작해 우승을 차지한 것으로 유명하다. 이후 레이스에서는 서서히 발을 뺐지만, 클래식 레이스에서는 여전히 단골로 등장하는 바이크이기도 하다.

제3부 마이너리티 리포트, 선택 받은 소수의 모터사이클   183

기를 잘 섞은 역작이었다. 1970년대 레이서의 실루엣을 그대로 담았지만 구성 부품은 일류였고, 엔진의 완성도도 더할 나위 없이 훌륭했다. 군더더기 없는 만듦새에, 재질감에는 나도 모르게 한숨이 나올 정도로 고귀함이 넘쳐흘렀다. 고급스러우면서도 이탈리아 스포츠카 메이커 데 토마소의 남성미 넘치는 분위기가 잘 표현되어 있었다. 말 그대로 '이탈리아 혈통'임을 증명했던 것이다. 가장 기억에 남는 것은 검은 피부의 모토 구치 V11 스쿠라(Scura). 검은색으로 치장된 이 바이크는 건강미 넘치는 라틴 여인을 연상시켰다. 검은색이야 모든 바이크에게 잘 어울리는 색이긴 하지만 검은색으로 칠해져 있다고 해서 모두 다 아름다운 이탈리아 여자를 연상시키는 것은 아니다. V11 스쿠라는 글래머러스한 라인에 고급스러운 무광 블랙 차체, 그리고 달리고 있을 때의 섹시한 몸놀림이 삼위일체가 되어 고혹적인 여자처럼 느껴지는 바이크였다. 날렵한 몸매와 눈길을 잡아끄는 디테일, 탈 때마다 탄성을 지르게 하는 올린즈 서스펜션의 섹시한 움직임. 1960년대에 개발된 구닥다리 엔진을 얹은 바이크이지만 스쿠라가 가져다주는 즐거움은 최신 슈퍼스포츠 바이크에 절대 뒤지지 않았다.

　세로로 배치된 개성이 강한 공랭 V트윈 엔진은 다리 사이에서 언제나 존재감을 주장했고 금빛 올린즈 서스펜션은 마치 뒤꿈치를 들고 사뿐사뿐 움직이는 고양이의 발걸음과도 같이 어떤 노면에서도 차체를 붙들어 매어 주었다. 체중을 뒤에 싣고 뒤 타이어를 기울여 코너를 하나하나 돌아 나가는 동작을 반복하다 보면 라이더 자신도 만족

검은색으로 치장된 V11
스쿠라는 건강미 넘치는
라틴 여인을 연상시킨다.
글래머러스한 라인에
고급스러운 무광 블랙 차체.
달리고 있을 때의 섹시한
몸놀림이 삼위일체가 되어
고혹적인 여자처럼 느껴지는
바이크다.

스쿠라는 올린즈 서스펜션이 순정으로 장착된 V11의 최고급 사양이다. 노면의 요철을 타더라도 사뿐히 내려앉는 올린즈 특유의 초기 반응은 탈 때마다 감동을 느끼게 한다. 검은색 차체와 엔진 사이에서 빛을 발하는 붉은색 서브 프레임에서 이탈리안 특유의 감각이 잘 살아 있다.

스럽지만 바이크 쪽에서도 열심히 움직이며 절정의 영역을 찾는 듯한 느낌을 받는다. 뒤 타이어를 기울여 코너를 돈다는 건, 이 바이크의 설계가 오래됐다는 증거다. 최신 바이크들은 타이어의 기술이 발달함에 따라 앞 타이어의 그립력을 최대한 이용해 방향을 바꾸고, 뒤 타이어는 그저 따라오게 만드는 타입의 코너링이 기본이다. 그러나 20세기의 황금기에 개발된 스쿠라는 앞바퀴를 무시하고 뒤 타이어로 조작하는 '올드 스쿨' 타입이다. 뒷바퀴를 기울이면 차체가 그에 묵묵히 반응하면서 긴장을 고조시키는데, 그 반응 시간이 너무 빠르지도 느리지도 않은 것이 딱 알맞다. 이것이 같은 이탈리안 바이크이면서도 차가운 성격의 미녀인 두카티와는 다른 점이다. 스쿠라를 타고 있으면 사랑하는 여자 친구와 동시에 오르가슴에 도달하는 느낌을 받을 수 있다. 열심히 움직이고 있는데 아무렇지도 않은 표정으로 차갑게 "기분 좋아?"라고 묻는 여자는 내 타입이 아니다.(최신 두카티가 점점 그렇게 변하고 있다. 예전에는 채찍질이라도 해 줬는데……) 고통과 희열이 섞인 표정으로 베갯잇을 물고는 게슴츠레한 눈빛으로 나를 쳐다보는 편이 좋은 것이다.

 나의 실력과 비슷한 부근에 한계가 있는 구식 공랭 엔진과 넘치지도 부족하지도 않은 차체 강성, 더할 나위 없이 만족스러운 하체의 V11 스쿠라와 함께 달리는 와인딩은 사랑스러운 그녀와 함께하는 침실이다. 그녀가 들을 수만 있다면 그 귀에 대고 사랑을 속삭이고 싶다.

타고 있으면
왠지 미안한 마음이

이탈리아 밀라노를 방문한 적이 있는 사람이라면 산타 마리아 델레 그라치에(Santa Maria delle Grazie) 성당의 「최후의 만찬」을 기억할 것이다. 성당을 나온 후에는 지나다니는 사람들의 패션 감각과 핸드백, 구두의 품질에 감탄하고, 이탈리아 본고장 요리의 맛에 감격하며 시간을 보냈을 것이다. 혹시 인류 최고의 천재 레오나르도 다 빈치에게 진심으로 감격했다면 다음에는 아웃렛보다는 '레오나르도 다 빈치 박물관'에 가 보기를 권한다. 그곳에는 삼륜 자동차, 풍력 자동차, 하늘을 나는 배, 낙하산, 헬리콥터를 연상케 하는 바람개비 차 등의 스케치가 실제 모형과 함께 전시되어 있다.

밀라노에는 시대를 너무 앞서 갔던 레오나르도 다 빈치와 비슷한 또 한 명의 몽상가가 있었다. 그의 이름은 조반니 아구스타(Giovanni

Agusta) 백작. 1907년 발족한 그의 회사는 비행기와 헬리콥터를 만들고 있었다. 취미로 시작한 비행기 만들기는 시대가 시대인 만큼 전쟁에 쓰였고 이탈리아가 패전국이 되면서 아구스타 사는 더 이상 비행기를 만들 수 없게 됐다. 반쯤 취미로 시작한 회사에서 아구스타 백작이 선택한 것은 바이크 만들기였다.

"취미가 뭐예요?"라는 질문에 "멋지고 빠른 바이크 만들기요."라고 대답했던 멋쟁이 아구스타 백작은 1948년부터 레이스 활동을 시작했고, 그와 동시에 모터사이클 그랑프리(GP, 월드그랑프리WGP의 전신)에서 첫 우승을 기록했다. 1977년 은퇴할 때까지 아구스타가 GP에서 만들어 낸 전설은 셀 수 없을 정도로 많다.

이탈리안 레드와 실버의 투톤으로 도색한 차체, 노란색 번호판, 그리고 이 세상의 것이 아닌 듯 고주파성을 띠는 DOHC 병렬 4기통의 배기음. MV 아구스타는 일제 메이커들이 4기통 구조를 모방할 기술을 쌓을 때까지 무적을 자랑했고, 일제 메이커가 자신들의 구조를 모방한 4기통 머신으로 수위를 차지하자 아무런 미련 없이 은퇴해 버렸다. 호사가들은 아구스타 사가 일제 바이크의 부흥에 밀려 힘없이 사라졌다고 여겼지만, 아마도 아구스타 가문의 사람들은 이기기 위해서라면 남의 아이덴티티까지 거리낌 없이 베끼는 자들과 함께 달리고 싶지 않았던 것 같다.

이후로 아구스타 사는 본업인 헬리콥터 만들기에 전념해 지금은 민간용 헬기나 소형 여객기, 유럽연합의 차세대 공격 헬기 등을 만들

리어 밑으로 뻗어 있는 네 가닥의 머플러는 MV 아구스타 F4S의 아이덴티티. 리어 펜더를 겸하는 기능미와 디자인적인 우수함도 장점이지만 고회전 영역에서 내뿜는 특유의 고주파성 사운드는 충격적인 외관만큼이나 강렬하다.

고 있다. 이 회사의 헬리콥터들은 전 세계를 휩쓰는 뚱뚱한 미제 헬기와는 달리 날렵하고 아름다운 바디 라인으로 '날개 달린 스포츠카'라고 불리고 있다니, 아구스타 백작의 외모 지상주의도 참 대단했던 모양이다.

우리의 관심사인 바이크 이야기로 돌아오면, 신생 MV 아구스타는 아구스타 사로부터 바이크용 명칭 사용권을 취득한 이탈리아 대기업 '카지바(Cagiva)'에 의해 다시 태어났다. 이름에 붙은 M은 기계공을 뜻하는 '메카니카(Meccanica)'에서, V는 공장이 위치한 지역의 이름인 '베르게라(Verghera)'에서 따온 것이다. 비모타-두카티 출신의 천재 디자이너 마시모 탐부리니(Massimo Tamburini)가 디자인을 맡았고 엔진의 개발 과정에는 페라리 엔지니어들이 투입됐다. MV 아구스타 F4의 엔진은 1990~1992년에 F1에서 사용됐던 스쿠데리아 페라리의 V12 엔진을 기반으로 개발됐는데, 이 시기는 알랭 프로스트(Alain Prost)와 아일톤 세나(Ayrton Senna)가 전설적인 라이벌 전을 펼쳤던 때이기도 하다. 레이스용 V12가 양산 모터사이클용 직렬 4기통으로 바뀌면서 원형은 거의 찾아볼 수 없게 되었지만, 가장 특징적인 반구형 연소실(hemispherical chamber)은 그대로 남았다. 현존하는 모터사이클 엔진 중 이런 형상을 하고 있는 것은 이 바이크뿐인데, 가장 효율이 높다고는 할 수 없지만 페라리 F1 엔진의 특성을 그대로 갖고 있다는 점에서 소유욕을 자극한다는 점은 틀림없다. 반구형의 연소실 내부에 흡배기 밸브는 방사상으로 배치하게 되는데, 바이크의 커버에 자랑스럽게

첫 번째 F4였던 세리에 오로.
초경량 마그네슘 합금으로
만들어진 황금의 프레임,
스윙 암, 휠이 특징이다.
이 아름다운 바이크의 등장과
함께 전 세계 라이더들은
황홀경에 빠졌다.

'발볼레 라디알리(Valvole Radiali, 방사형 밸브radial valve)'라고 적혀 있는 점을 봐도 얼마나 이 부분을 강조하고 싶었는지 짐작할 수 있다. '래디얼 밸브'라고 적으면 별것 아닌 것처럼 여겨지는 것이, 이탈리아어로 '발볼레 라디알리'라고 적혀 있으니 뭔가 있어 보인다는 것도 사실이다.

오랫동안 화제를 모았던 MV 아구스타가 시장에 첫선을 보인 것은 1999년이었다. 전 세계 300대 한정이라는 타이틀을 건 'F4 세리에 오로(Serie Oro)'가 등장한 것이다. 이탈리아어로 '세리에(Serie)'는 영어의 '시리즈(Series)'를 의미하고 '오로(Oro)'는 '금(Gold)'을 의미했다. 이 바이크는 그 이름처럼 스윙 암과 프레임, 휠을 황금색으로 산화 처리한 마그네슘으로 제작했으며, 그 외에도 카본 섬유 강화 플라스틱을 듬뿍 사용하는 등 한숨이 나올 만큼 아름다운 조형미를 돋보이게 하는 요소로 가득했다.

멋지게 부활한 MV 아구스타는 이전의 인기를 단번에 되찾았다. 우리나라에서도 바이크 잡지 《모터바이크》를 통해 '바이크의 보석'이라는 제목으로 특집 기사가 소개되면서 엄청난 인지도를 얻었다. 인터넷이 그다지 활성화되어 있지 않던 시절이었지만 다른 바이크와 확연히 비교되는 디자인을 가진 F4는 순식간에 최고의 인기를 누리는 바이크가 됐다. 당시의 F4 오너는 수많은 라이더의 시선을 받아야 했고, 라이더들 사이에서 F4 목격담이 전설처럼 떠돌았다.

이후에는 마그네슘 대신 알루미늄을 사용한 일반 모델 F4S가 등장했고, 배기량을 750cc에서 1000cc로 확대한 F4 1000, 최고 시속

312킬로미터를 자랑하는 F4R 312가 뒤를 이었다. 2006년에는 F4 시리즈의 아버지인 클라우디오 카스틸리오니(Claudio Castiglioni)의 이름 약자를 딴 고성능 모델 F4 CC를 선보였다. 티타늄으로 만든 커넥팅 로드와 밸브, 크랭크를 가진 이 바이크는 1078cc까지 배기량이 확대되고 가벼운 카본 파츠로 무장해 200마력, 최고 속도 315킬로미터라는, F4 시리즈 사상 최고의 동력 성능을 자랑했다. 가격은 무려 10만 유로(한화로는 약 1억 5천만 원, 국내 판매 가격은 1억 9800만 원)로 아직까지도 세계에서 가장 비싼 모터사이클 중 하나라는 칭호를 얻고 있다.

그러나 그 아름다운 디자인과 놀라운 카리스마에도 불구하고, F4는 쉽게 눈에 띄지 않는다. 비슷한 가격인 BMW나 두카티가 거리에서 곧잘 눈에 띄는 것과 비교해 봐도 이상하리만치 적다. 핸들을 꺾으면 엄지손가락이 연료 탱크와 핸들 사이에 끼는 등 길거리에서 타는 것을 고려하지 않은 불친절한 설계 때문일까?

한때 부유층 라이더 사이에는 F4 붐이 일었던 적이 있었다. 그다지 잘 짜여 있지 않은 국내의 판매망과 애프터서비스에도 불구하고 생각보다 많은 대수가 팔려 나갔다. 그러나 웬일인지 오래 갖고 있는 사람은 적었다. 그렇다고 바이크가 나빠서도 아니었다. MV 아구스타 F4는 타기 편한, 아무나 타도 빠른 바이크는 아니었지만, 어느 정도의 실력만 뒷받침되면 환상적인 고회전 배기음을 연주하는 멋진 바이크였다. 경제적으로도 이 바이크를 유지하는 데 별 어려움이 없을 법한 사람들이 금세 다른 사람에게 넘기는 이유는 뭘까. 그리고 그 이후에

세계에서 가장 비싼 바이크 중 하나로 기록되고 있는 F4 CC. 그러나 레이스에서 입증된 실력이 없었기 때문에 판매는 부진했다. 과거의 레이스 기록으로 팔기에는 가격이 너무 비쌌고, 실제 주행에서도 경쟁력이 부족했다.

도 마치 옛 연인 쳐다보듯 MV 아구스타를 바라보는 이유는 뭘까.

나는 가까운 지인이 MV 아구스타 F4S를 소유하고 있어서 이 바이크를 몇 달 동안 내 애마처럼 타고 다닌 적이 있었다. 저속에서는 힘이 없고 고회전에는 피를 거꾸로 솟구치게 하는 극단적인 4기통을 실은 이 녀석은 아무튼 멋졌다. 날카로운 카울 디자인, 어디를 봐도 멋지게 생긴 차체, 사타구니를 뻑적지근하게 만드는 요사스러운 배기음, 뭐 흠잡을 곳이 없었다. 이 바이크에 올라타 있으면 거리의 모든 탈것

아일톤 세나의 시그너처 모델. F4는 세나가 죽은 후에 세상에 등장했지만, 엔진에는 그가 몰던 페라리 F1 머신의 흔적이 남아 있었다. 세나는 F4의 개발자 마시모 탐부리니가 이전에 개발했던 두카티 916을 탔는데, 아마도 살아 있었다면 F4 라이더가 되었을 것이다.

이 하찮게 여겨졌다. 바이크는 물론이고 고성능 수입 차도 그다지 흔치 않던 시절이어서 카리스마를 대결할 만한 상대가 없었다. 어쩌다 시속 300킬로미터를 쉽게 돌파하는 일제 스포츠 모터사이클을 만나더라도 F4는 성능 이상의 아우라로 달려 보지도 않은 상태에서 승리감을 주곤 했다.

그런데 왠지 타고 있으면 슬퍼졌다. 녀석에게 어울리는 이탈리아제 붉은 가죽 재킷에 깨끗하게 손질한 라이딩 부츠, 색깔을 맞춘 헬멧과 장갑까지 꼈는데도 뭔가 아쉬운 것이다. 거무튀튀한 회색 콘크리트 건물과 지저분한 거리, 인상을 있는 대로 쓰고 더러운 입에 걸맞은 운전 솜씨를 자랑하는 택시 기사들. 바이크에게 "미안, 이런 곳을 달리게 해서."라고 말하고 싶을 정도였다. 변변한 서킷 하나 없는 우리나라에서 녀석을 맘껏 뛰놀게 하기란 쉬운 일이 아니었던 것이다.

그때 그 녀석은 몇몇 주인을 거쳐 잘 생긴 연예인의 애마가 됐다는 이야기를 들었다. 완벽한 콧날을 가진 연예인 와이프까지 둔 그라면 약간은 MV 아구스타에게 어울리는 삶을 살 수 있지 않을까 싶은 마음이다.

몬스터 S4가 연주하는
데스모 광시곡

1970년대, 일본이 아직 세퍼레이트 핸들 (separate handle)* 과 카울을 불법으로 규정하고 있던 시대에도 두카티는 마치 월드그랑프리 레이서에 헤드라이트와 방향 지시등만을 장착한 듯한 과격한 스포츠 바이크를 만들어 내고 있었다. 엔진 전체를 감싼 로켓 카울과 자그마한 솔로 시트, 라이더의 시야를 낮게 강요하는 세퍼레이트 핸들이 두카티의 대명사였다.

● 좌우가 분할된 핸들을 말하며 핸들 폭을 좁히거나 낮출 수 있어서 라이더의 승차 자세를 좀 더 낮게 조정할 수 있는 장점이 있다.

두카티의 모든 것은 오직 코너링을 위해서 존재했고 나사 하나까지 기능미를 강요받았다. 라틴 민족의 뜨거운 감수성과 맹렬한 열정을 갖지 못한 일본인들은 거의 모든 유럽제 바이크 메이커를 도산하게 하는 와중에도 두카티의 아성에만은 발을 들여 놓지 못했다.

그러나 시대는 변하고 있었다. 두카티 라이더들은 몬차 서킷이나 스텔비오의 와인딩 이외의 길에서도 즐길 수 있는 두카티를 원했고, 여행이나 도심에서 사용하기 위해 바이크를 시작하는 사람들도 점점 늘어나고 있었다.

1993년 두카티의 디자이너 미구엘 갈루치(Miguel Galluzzi)는 '어떤 길에서도 즐길 수 있는' 바이크를 만들어 냈다. 두카티 최초로 '평범한 바이크'가 탄생한 것이다. 오프로드 바이크를 연상시키는 널찍한 핸들 덕분에 그 이전의 두카티와는 달리 상체가 꼿꼿이 일어서게 됐고 거친 노면이나 비포장 도로, 혹은 시내에서도 다루기 쉬웠다. 도로 포장 상태가 좋지 않았던 1970년대까지는 두카티도 이런 스타일의 바이크를 만들었지만, 1990년대에 이런 바이크가 나오리라고는 아무도 상상하지 못했다. 그러나 여전히 스텝은 스포츠 바이크처럼 뒤에 달려 있었다. 엔진은 슈퍼스포츠 900SS의 904cc 공랭 L트윈 엔진을 그대로 장착했고 프레임은 오히려 900SS보다 강한 슈퍼 바이크 851(888) 계열을 선택했다. 다루기 쉬우면서도 가볍고, 어떠한 길이건 가리지 않는 새로운 세대의 두카티가 탄생했던 것이다. 더구나 풍만한 곡선이 연속되는 미려한 디자인은 그때까지 바이크에 전혀 관심이 없던 사람들도 끌어들여 새로운 수요층까지 창출해 냈다.

갈루치의 역작 몬스터는 처음에는 열혈 두카티스트들로부터 "저런 건 두카티가 아니다!"라는 비난을 받기도 했지만 얼마 지나지 않아 베스트셀러 자리에 올랐다. 이제는 하나의 라인업을 구성할 만큼

아직도 많은 사람들이 '몬스터'라고 하면 이 바이크를 떠올린다. 얼기설기 엮은 프레임과 둥그런 연료 탱크가 연출하는 실루엣은 바이크라기보다는 예술품과도 같은 아름다움을 갖고 있다.

탄탄한 위치를 구축하고 있다.

그리고 첫 번째 괴물의 데뷔로부터 8년이 지난 2001년, 새로운 몬스터가 등장했다. ST 계열의 크롬 몰리브덴 트러스 프레임에 916의 수랭 데스모드로믹(Desmodromic) 4밸브 L 트윈 엔진을 실은 S4가 그것이었다. 공랭 2밸브 엔진으로도 충분히 빨랐던 몬스터가 두카티의 플래그십 엔진을 실으면 어떻게 될지는 불을 보듯 뻔했다. '데스모드로믹'이란 메르세데스 벤츠와 두카티만이 실제 제작에 성공한 밸브 개폐 기술로, 대량 생산한 것은 두카티가 유일하다. 이 기술은 밸브의 개폐를 담당하는 스프링이 고회전역에서 속도를 감당하지 못하는 경우가 발생하지 않도록 스프링을 제거하고 캠으로 직접 밸브를 여닫는 것이 특징이다. 쉽게 말하자면, 데스모드로믹 엔진에는 레드 존(red zone)이 없다. '레드 존'은 "이 이상 회전시키면 엔진이 못 견딥니다."라는 표시인데, 사실 엔진 전체가 못 견디는 것이 아니라 스프링의 수축과 팽창 속도와 관련이 있다. 그러나 두카티의 데스모드로믹은 스프링을 쓰지 않기 때문에, 매우 즉각적인 엔진의 반응을 확보할 수 있는 것이다. 그만큼 생산이 어렵고 세팅에도 많은 노하우가 필요하다. 그중에서도 수랭 4밸브 엔진은 2기통의 한계를 뛰어넘는 것으로, 4기통에 버금가는 파워를 자랑한다. 실제로 두카티의 수랭 데스모드로믹 엔진은 월드슈퍼바이크레이스(WSBK)에서 다른 메이커가 절대 범접할 수 없는 우승 기록을 갖고 있다.

그런 엔진을 '평범한' 바이크에 달면 어떻게 될까? 회전수는 미친

듯이 치솟고 스로틀을 감으면 공도용 최고의 접지력을 자랑하는 타이어가 직선에서조차 미끄러지려고 한다. 기어비는 완전히 가속만을 생각한 듯 엄청나게 촘촘해서 기어 단수를 올려도 가속감이 도무지 잦아들지를 않는다. 916cc 트윈 엔진은 망치로 두들기는 듯 둔탁한 굉음을 울리며 193킬로그램의 차체를 튕겨낸다.

실력 있는 라이더라면 넓은 핸들 바를 이용해 타이어의 슬라이드를 컨트롤하면서 코너를 드리프트로 공략할지도 모르겠지만 범인인 나는 저 멀리 있는 바이크의 한계를 느끼면서 내 자신의 능력을 시험할 뿐이었다. 코너 입구에서 안구가 튀어나올 듯 과격한 풀 브레이킹을 시도해도 S4의 프레임은 꿈쩍도 않는다. 체중과 트랙션을 이용해 한껏 하중이 실린 와중에도 서스펜션의 스프링은 오밀조밀 움직이며 노면을 걸러 낸다. "좀 더 노력해 보지 그래?" 저만치 멀리 서서 눈을 게슴츠레 내리깔고 있는 것이다. 이 광폭한 주행 성능이야말로 두카티의 매력이지만 약간은 분했다. 그나마 다가서기 쉬운 여자였던 몬스터마저 마성을 드러내다니…….

어쩌면 예견된 일이었다. 스파르타적인 스포츠 바이크만을 만들다가 시대의 흐름에 맞춰 멀티 퍼퍼스 바이크 몬스터를 만들었던 두카티. 1993년에야 아둔한 소비자들의 취향을 고려하느라 약간은 다가서기 쉽게 만들었지만 실은 처음부터 S4처럼 만들고 싶었을지도 모른다. 그리고 보면 2002년에 멀티 퍼퍼스인 '척'하며 등장한 물티스트라다(Multistrada)도 겉모습으로는 상상도 할 수 없을 만큼 뜨거운 온로드

현행 몬스터와는 완전히 다른 승차 자세를 나타내는 몬스터 S4. 당시의 모터사이클이 뒷바퀴 위에 앉아 조작하는 느낌이라면, 지금은 타이어의 발돋움으로 앞바퀴 위에 앉아 있는 구조로 바뀌었기 때문이다. 최신 모델이 빠른 건 당연지사지만, 즐거움이 반드시 속도에 비례하는 것은 아니다.

스포츠 바이크였다. 라틴 민족의 바이크 사전에서 '느긋함'이라는 단어를 기대하는 것 자체가 무리인 것이다.

S4의 데스모드로믹 4밸브 엔진이 연주하는 배기음은 공랭 2밸브의 소리처럼 감성적이지 않다. 난폭하면서도 가슴 깊은 곳을 울리는 듯한 공랭 L트윈의 배기음을 남반구 원주민의 북소리에 비유한다면 수랭 데스모 4밸브의 폭발은 슬래시 메탈 밴드가 연주하는 트윈 베이스 드럼 소리에 가깝다. 강렬하고 메마른 리듬을 쉴 새 없이 토해 내 라이더의 신경을 바짝 곤두세운다. 그리고 둔탁한 배기음 사이로 문득 건식 클러치의 짤랑거리는 소리가 들린다. 클러치를 끊을 때마다 들려오는 규칙적인 소리가 싫지 않다. 와인딩을 오르내리면서 L트윈 데스모드로믹 엔진이 연주하는 타악기 합주의 리듬을 느낀다. 박자를 놓치기라도 하면 엔진 소리가 먼저 알려 준다. 막강한 섀시와 탄탄한 서스펜션, 맨손으로 디스크를 잡는 듯한 브레이크는 어설픈 라이더가 서툴게 조작해도 차체를 불안하게 만드는 일이 없지만 엔진이 기분 좋은 사운드를 연주해 주지는 않는다. 빠른 속도로 달린다고 해서 해결되는 것도 아니다. 요점은 얼마나 능숙하게 다룰 것인가이다.

온몸으로 악기를 연주하듯 섬세하고 부드럽게 조작해 주면 S4의 소리는 비로소 와인딩 주행의 배경음악으로 변한다. 피스톤이 금속성 휘모리장단을 맞추고 머플러는 트럼펫의 숨넘어갈 듯한 고음을 토해 낸다. 그 합주곡을 들을 수 있다면 이제 막 두카티스트의 길에 들어선 셈이다.

곡의 여운을 느끼며 S4를 되돌아보면 구성 자체도 악기와 그리 다르지 않다. 모든 것은 "기능을 추구하다 보니 모양도 아름다워졌다."는 기능미의 결정체. 가령 부풀린 듯한 탱크는 니 그립(knee grip)을 용이하게 하고, 작은 시트는 딱딱하지만 형상이 잘 고려된 덕분에 오래 타도 피곤하지 않다. 트러스 프레임은 강성과 유연성이라는 섀시의 2대 요소를 융합시킨 예술품이다. 어느 것 하나 장식을 위해 인위적으로 선택된 것이 없음에도 불구하고 한숨이 나올 만큼 강렬한 인상이다. 인간의 숨결을 그대로 전하기 위해 반짝반짝 잘 닦인 금관악기를 연상케 하는 것이다.

엔진은 그런 기능미의 결정체다. 고회전에서 밸브의 개폐를 정확하게 컨트롤하기 위해 채택된 데스모드로믹 시스템 구동 벨트는 엔진의 한쪽 면을 멋들어지게 장식한다. 엔진을 감싼 카본 커버는 햇빛을 받으면 날카로운 비늘을 곤두세우며 반응하고, 노출된 건식 클러치 플레이트는 미세한 금속 마찰음을 내며 실력을 과시한다. 수랭화가 되면서 날카로운 냉각핀은 잃었지만 떡 벌어진 두 개의 캠샤프트와 대용량 라디에이터가 그 자리를 대신한다. 괴물은 예술품과 공산품의 경계를 넘나들고 있었다.

"몬스터는 공랭이 아니면 안 돼." S4가 처음 출시되었을 때 나는 그렇게 생각했다. 공랭 엔진 마니아인 나는 '수랭'이라고 하면 전기 모터와 같은 일제 엔진이 연상됐기 때문이다. 게다가 제원표의 출력으로는 80마력에도 못 미치지만 실제로는 오버 리터급을 압박하는 공랭 몬스

우수한 성능의 서스펜션과 브렘보 브레이크의
조화는 두카티가 얼마나 달리기 성능에
집중하고 있는지 알 수 있는 부분이다.
건식 클러치도 특유의 소리와 함께 두카티를
상징하는 요소 중 하나.

두카티 S4의 핸들링은 그 깊이를 알 수 없을 만큼 심오하다. 숙련된 라이더라면 두카티를 가지고 재미있게 노는 방법을 얼마든지 새로 개발할 수 있을 만큼 다양한 방법을 제시한다.

터의 막강한 실력을 경험한 적이 있었기 때문에 수랭화에 의구심을 품고 있었다. 제대로 쓰지도 못할 100마력 오버 머신은 일본 메이커들에게 맡겨 버리면 될 텐데……라고 말이다.

물론 두카티의 엔지니어들도 그 점을 잘 알고 있었다. 일본 기업의 모토가 '효율 극대화'와 '경비 절감'이라는 구체적인 단어라면 이탈리안의 모토는 '열정'과 '감성'이라는 추상적인 개념이다. 두카티의 수랭화란 무미건조하고 성능 향상만을 의미하는 그런 멋대가리 없는 것이 아니었다.

수랭 데스모드로믹의 1만 rpm은 바늘로 찌르는 듯 히스테릭하고 핸들링은 그 깊이를 알 수 없을 만큼 심오하다. 숙련된 라이더라면 두카티를 가지고 재미있게 노는 방법을 얼마든지 새로 개발할 수 있을 만큼 다양한 방법을 제시한다. 수랭 특유의 또 다른 감성이 존재하는 것이다. 정신없이 밀쳐 내는 엔진 파워에 농락당하면서도 라이더의 조작에 정확히 반응하는 바이크를 느끼고는 다시 한 번 놀라게 된다. 절대 속도는 확실히 공랭 몬스터보다 빠르고 916이나 996을 쫓아가는 것도 이 녀석이라면 가능하다.

슈퍼 바이크 챔피언의 피를 이어받은 막강한 엔진을 실은 녀석에게 기어비까지 촘촘하게 끼워 넣어서는 라이더에게 숨을 돌릴 틈조차 주지 않은 두카티의 S4. 시승을 마치고 바이크에서 내리자 이 녀석을 만든 엔지니어에게 질문을 던지고 싶어졌다. 바이크 메이커란 메이저가 되면 유순해서 누구나 탈 수 있는 바이크를 만들기 마련인데, 너희는 어떻게 점점 더 과격해지는 거냐고. 대답은 뻔하다. "바이크란 원래 이런 거야. 과격하지 않은 바이크란 덜 익은 파스타처럼 맛이 없거든."

명불허전 모터사이클

4

오리지널 아메리칸 크루저를 타고 싶다면

할리 데이비슨으로 대표되는 아메리칸 크루저는 매우 독특한 모터사이클이다. 전통과 문화를 중시하는 독자적이고 보수적인 소비자층을 갖고 있으며, 이 소비자들은 스포츠 바이크 라이더와는 매우 다른 삶의 방식을 추구하는 경우가 많다.

그들이 롤 모델로 삼는 것은 영화 「이지 라이더(Easy Rider)」에서 볼 수 있었던 바로 그 모습이다. 미국 문화에 조금이라도 관심을 가졌던 사람이라면 모를 리 없는 영화 「이지 라이더」는 피터 폰다와 데니스 호퍼가 1960년대 사랑과 평화의 시대를 살았던 두 라이더의 미국 일주 과정을 그린 로드 무비다. 자유와 개성, 모두가 함께 사는 세상을 추구하는 라이더들과 그것을 불편하게 느끼는 기성세대 간의 갈등을 잘 그려 낸 걸작 영화다. 그 영화를 보며 모터사이클 라이딩을 꿈꾸기 시작한 사람은 아마 셀 수 없을 정도로 많을 것이다. 나도 그 영화를 보면서 언젠가는 앞바퀴를 저 멀리까지 뽑아 낸 커스텀 모터사이클을 타야겠다고 다짐했던 기억이 난다.(참고로 그 영화를 열 번쯤 봤지만 졸지 않고 끝까지 본 적은 한 번도 없다.) 그 외에도 「터미네이터 2」에서 「와일드 오키드」에 이르기까지, 1970~1990년대의 할리우드 영화를 보며 자란 사람들은 모두 할리 데이비슨과 함께 아메리칸 드림에 빠지곤 했다.

나는 직장생활을 시작하자마자 꿈에도 그리던 '메이드 인 유에스에이'의 모터사이클을 구입했다. 월급의 대부분을 쏟아부어 데이트는커녕 끼니를 걸러야 할 때도 있었지만 전혀 아깝지 않았다. 이전에 타던 국산 125cc 모터사이클이나 일제 아메리칸 크루저와는 차원이 다른 즐거움을 얻을 수 있었기 때문이다.

오리지널은 역시 달랐다. 겉모습은 비슷하게 흉내 냈지만 배기량이 턱없이 부족한 국산 아메리칸 크루저는 이미 비교 대상이 아니었고, 어설프게 효율을 따지느라 현대적인 엔진을 장착한 일제 아메리칸 크루저는 나름 잘 달리는 바이크였지만, '달리는 맛'을 즐길 수가 없었다. 엔진에는 오일이 비치고, 브레이크는 멀쩡한데도 고장 난 것처럼 안 들고, 가끔 이유 없이 시동이 안 걸리기는 해도, 오래전 방식 그대로 만들어진 '미제 오토바이'에는 '오리지널'에서만 느낄 수 있는 독특한 맛과 낭만이 깃들어 있었다. 오래전 사랑과 평화를 노래하던 히피들도 이런 맛에 탔겠구나 하면서 고개를 끄덕일 수 있었던 것이다. 길에서 예전에 타던 일제 아메리칸 크루저를 만나기라도 하면 눈길 한 번 주지

인디언은 미국에서 가장 먼저 태어난 모터사이클이자 V트윈 엔진을 처음으로 개발한 메이커다. 1920년대를 주름잡다가 제2차 세계대전 당시 군납 바이크 경쟁에서 밀리면서 서서히 사라져 갔지만, 2014년 폴라리스의 산하에 들어가면서 완전히 새로운 설계로 다시 태어났다.

미국 본네빌 사막에서 최고 속도 기록에 도전하는 신생 인디언의 속도 기록용 모터사이클인 스트림라이너(streamliner). 버트 먼로를 기리는 의미에서 '먼로의 영혼(Spirit of Munro)'이라는 이름을 붙였다.

않으면서 약간의 우월감을 느끼기도 했다.

 그런데 점점 타다 보니 왠지 꺼림칙한 기분이 들었다. 자유를 향해 떠나는 「이지 라이더」의 라이더가 아니라 「거친 녀석들(Wild Hogs)」에 나오는 '지긋지긋한 일상에서 벗어나기 위해 바이크에 올라 라이더 코스프레를 하는 직장인'이 된 것 같은 기분이 들었기 때문이다. 주위를 둘러보니 모터사이클 회사 로고가 커다랗게 박힌 기성품 '가죽 잠바'를 똑같이 입고, 머리에는 똑같은 두건을 두르고, 똑같은 선글라스를 낀 채 줄지어 서서 느릿느릿 달리면서 '자유'를 얻었다고 믿는 동료들이 있었다. 그 꺼림칙함은 현실이었다. 라이더가 됐다기보다는 그저 자유인 흉내를 내면서 자기만족을 하고 있었던 것뿐이었다. 줄지어 달리던 무리에서 빠져 나왔더니 누군가 호통을 쳤다. 줄을 맞춰야 '간지'가 난다고. 그 길로 나는 20년 동안 꿈꾸다 손에 넣었던 그 모터사이클을 매물로 내놓았다.

이후로는 혼자 달렸다. 장거리를 편안하게 달릴 수 있는 BMW의 투어러로 갈아타고 나니 그렇게 즐거울 수가 없었다. 더 빨리, 더 멀리 달릴 수 있었고, 잔 고장에 시달릴 일도 없었다. 생각한 대로 멈춰 주는 브레이크가 있으니 안심할 수 있고, 달리다가 엔진 오일이 새거나 나사가 빠지는 일을 걱정하지 않아도 좋았다. 그 바이크를 타는 동료들은 줄을 지어 달리지도 않았고, 서로에게 일체감을 강요하지도 않았다. 똑같은 옷을 입는 것은 마찬가지였지만, 그건 동질감을 느끼기 위해서가 아니라 기후에 구애받지 않고 장거리를 달리기 위한 선택이었다. 곁에서 보기에는 비슷해 보여도 그 시작이 완전히 달랐다.

그러나 아메리칸 모터사이클의 V트윈 엔진이 주는 고동감이 가끔 그리웠던 것은 사실이다. 고속으로 달리기 위한 것이 아닌, 막강한 토크로 느긋하게 달리기 위해 설계된 V트윈 엔진은 일찌감치 고단 기어에 넣어 두고 저속에서 한껏 스로틀을 열면 '투타타타타' 하는 기분 좋은 단절음을 내뿜으면서 가속한다. 다른 모터사이클에서는 결코 느낄 수 없는 맛이다.

그러다 만난 영화가 「세상에서 가장 빠른 인디언(The World's Fastest Indian)」이었다. 오래된 인디언 모터사이클을 가지고 세계에서 가장 빨리 달리는 기록을 세우려고 했던 뉴질랜드인 버트 먼로(Burt Munro)의 이야기를 그린 영화였다. 안소니 홉킨스는 그 영화에서 어렸을 적 꿈을 잊지 않고 불가능에 도전하는 라이더의 모습을 보여 주었다. 인디언은 할리 데이비슨보다 낯선 이름이기는 하지만, 미국에서 가장 먼저 태어난 모터사이클이자, V트윈을 처음으로 개발한 메이커다. 1920년대를 주름잡다가 2차 세계대전 당시 군납 바이크 경쟁에서 밀리면서 서서히 잊혀졌지만, 외국에는 아직도 1920년대 모델의 마니아들이 존재하고, 소량이지만 지금까지도 생산을 계속해 왔다.

그런 인디언이 2014년 모델과 함께 부활했다. 빅토리와 알렌 네스 등의 모터사이클로 유명한 폴라리스(Polaris) 사의 산하에 들어가면서 완전히 새로운 설계로 다시 태어난 것이다. '큰 게 좋은 것'이라는 미국 특유의 철학에 따라 설계된 V형 2기통 엔진은 111큐빅인치(1820cc)로, 그 이름도 '썬더 스트로크(Thunder Stroke)'. 마치 천둥과도 같은 토크를 발산하기 때문에 붙은 이름이다.

신생 인디언이 세계의 저널리스트들에게 첫 번째로 선보이는 시승회는 버트 먼로의 고향인 뉴질랜드에서 가까운 호주에서 열렸다. 새로 태어난 인디언을 한마디로 표현하자면 '밸런스'라고 할 수 있다. 미국 제품의 단점이었던 투박함은 버리고, 전통적인 '맛'만 남겼다. 엔진은 부드럽게 돌면서도 강력하고, 신경에 거슬리는 잡소리나 엔진 오일이 비치는 기미도 전혀 없다. 브레이크도 유러피언 모터사이클 뺨칠 정도로 잘 듣는다. 가장 놀라운 것은 승차감. 시트 높이를 낮추느라 서스펜

선더 스트로크 111 엔진은 부드러우면서도 파워가 넘친다. 거대한 모터사이클을 날렵하게 가속시키면서도 난폭하다는 느낌이나 진동은 전혀 느낄 수 없다. 전통을 중시하는 OHV 방식이면서도 현대적인 동력 성능과 환경 성능을 동시에 만족시킨 완벽한 설계를 자랑한다.

션의 운동 범위가 제한되는 아메리칸 크루저인데도 불구하고, 어떤 노면에서도 흔들림 없는 승차감을 제공한다. 거친 노면이나 요철에서도 전혀 주눅 들지 않고 스로틀을 열 수 있어 기분 좋은 리듬을 깨뜨리지 않는다. 아메리칸 모터사이클 특유의 여유로움은 남긴 채 단점을 쏙 뺀 모터사이클이다. 다른 이와 똑같은 모터사이클을 타지 않아도 되는 개성, 그리고 그 모든 것들의 오리지널이라는 자부심. 어쩌면 꿈꿔 왔던 '아메리칸'이란 바로 이 바이크를 말하는 것이 아니었을까? 신생 인디언이 진부해져 버린 아메리칸 모터사이클계에 새로운 바람을 몰고 오는 날을 기대해 본다.

달콤함, BMW의 6기통을 설명하는 가장 좋은 단어

남아프리카의 태양은 서울에 뜬 태양보다 가까이 있었지만 낮은 습도 덕분에 머리 바로 위에서 내리쬐는 햇빛이 생각보다 나쁘지 않았다. 인근 와이너리에서 불어오는 기분 좋은 바람까지 더해져 모터사이클을 즐기기에는 더할 나위 없는 환경. 여름을 지나 가을로 향하는 길목에 있는 3월에 남아공을 찾은 이유는 BMW의 6기통 투어러 K1600GTL을 만나기 위해서였다.

자동차는 '다운사이징(downsizing)'이라는 명제 아래 너 나 할 것 없이 배기량과 기통 수를 줄이고 환경과 효율을 추구하는 시대다. 더구나 그 선봉장 역할을 하고 있는 것이 BMW인데, 그들이 새로 선보인 모터사이클은 직렬 6기통, 거기에 배기량이 무려 1600cc나 된다. 지금까지 6기통 모터사이클이 없었던 것은 아니고, 배기량이 더 큰 바이크도 있지만 전 세계에서 모인 모터사이클 저널리스트들의 눈은 반짝반짝 빛나고 있었다. 이유야 두말할 것도 없이 직렬 6기통 엔진이 궁금해서다. BMW는 비단결처럼 부드럽게 회전한다고 해서 '실키 식스(silky six)'라는 별명이 붙은 직렬 6기통으로 자동차 세계를 휩쓸어 온 메이커다. 그 관능적이고 강력한 엔진을 모터사이클에서는 어떻게 표현했을지 궁금해서 견딜 수가 없는 것이다.

겉모습은 '웅장'과 '날렵'을 섞어 반으로 뚝 자른 듯한 모습이다. 거대한 모터사이클임을 부인할 수는 없지만 무겁거나 둔해 보이지는 않고, 어느 쪽인가 하면 스포티해 보이는 편이다. 이 바이크는 앞으로 BMW 모터사이클의 기함 역할을 맡게 되는 만큼 웅장함과 스포티함이라는 두 가지 이미지를 모두 가진다는 것은 중요한 요소였다.

K1600GTL의 시트에 앉아 스로틀을 연다. 만약 BMW의 실키 식스 팬이라면 그것만으로도 눈물이 주르륵 흐를 것이다. 이 엔진의 회전 사운드, 피스톤과 실린더가 맞닿아 마찰하며 내는 소리가 이렇게 아름다울 수 있다니. 가방이 세 개나 달린 거대한 차체가 가볍게 가속하는 것은 물론이고, 스로틀을 좀 과격하게 열어 보면 지금까지 어떤 모터사이클에서도 느낄 수 없었던 묵직하고도 고요한 가속이 이어진다. '고요하다'라는 단어를 쓴 것은 트윈처럼 '두다다다다' 하고 땅을 박차며 뛰어나가는 느낌도 아니고, 4기통처럼 '후오오오옹' 하면서 뒤에서 미는 듯한 감각도 아니기 때문이다. 마치 땅 위를 미끄러지듯이, 혹은 앞에서 누군가 거대한 빨대로 빨아들이듯이 앞쪽으로 나아간

K1600GTL의 시트에 앉아 스로틀을 연다. 만약 BMW 실키 식스의 팬이라면 그것만으로도 눈물이 주르륵 흐를 것이다. 이 엔진의 회전 사운드, 피스톤과 실린더가 맞닿아 마찰하며 내는 소리가 이렇게 아름다울 수 있다니.

다. 복직근에 나도 모르게 힘이 들어가는 것을 보면 가속력은 상당한 수준이고, 실제로 눈앞으로 다가오는 풍경의 속도를 봐도 꽤 빠르다. 그러나 어금니를 악물거나 등에서 식은땀이 나게 하는 타입은 아니다. 그저 시트에 느긋하게 앉아 있을 뿐. 자극보다는 깊은 맛을 선호하는 어른에게 알맞은 세팅이다.

토크 중시형 6기통의 힘은 실로 엄청나서 1단에서 2단으로 이어지는 풀 가속을 해내려면 상당한 체력이 필요하다. 그만큼 가속이 강력하고 빠르다. 6단으로도 출발할 수 있을 정도로 힘이 넘친다. 도로 상황에 따라 서행과 가속, 초고속 순항을 반복하는 상황에서는 3단 하나만으로도 충분할 정도다. 시속 20킬로미터 남짓한 서행부터 200킬로미터 이상까지 아무 위화감이 없다. 엔진이 뿜어내는 토크가 워낙 강력하고 미션과의 궁합이 좋은 덕분에 기어 단 수는 속도역에 따라 조절하기 위한 것이라기보다는 모드 조절 스위치나 마찬가지다. 1단에서는 짐을 한가득 싣고 뒷자리에 사람을 태운 채로 오르막을 오를 수 있고, 2단은 과격한 가속과 감속을 하며 달리는 도심 주행, 3단은 오토매틱……, 6단은 연비 중시형 고속도로 크루징이라는 식이다.

묵직하게 도로에 뿌리박힌 듯 크루징할 수 있지만, 직선에서만 빠른 바이크는 아니다. 좌우로 차체를 기울여 보면 의외로 가벼운 몸놀림에 놀라게 된다. 편도 1차선의 좁은 도로에서 사진 촬영을 위해 유턴을 반복할 일이 있었는데, 생각한 것보다 가볍게 돌 수 있어서 깜짝 놀랐을 정도다. 일반적으로 거대한 바이크로 유턴을 능숙하게 할 수 있느냐 없느냐를 라이딩 테크닉의 잣대로 삼기도 하는데, 이 바이크를 탄다면 경력이 짧은 사람도 베테랑처럼 보일 수 있는 정도였다.

때로는 남아프리카의 풍광을 즐기면서, 또 때로는 스로틀 그립을 끝까지 감으면서 바이크 라이딩을 즐겼다. 두 시간 넘도록 한 번도 쉬지 않고 달린 것을 보면 모두들 이 새로운 바이크에 꽤 심취해 있었던 모양이다. 우리는 커피라도 한 잔 마시며 쉬기 위해 인도양과 대서양이 만나는 케이프타운 해안가에 멈춰 섰는데, 누가 먼저랄 것도 없이 바이크에서 내려 헬멧을 벗으면서 서로의 얼굴을 쳐다봤다.

몇 시간 동안 쉬지 않고 달린 후 바이크의 시동을 끄고 내려서 헬멧을 벗으면 바이크의 진동이 손바닥에 남아 얼얼한 느낌이 들게 마련이다. 손뼉을 치면 '쩡' 하고 전기가 오르는 듯한 느낌이 든다. 그런데 우리가 깜짝 놀라며 서로의 얼굴을 쳐다본 이유는 그런 감각이 없었기 때문이다. 자동차 운전자들이 몸서리를 치는 '진동'이지만, 엔진을 다리 사이에 끼고 앉아야 하는 모터사이클 라이더에게는 '원래 그런 것'으로 여겨져 온 것이 사실이다. BMW의 박서 엔진이나 할리 데이비슨은 그 진동을 바이크의 재미 중 하나로 여길 수 있도록 오랜 세월 다듬어 왔기 때문에 불쾌한 진동은 아니지만, 그래도 진동이 없는 편이 오랜 투어링 후에 피로도가 적다. 그리고 이 6기통은 그 진동이 전혀 없었다. 우리가 두세 시간 남짓한 초행길을 한 번도 쉬지 않고 달릴 수 있었던 것은 어쩌면 그 덕분인지도 모른다. 27시간의 비행을 거쳐 지구 반대편에 도착하자마자 오른 바이크. 그리고 낯선 좌측 통행 도

K1600GTL의 겉모습은 '웅장'과 '날렵'을 섞어 반으로 뚝 자른 듯한 모습이다. 거대한 모터사이클임을 부인할 수는 없지만 무겁거나 둔해 보이지 않고 오히려 스포티해 보이는 편이다.

로를 투어링한 후 이렇게 아무렇지도 않은 느낌이라니. 이 모터사이클이라면 대륙 횡단도 농담이 아니겠다는 생각이 들었다.

남극 쪽을 바라보고 있는 펭귄 무리 옆에서 햄버거로 식사를 한 이후의 일은 솔직히 잘 기억나지 않는다. 나는 무아지경에 빠져서 이 바이크를 살펴보기보다는 그냥 푹 즐기고 말았다. 이틀에 걸쳐 남아프리카의 해안 도로를 따라 수백 킬로미터를 달리는 동안 너무 몰입한 나머지 바이크의 특성을 살피거나 혹여나 있을지도 모를 문제점을 체크하는 대신 진짜로 즐기고 와 버렸다. 저널리스트로서 아무런 일도 하지 않은 거나 마찬가지였다.

그러나 어쩌면 그게 이 바이크를 제대로 설명하는 게 아닌가 싶다. 이 바이크는 어떤 자극적인 면이나 눈에 띄는 특성을 가진 바이크가 아니라, 편안하고 무난하게 장시간의 라이딩을 즐길 수 있도록 설계된 바이크다. 설명하기 편한 톡톡 튀는 개성 같은 게 있었다가는 오랜 라이딩에 방해가 되기 십상이다. 장거리 투어러라면 눈, 코, 입이 모두 평범하게 생겼지만 전체적인 분위기에서 매력이 풍기는 쪽이 어울린다. 그렇다고 몰개성이라거나 밋밋하다는 말은 아니다. 'BMW의 6기통'이라는 것만으로도 존재감에서 둘째가라면 서럽다. 이렇게 부드러운 엔진이기 때문에 모터사이클이 아니라 라이딩 자체에 몰입하게 되는 것이다.

K1600GTL에 올라 달콤한 엔진과 맵싸한 핸들링의 조화를 즐기며 남아공의 바람을 가르면서 달리는 동안 행복하다는 감정을 실로

오랜만에 느꼈다. 별다른 신경을 쓰지 않아도 상당한 페이스로 달릴 수 있고, 굳이 중간 중간 쉬지 않아도 달릴 수 있을 만큼 편안하다. 일상에서 벗어난 투어에서 마음 편히 즐길 수 있는 바이크. 노면을 노려보거나 서스펜션의 거동에 신경질적으로 집중할 필요가 없다. 그저 풍광과 엔진 감각을 만끽하면서 달리기만 하면 된다. 이런 게 바로 어른이 된 라이더의 행복이 아닐까. 행복을 돈으로 살 수 있다는 건, 놀라운 일이다.

마초를 위해 태어난 모터사이클, 야마하 V맥스

400cc 네이키드 바이크를 타던 시절, 그때 당시는 리터급 바이크가 흔하지 않던 시기이기도 해서 나는 내가 제일 빠르다는 착각에 빠져 있었다. 중형 바이크를 갓 타기 시작한 라이더들에게 흔히 나타나는 증상이긴 한데 나는 그 정도가 심해서 길에서 만나는 리터급 레플리카와 시그널 레이스를 즐겼다. 서울 시내와 같은 도로 조건이라면 핸들 조향각이 작고 파워 상승 곡선이 턱없이 가파른 레플리카는 400cc 네이키드의 경쟁 상대가 되지 못한다. 나는 언제나 가장 빨리 다음 신호에 도달했고 콧대도 점점 높아져 갔다. 자존심 상한 레플리카 라이더의 시선을 무시하고 태연한 척하는 것도 재미있었다.

그러던 어느 날 야마하의 V맥스(V-max)를 만났다. 그 거대한 붉은색 바이크는 주위의 시선을 사로잡았지만 나는 "저런 구식 바이크쯤

이야." 하며 파란불이 켜지는 동시에 시선에서 사라져 줄 요량이었다. 그러나 상황은 완전히 반대였다. 내가 클러치를 채 연결하기도 전에 V맥스 라이더는 휠 스핀을 일으키며 출발해 저 언덕 너머로 사라져 갔다. 내가 레드 존을 넘겨 가며 언덕에 올라갔을 때는 이미 V맥스의 모습을 찾을 수 없었다. 그 엄청난 가속력을 지켜보면서 나는 쓴웃음을 지을 수밖에 없었지만 V맥스의 존재는 내 가슴속에 확실히 각인됐다.

그러고 보니 처음 바이크에 관심을 가질 무렵 가장 동경하던 바이크가 바로 V맥스였다. 남성미 넘치는 멋진 스타일에 145마력의 최고 출력, 지금의 기준으로 봐도 충분히 파워풀한 이 바이크는 1985년에 처음 등장해 전 세계 라이더의 가슴에 불을 지른 주인공이었다.

1980년대 말 국내에 수입되어 크게 인기를 끌면서 대형 바이크의 대명사가 된 V맥스는 멋진 스타일과 동력 성능으로 많은 팬을 확보했지만 한편으로는 '과부 제조기'라는 끔찍한 별명을 얻기도 했다. V맥스를 타 본 경험이 있는 사람들에게 물어보면 "무겁고 힘이 너무 세서 코너를 제대로 돌지 못한다."고 불평하는 소리를 많이 들을 수 있었다.

그러나 그것은 분명한 오해다. 지금에야 라이딩 스쿨이나 전문 잡지, 인터넷을 통해 고급 라이딩 테크닉을 배울 수 있지만, V맥스가 국내에 한창 수입되던 시기에는 라이딩 테크닉을 배울 만한 곳이 적었기 때문에 이 바이크를 제대로 다룰 수 있는 라이더가 적었다고 말하는 편이 옳을 것이다. 1200cc 145마력의 드래그 머신을 라이딩 실력도 별로 없는 사람이 탄다면 그야말로 흉기가 될 수밖에 없지 않은가.

V맥스는 다른 어떤 바이크와도 닮지 않은 독자적인 실루엣으로 큰 인기를 끌었다.
'직진 대장'이라는 별명처럼 코너링 성능은 별로였지만, 특유의 카리스마 넘치는 외관 덕분에
마초 라이더들의 오랜 사랑을 받았다.

    내가 V맥스를 처음으로 제대로 타 본 것은 2000년대 초반이었다. 생산되기 시작한 지 15년이나 지난 이후였지만 구닥다리라고는 생각할 수 없을 정도로 완성도가 높았다. 엔진의 회전을 몸으로 느끼며 여기에 동조(同調)해 스로틀을 열고, 코너를 돌 때 브레이크를 풀어 주는 동시에 하중을 이동하는 라이딩의 기본만 지켜 준다면 정말 기분 좋게 V맥스를 즐길 수 있었다. 25년 가까이 장수한 1세대 V맥스도 후기 모델에 이르러서는 브레이크와 서스펜션 계통이 현대적인 장비로 보강되면서 잘 달리고 잘 섰다. 애초에 서킷을 달리기 위한 바이크가 아니기 때문에 일반 공도라면 코너링 퍼포먼스에 불만을 느끼는 일은 없었다. 다만 'V부스트(V-boost)'가 폭발하는 6000rpm 부근에서 코

V형 4기통 엔진은 야마하의
아메리칸 크루저에도 널리
사용된 엔진이다. 검은색으로
도색하고 군데군데 은색으로
장식한 터프한 외관은
바이크를 전혀 모르는 사람이
보기에도 강렬한 인상을
줬다.(위)

계기반은 동그란 속도계와
따로 분리된 회전계,
수온계, 각종 인디케이터로
구성된다.(아래)

너링을 시도하는 바보짓만은 하지 않도록 주의해야 하는 바이크였다. 두 개의 카뷰레터가 동시에 작동하면서 급격히 혼합기의 양을 늘리는 'V부스트'는 직선로에서는 마치 터보가 작동하는 듯한 짜릿함을 느끼게 해 주는 고마운 장비이지만, 코너에서는 그 무지막지한 가속력 때문에 회전 반경이 부풀어 버리는 것이다. 충분히 속도를 줄여 코너에 진입한 후 가속하지도 감속하지도 않는 상태로 방향을 전환하고, 방향이 완전히 바뀌면 가속을 시작한다는 코너링의 기본(이건 모터사이클뿐 아니라 자동차에도 해당하는 '기본'이다.)만 지켜 주면 문제는 없었다. 하지만 어설프게 속도를 올려 코너에 진입했다가는 코너가 아니라 벽 쪽으로 돌진하게 되는 것이다.

2009년에 등장한 2세대 V맥스는 또 한 번 놀라움을 안겨 주었다. 웬만큼 눈썰미가 있는 사람이 아니면 어디가 바뀐 건지도 모를 정도로 1세대와 흡사한 모습으로 등장했기 때문이다. 그도 그럴 것이 V맥스는 20여 년 동안 유일무이한 '파워 크루저(power cruiser)' 장르였고, 1980년대를 연상시키는 그 겉모습을 바꾸는 순간 'V맥스'라는 이름이 어울리지 않게 되어 버리기 때문이었다. V맥스는 존 리드(John Reed)라는 캘리포니아에 거주하는 영국인 디자이너가 야마하에 제안한 스타일링이었는데, 완성도가 너무 뛰어난 나머지 1세대가 생산되기 시작한 지 30년이 지난 오늘날 봐도 디자인에 전혀 손색이 없다. 라이더들은 스타일을 고수한 야마하에 박수를 쳤고, 어설프게 21세기 디자인을 도입한 파워 크루저를 만들어 야마하 V맥스를 저격하려 했던 할리 데이비슨은 다시 한 번 쓴잔을 들이켜야 했다.('V로드'라는 이름부터 다분히 짝퉁 냄새가 난다.)

V맥스는 1980년대 야마하 투어러의 기함 '벤처(Venture)'에게 물려 받은 수랭 V형 4기통 엔진을 기반으로 만들어졌다. 벤처는 혼다 골드 윙(Goldwing)에게 밀려 빛을 보지 못한 채 사라졌지만 V맥스에게 이식 된 V형 4기통은 아직도 야마하의 걸작으로 평가받고 있다.

1세대 V맥스의 V형 엔진은 고회전까지 돌아가며 1200cc로 145마 력의 힘을 발휘했다. 지금도 나쁘지 않은 출력이니 출시되던 당시 세 계 최강의 바이크였음은 말할 필요도 없다. 기통당 하나씩 장비된 다 운드래프트(downdraft) 방식의 카뷰레터는 6000rpm부터 연결 통로가 열리면서 두 배에 가까운 혼합기를 엔진 속으로 밀어 넣는다.

● 혼합기가 위에서 아래로 떨어지듯 분사되는 방식의 카뷰레터.

V부스트가 작동될 때의 엔진은 폭발적인 힘을 과시하며 바이크 를 앞으로 밀어낸다. 야마하의 엔진답지 않게 아이들링 때부터 짐승 이 으르렁거리는 듯한 과격한 소리를 내던 V4 엔진은 무지막지한 흡 기음과 기계음을 내며 라이더의 아드레날린을 분비시킨다. 요즘은 만 나 보기 힘든 마초 스타일의 엔진이다.

새로운 2세대도 기본 설계를 공유하는 V형 4기통 엔진. 형태나 특 성 등을 최대한 잃지 않도록 보전한 점이 고맙다. 배기량은 1200cc에 서 1700cc로 확대되었고, 최고 출력도 174마력으로 훌쩍 올라갔다. 그러나 이 배기량 확대는 단순히 '큰 게 좋은 것'이라는 철학이 아니

신형 V맥스는 구형의 실루엣을 그대로 살리면서 모든 부분을 바꿨다. 인젝션을 채택한 엔진은 더욱 진화해서 다루기 쉬우면서도 파워풀하다. 그러나 모델 체인지와 함께 가격도 상당히 올라서 일제 바이크치고는 매우 비싼 3000만 원이 넘는 가격표를 달았다. 덕분에 많이 판매되지 않아 쉽게 볼 수 없는 모터사이클이 되었다.

라, 현대의 배기가스 규제를 충족하면서 V맥스다운 토크와 가속력을 얻기 위해서는 어쩔 수 없는 선택이다. 아무데서나 담배를 피울 수 없는 시대가 온 것처럼, 모터사이클도 마음대로 힘을 뿜어 낼 수 없는 시대가 온 것이다.

V4 엔진이 울부짖는 소리를 내며 6000rpm을 넘어 7000rpm으로 향하는 와중에 나는 콧구멍을 벌름거리며 흥분해 있었다. 마치 리터급 바이크를 처음 탔을 때의 기분처럼 말이다. 폭력적인 가속감에 취하기도 했지만 이 엔진은 속도를 내지 않고 그저 달리기만 해도 재미있다. 공랭이 어쩌네, 밸브 구동 방식이 어쩌네, 역시 푸시로드가 있어야 되네…… 하며 엔진의 감성적인 면에 까다로운 아메리칸 크루저 신봉자라고 해도 이 수랭 V4 엔진의 존재감에는 동의할 수 있을 것이다. 이 엔진은 머슬 카 (muscle car)의 V8을 그대로 축소한 듯 '상남자'의 냄새를 풍긴다. 리터급다운 육중하고 무거운 배기음과 크랭크가 회전하고 있다는 것을 확실히 느낄 수 있는 토크감, 기계 덩어리라는 느낌이 물씬 풍기는 외관까지 3박자를 완벽히 갖추고 있기 때문이다. 중후하지만 회전은 날카롭게 상승하고 7000rpm부터의 가속은 두렵기까지 하다.

● 5000cc 이상의 V형 8기통 엔진을 싣는 가속 중시형 스포츠카.

슈퍼맨이 반신불수가 되고 세계무역센터가 민간 여객기에 박살나 버린 지금이지만 지나간 1980년대는 '영웅의 시대'였다. 그때까지만 해도 세상에는 인간이 풀지 못한 문제들이 꽤 남아 있었고 꿈이라는 것도 존재했다. V맥스는 1980년대에 그런 '영웅' 같은 존재였다. 비현실적인 동력 성능, 본고장 드래그 레이서를 연상케 하는 글래머러스한 외형……. 그 거대한 차체를 자유자재로 다룰 수 있는 라이더는 중소 배기량을 타는 라이더와는 격이 다른 존재였다.

스즈키의 GSX1100S 카타나, 가와사키의 GPz900R 닌자와 함께 사나이의 아이콘으로 군림해 온 V맥스는 '새로운 아메리칸의 시대'를 꿈꾸며 야마하가 제시한 모델이다. AC 코브라(AC Cobra), 닷지 어벤저(Dodge Avenger) 같은 미국의 머슬 카와 비행기에서 모티브를 얻은 디자인은 아무리 보고 있어도 질리지 않을 정도로 아름답다. 시대가 변하면서 모터사이클의 설계 사상이나 유행도 바뀌었지만, V맥스는 최신 기술을 투입해 혁신을 이룩하는 것보다 좀 더 다듬고 옛 모습을 유지하는 데 더 신경을 썼다. 명품도 아니고 시대를 반영해야 하는 공산품이 지나치게 보수적이라고 비난하는 사람도 있을지 모르겠지만, 이렇게 옛 모습을 지키기 위해 노력하는 모터사이클이 있다는 사실은 기쁘지 않을 수 없다. 할리 데이비슨처럼 옛것을 그대로 팔고 있는 게 아니라, 좋았던 시절에 모터사이클을 보며 느꼈던 감정을 지금도 느낄 수 있게 해 준다는 점에서 V맥스의 존재는 고마울 따름이다.

오랜 라이벌들이 모두 역사의 뒤안길로 사라져 버린 지금도 V맥스는 야마하의 카탈로그 앞쪽에 당당히 자리 잡고 있다. 그리고 최근에는 프랑스의 명품 브랜드 에르메스(Hermes)와 협업해 스페셜 모델도 선보였다. 마구(馬具) 생산의 명가로 시작한 에르메스가 인정했다는 건,

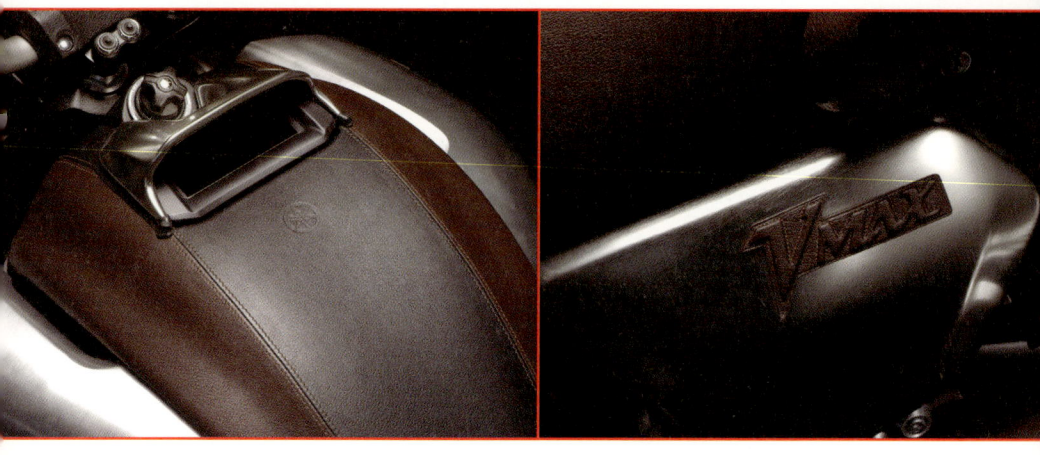

프랑스의 명품 브랜드 에르메스와 협업해 만든 V맥스 에르메스. 마구 제작으로 시작한 브랜드인 에르메스가 여성용 가방 브랜드로만 인식되는 분위기를 타파하기 위해 제작한 모델이다. 차체 곳곳을 에르메스의 가죽으로 감싸 고급스럽게 꾸몄다. 그러나 실제로 타고 다니기에는?

이제 V맥스가 공산품의 의미를 뛰어넘었다는 것을 보여 준다.

검은 가죽 재킷에 검은 헬멧을 쓰고 한껏 불량스러운 모습으로 거리를 질주하고 싶다면 V맥스는 좋은 선택이다. 붕붕거리는 튜닝 스포츠카의 콧대를 납작하게 누르고는 씨익 웃어 주고 싶다면, 옆자리에 샤넬 정장을 입은 여자를 태운 여피족 사내의 운전석 옆을 바람처럼 지나가고 싶다면, 이 바이크가 최고의 선택이다.

세상을 살아가면서 무뎌져 버린 불량 본능에 다시 한 번 불을 지피고 싶은 생각이 문득 들 때, V맥스는 좋은 친구가 되어 줄 것이다. 회전계의 바늘을 레드 존까지 올려붙인 다음 담배 한 대를 피우는 맛은 세월이 흘러도 변하지 않는 법이다.

악마라는 이름의 모터사이클

지금으로부터 10년쯤 전의 일이다. 한국을 찾은 두카티 아시아 퍼시픽 담당자인 브래드 하기(Brad Hagi)는 내가 하루에 두 시간씩 왁스칠을 할 정도로 아끼던 할리 데이비슨을 쳐다보면서 이렇게 말했다. "우린 발이 심장 앞쪽으로 가는 바이크는 절대 안 만들어. 그건 오래된 나태함의 상징이거든."

　도도하게 턱을 치켜들고 말하는 그 미국인에게 한마디의 반박도 할 수 없었다. 나는 발을 앞으로 뻗고 손을 하늘로 들고 타는 바이크의 오너이긴 했지만 할리 데이비슨 속에 깃들어 있는 아메리칸 드림을 미국인에게 설명할 정도의 바보는 아니었기 때문이다. 말끔하게 다림질한 린넨 셔츠에 물이 잘 빠진 청바지를 입은 브래드는 밀라노 사람처럼 보일 정도는 아니지만 자연스러운 멋이 배어 있었다. 패션 업계

종사자가 아닌 다음에야 이렇게 스타일리시한 미국 사람을 만나기란 쉬운 일이 아니다. 아마도 이탈리아 브랜드에서 일하면서 얻은 감각일 것이다.

1990년대의 영웅 케빈 슈완츠(Kevin Schwantz)와 함께 레이서 생활을 했던 그는 어느 쪽인가 하면 비즈니스맨이라기보다는 운동선수 같은 느낌의 남자다. 두카티 직원들은 대부분 그처럼 모터사이클을 엄청 잘 타는 사람 아니면 머리가 엄청나게 빨리 돌아가는 사람이다. 그리고 모두 패션 감각이 끝내준다.

두카티는 창업 이래 일관되게 스포츠 바이크를 주로 만들어 왔다. 사람이 상체를 앞으로 숙이고 달려가듯 앞으로 푹 숙은 자세가 두카티의 기본이다. 브래드의 말처럼 심장보다 발이 앞으로 가는 건 모터사이클보다는 안락의자에나 어울리는 자세다. 할리 데이비슨 스타일의 아메리칸 크루저 시장이 아무리 커져도 두카티는 본질에서 벗어난 건 만들지 않는다는, 브래드 하기의 '신사동 선언'은 내게 깊은 인상을 남겼다. 그런 두카티가 240밀리미터 사이즈의 뒤 타이어를 신은 바이크를 만든다는 소문이 돌기 시작했다. 현대의 스포츠 모터사이클에게는 190~200밀리미터 사이즈의 뒤 타이어가 가장 알맞은 사이즈다. 그 이하의 두께로는 강력한 출력을 받아내기 어렵고 코너링 스피드도 얻어 낼 수 없다. 반대로 200밀리미터가 넘는 두께를 갖는다는 건 "나는 달리기보다는 폼을 잡는 데 관심이 있답니다."라고 선언하는 것이나 마찬가지다. 자동차 타이어보다 두꺼운 이런 타이어를 좌우로 기울

디아벨은 두카티가 아메리칸 크루저 시장을 의식해서 만든 메가 크루저다. 발을 앞으로 빼는 전통적인 방식의 아메리칸 크루저를 만들기에는 이질감이 심했는지, 스포츠 바이크와 크루저의 중간쯤 되는 바이크로 탄생했다. 다루기 쉬운 엔진과 보기보다 훨씬 가벼운 차체 덕분에 경쾌한 주행이 가능하다.

디지털 계기반을 장착한 디아벨은 트랙션 컨트롤은 물론이고 출력 특성의 조절도 가능하다. 시내 주행과 투어, 스포츠를 각각 조절할 수 있기 때문에 거대한 자세임에도 불구하고 상황에 맞게 부담 없이 다룰 수 있다.

이려면 라이더는 엉덩이를 쭉 빼고는 우스꽝스러운 자세를 연출해야 한다. 이런 두터운 타이어를 끼우는 바이크는 발을 앞으로 쭉 뻗고 타는 '오래된 나태함의 상징'일 뿐이다.

나는 브래드에게 전화를 걸어 이게 어떻게 된 거냐며 욕설을 퍼붓는 대신 두근거리는 가슴을 진정시키기로 했다. 두카티가 만들면 다를 것이라는 믿음을 갖고 있었기 때문이었다. 어쩌면 폼만 잡는 게 아니라 정말 성능까지 끝내주는 바이크가 가능할지도 모를 일이었다. 두카티라면 멋을 위해서 뭔가를 희생해 버린 할리 데이비슨 V로드나 야마하 V맥스 같은 실수는 하지 않겠지 하는 기대감으로.

소문의 주인공이었던 바이크가 '디아벨(Diavel)'이라는 이름으로 등장한 지 몇 년이 지난 이 시점에서 결론부터 말하자면, 두카티가 내놓은 240 사이즈짜리 리어 타이어의 괴물은 폼만 잡기 위한 물건은 아니었다. 240밀리미터 사이즈의 타이어는 18인치 제품뿐이었지만, 두카티는 같은 이탈리아 출신의 타이어 메이커 피렐리와 함께 17인치 240밀리미터 사이즈의 타이어를 새로 개발했다. 디아벨 전용으로 개발된 피렐리 타이어는 18인치 제품보다 둥근 모양이어서 그 두터운 사이즈에도 불구하고 코너링에 위화감이 없었다. 생각한 대로 기울고, 생각한 대로 돌아 나갔다. 지금까지의 두카티 바이크에게서 볼 수 있었던 코너링 특성이 그대로 살아 있었다. 뒤 타이어가 너무 두꺼운 타이어에서 흔히 나타나는, 저속에서 핸들이 급격하게 꺾이는 문제도 없었고, 속도를 급격하게 높여도 앞바퀴의 그립을 정확하게 느낄 수 있었다. 시종일관 안심감을 느낄 수 있다는 이야기였다.

보기에는 거대한 바이크지만 무게가 207킬로그램에 불과하기 때문에 직접 올라타 보면 깜짝 놀랄 정도였다. 사이드 스탠드로 세워 놓은 바이크를 일으켜 세우는 순간 생각한 것보다 가벼워서 헛웃음이 나올 지경이었다. 게다가 디아벨에 실려 있는 162마력짜리 1200cc 엔진은 클러치를 연결하는 동시에 토크가 뿜어져 나왔다. 무게가 가볍고 차체 거동이 가벼운 데다 강력한 토크의 엔진까지 실어 놓았으니 이건 뭐 무소처럼 돌진해 갔다. 두카티의 자료에 따르면 정지 상태에서 시속 100킬로미터에 도달하는 시간은 2.5초. 이는 슈퍼바이크 레이스에서 혼다, 야마하, 스즈키, 가와사키 등의 일본 강호를 누르고 연승 중인 두카티 1198R보다도 빠른 가속이다. 3초대에서 노는 페라리나 람보르기니에 비할 바가 아닌 것이다. 머슬 바이크의 대명사처럼 여겨져 왔던 야마하 V맥스는 시속 100킬로미터에 도달하는 데 3초가 걸리며, 그 바이크의 무게는 300킬로그램이 넘는다. 압도적인 가속력, 거대한 차체, 그리고 '악마'라는 뜻을 가진 이름을 보면 이 바이크는 매우 불친절하고 거친, 라이더를 가리는 물건처럼 보였다.

실제로 두카티는 오랫동안 아무나 오를 수 없는 바이크로 알려져 왔으며 실제로도 그랬다. 실력도 없는 초보자가 어설프게 올랐다가는 상상도 할 수 없는 파워에 능멸당한 후 고개를 절레절레 흔들며 내리거나, 어디 한 군데 부러진 후 포기해야 하는 바이크라는 이미지가 있었다. 그러나 디아벨은 사실 그런 콧대 높은 바이크가 아니었다. 클러

2013년형 두카티 디아벨. 디아벨은 다양한 가지치기 모델을 출시하면서 인기를 이어가고 있다. 투어링에 특화된 스트라다, 카본 옵션을 기본 장착하는 카본 외에도 좀 더 스포티하게 도색된 스트라이프, 크롬 도금된 크로모 등 다양한 분위기를 맛볼 수 있다.

치만 연결할 줄 알면 누구나 2.6초 만에 가속이 가능할 정도로 안정되어 있었다. 다른 바이크 같으면 라이더를 내동댕이칠 상황에서도 전자 제어 장비 덕분에 꼭 필요한 파워만을 노면에 전달했다.

과도하게 스로틀을 열어 뒷바퀴가 미끄러지려고 하면 바이크가 알아서 파워를 줄여 주었다. 그런데 그 과정이 무척 자연스러워서, 마치 특급 호텔 일식당의 지배인처럼 꼭 필요할 때 조용히 개입한 후 언제 거들었냐는 듯 물러나는 것이다. 라이더의 자존심을 건드리지 않는 한도 내에서만 도와준다고나 할까. 게다가 세계 최고의 모터사이클용 브레이크라고 해도 과언이 아닌 브렘보와 두카티 조합에 ABS까지 장착됐으니 서고 싶은데 못 설 일은 없다고 해도 과언이 아니었다.

디아벨 프로젝트를 완성시킨 두카티의 전 CEO 가브리엘레 델 토르키오(Gabriele del Torchio)는 이 바이크를 '누구나 탈 수 있는 두카티'라고 소개했다. 그리고 "두카티를 탄다는 것은 성적 흥분의 표출과 같은 의미"라고 덧붙였다. 종합하자면 디아벨은 누구나 탈 수 있으며, 그것만으로 세상에서 가장 강력한 남성성을 나타낼 수 있는 방법이라는 말이다. 디아벨을 경험해 본 후에는 동감하지 않을 수 없었다. 이 바이크는 무척 타기 쉽고, 편안하며, 강력했다. 이런 게 가능할 수 있을까 싶었던 게 구체적인 형상을 띠고 나타났으니 믿을 수밖에. '만인이 탈 수 있는 두카티'의 등장은 아우디가 두카티를 인수하게 만든 원동력이기도 하다. 판매량을 높이고, 수익을 증가시킬 수 있는 가능성을 증명했기 때문이다.

붉은 가터벨트 차림으로 라이더를 채찍질하던 이탈리아 미녀는 이제 가죽 재킷으로 몸을 가렸다. 표정은 온화해졌고, 원한다면 메이드복이라도 입을 것처럼 친근한 표정을 지었다. 눈도 마주치지 못할 것 같았던 여자가 나를 바라보고 웃는 기분은 기쁜 듯 슬픈 듯 묘했다. 그러나 그녀는 여전히 그 안에 가터벨트를 차고 있고, 나는 아마도 죽을 때까지 그녀에게서 벗어나지 못할 것이다.

이탈리안 스포츠 바이크가 배려를 배우다

오만상을 찌푸리며 노란 필터 담배를 물고 있는 라이더의 모습과 연관 짓기는 쉽지 않겠지만 그들은 검은 가죽 재킷 안에 내복을 입고 있을 가능성이 크다. '기능성 내의' 따위가 없었을 때도 라이더들은 '메리야쓰'를 입었다. 열혈 라이더들이 세상의 풍파를 다 짊어지고 살아가는 것처럼 보이는 건, 그렇게 보이고 싶어서 그런 거지 뭐가 다른 인간이라서 그런 게 아니다. 춥지만 안 추운 척, 무섭지만 안 무서운 척하는 것이다. 그러나 그건 여자들의 가식과는 조금 다르다. 사나이가 자기 자신에 대한 믿음을 놓지 않는 행위라고 할까. 뭐 아무튼 라이더들은 추위를 참는 것, 무서움을 참는 게 미덕이라고 생각하는 그런 부류다.(진짜로 안 무서운 사람들은 레이서라고 불린다.)

물론 두 바퀴에 오르는 인간이 좀 특별한 족속이라는 데는 100퍼센트 동의한다. 내가 20년 가까이 모터사이클을 타면서 경험한 바에 따르면 라이더들은 남보다 투지가 넘치거나 운동 신경이 뛰어나거나 사회적으로 허용되는 것보다 더 자유로운 영혼을 가졌다. 또한 상당한 비율로 나사가 반쯤 풀려 있기도 하고, 태생적으로 척추가 기울어 있어서 세상을 삐딱하게 보기도 한다. 그건 사실이다. 그러나 그렇다고 해서 라이더가 죽음을 두려워하지 않는다거나 달리다가 죽어도 여한이 없다고 여기는 것은 아니다. 죽음보다는 삶을, 두려움보다는 안락함을 원하는 건 인간의 공통된 본능이다. 라이더도 마찬가지다.

라이더는 바퀴가 두 개밖에 없기 때문에 바이크에 오르고, 혼자서 있을 수 있는 네 바퀴 자동차보다는 사람이 힘을 보태야만 똑바로 서 있을 수 있는 바이크를 더 사랑한다. 그러나 만약 절대로 넘어지지 않는 바이크가 있다면 그걸 손에 넣기 위해 무슨 짓이라도 할 것이다.

바이크를 타면서 가장 딜레마 혹은 쾌감을 느끼는 순간은 코너를 빠져나와 스로틀을 열기 시작하는 시점이다. 바이크를 기울여 방향을 바꾼 후 스로틀을 열어서 뒷바퀴에 엔진의 힘을 쏟아부으면서 굉음과 함께 달려 나가는 것. 그건 바이크를 타는 이유를 단 하나만 꼽으라면 아마도 가장 늦게까지 후보에 남을 만한 것이다. 조금 부족하게 열면 속도가 느릴 뿐 아니라 바이크는 흐물흐물하게 힘이 빠진 노인처럼 움직인다. 그러나 너무 과하게 열면 헛바퀴를 돌다가 라이더를 하늘 높이 쏘아 올리곤 한다. 이때 3~4미터 높이로 하늘을 날아오를 수 있으며 비행 거리는 속도에 비례한다. 나는 두 번 경험이 있는데, 그

스포츠 바이크는 불편해야 한다고 정해져 있는 것은 아니다. 두카티의 미들급 스트리트파이터는 능숙한 여인처럼 편안하고 안락하게 절정으로 몰아간다.

중 한 번은 15미터 거리를 날아간 후 내리막을 30미터쯤 데굴데굴 굴러갔다.

너무 부족하지 않게 혹은 너무 과하지 않게 신경을 쓰면서 오른손으로는 그립을 밀리미터 단위로 조작해야 하는 게 바이크 라이딩이다. 그리고 그걸 즐거움으로 여길 것이냐, 스트레스로 여길 것이냐에 따라 얼마나 오랫동안 바이크를 즐길 수 있는지가 결정된다. '최고 속도 300킬로미터'라는 문구에 혹해서 그게 얼마나 놀라운 집중력과 끊임없는 연습에 의해서만 가능한 것이지 모르고 바이크 안장에 올랐던 사람들은 아마도 몇 시간 버티지 못할 것이다. 그러고는 말한다. "바이크는 위험하다."고.

물론 바이크를 여자보다 좋은 섹스 상대로 여길 것이냐, 무서운 탈 것이라고 느낄 것이냐의 여부는 라이더의 유전자에 새겨져 있는 것이 아니다. 훈련과 장비, 혹은 어떤 바이크를 선택하느냐에 따라 충분히 극복이 가능하다.

"얼마나 스로틀을 열어도 되는가." 이런 고민을 해결할 수 있었던 것은 자동차에서는 이미 상식이 된 트랙션 컨트롤 시스템(TCS) 덕분이었다. 혼다가 1990년대 초에 세계 최초로 상용화했지만, 바이크의 경우 그 세팅이 그리 쉽지만은 않았다. 발로 스로틀을 밟는 자동차와 손으로 조작하는(그것도 밀리미터 단위로) 바이크의 트랙션 컨트롤 시스템에는 큰 차이가 있었기 때문이다. 초창기의 트랙션 컨트롤 시스템은 라이더가 흥을 좀 내려 하면 힘을 쭉 빼 버려서 맥 빠지게 하기 일쑤였다. 게다가 코너링 중에 힘이 빠지기라도 하면 코너를 제대로 돌지 못하고 라인이 부풀 위험도 있었다. 무엇보다 인위적인 조작을 싫어했다. 라이더라는 부류는 공짜로 달아 준다고 해도 "그런 건 사람의 힘으로 해낼 수 있다."고 하는 타입이라서 그런 전자 장비가 쉽게 먹혀들지 않았다.

라이더들이 이 장비를 다시 보기 시작한 것은 두카티가 이것을 2008년식 1098R에 장착하면서부터다. 바이크계의 F1이라고 할 수 있는 모토GP에서 사용하던 시스템을 그대로 들여와 라이더의 능력에 따라 총 8단계로 민감도를 조작할 수 있는 두카티 트랙션 컨트롤(DTC) 덕분에 라이더들의 의구심은 완전히 풀렸다. 이 세상에서 가장 빠르고, 이 세상에서 가장 민감하며, 이 세상에서 가장 라이더의 실력을 가리는 모터사이클 회사가 내놓은 시스템이니 믿을 수밖에 없었다. 두카티의 스포츠 바이크가 가진 성능을 100퍼센트 활용할 수 있는 라이더란 거의 없다고 봐도 과언이 아니기 때문에, 그들이 '범인(凡人)'을 위해 달아 준 두카티 트랙션 컨트롤을 두고 "그딴 거 필요 없어! 바이크란 사람이 조절해 가며 타는 거야."라고 할 수 있는 객기를 가진 사람은 있을 리가 없었다.

나는 2002년 가을, 일곱 개 차선을 가로지르며 유턴을 시도한 택시에게 받혀 다리가 부러진 이후로 바이크가 무서웠다. 그 이후로도 바이크를 계속 타 왔고, 심지어 기브스를 한 상태로도 바이크에 오른 적이 있었지만, 그건 내가 한참 동안 빠져 있던 것과 멀어질 것 같다는

초보자부터 베테랑까지 모두 만족할 수 있는 스트리트파이터 848은 실력 있는 라이더가 타야 제대로 달릴 수 있는, 그리고 실력이 있어도 어딘가 피곤한 스트리트파이터 1098보다 완성도가 높다. 배기량이 커야 좋은 바이크라는 인식을 깰 수 있는 좋은 예다.

미련 때문이었지, 내가 뼛속까지 라이더였기 때문은 아니었다. 택시가 지나가면 피가 쏠리고 소름이 돋았다. 택시에게 급차선 변경이란 강아지가 꼬리 흔드는 것만큼 자연스러운 일이라는 사실을 잘 알고 있어도 무서움을 떨쳐 버릴 수는 없었다.

무섭기 때문에 몸이 굳고, 몸이 굳어서 바이크를 제대로 탈 수 없게 된다. 예민하게 라이더의 거동과 무게 이동에 반응하는 스포츠 바이크에 올라앉으면 아무것도 못 하고 그저 폭력적인 가속력과 물리 법칙 사이에서 농락당하다가 내려와야 했다.

사실 나는 이탈리아의 모데나 서킷에서 만났던 두카티의 스트리트파이터 848에 대한 이야기를 하려고 했다. 그런데 바이크 이야기가 아니라 라이더의 심리 상태 이야기를 계속 늘어놓은 이유는 이 미들급 바이크가 그런 라이더의 심리를 들여다본 후에 만든 것 같았기 때문이다.

두카티는 세상에서 가장 사납고 가장 빠른 바이크를 만드는 메이커다. 편안한 승차감이나 편의성 같은 건 그들의 사전에 존재하지 않는다. 아니, 아예 사전이라는 게 없다. 그냥 '필승'이라고 적힌 머리띠를 두르고 만드는 그런 바이크다. 빠르게 달리기 위해서 모든 걸 희생할 줄 아는, 그러다 보니 결과적으로 아름다워진 바이크 메이커라고 할 수 있다. 문제는 '아름다워진'에서 발생한다. 레이스에서의 성적이나 속도보다는 두카티의 유려한 외관과 분위기에 반한 라이더들이 너무나 많았던 것이다. 1990년대 이후부터 그런 사람들을 위해 비교적 편안한 바이크도 만들기 시작했지만, 기본적으로는 투어링이나 시내용 바이크가 아니라 서킷이나 와인딩 주행을 염두에 두고 만들어진 스포츠 바이크이기 때문에 많은 사람들이 "두카티는 까다롭다."고 여긴 것이다.

스트리트파이터는 그런 두카티 중에서도 까다롭기로 소문난 바이크였다. 레이스에서 압도적인 실력을 자랑하는 챔피언 머신 1098의 공도용 버전이라고 할 수 있는 스트리트파이터는 네이키드 스타일이었지만, 실제로는 슈퍼스포츠 바이크보다도 더 과격하고 사나운 특성을 가졌다. 스파르타 군인 같은 겉모습에 많은 사람들이 반했고, 또 그 파워에 농락당하다가 고개를 절레절레 흔들며 내려왔다. 개중에는 자신의 실력에 회의를 느끼는 사람도 있었다. 어떤 의미에서 스트리트파이터는 두카티가 보여 줄 수 있는 공격성의 상징과도 같은 바이크였다. 오르지 못할 나무는 쳐다보지 않아야 한다며 단념했던 수많은 라이더들, 그리고 용감하게 도전했다가 장렬하게 내팽개쳐진 '사나이'들을 위한 두카티의 회답은 바로 스트리트파이터 848이었다.

이 849cc급 바이크는 겉모습은 1099cc 배기량의 스트리트파이터와 똑같지만 사실은 엔진뿐 아니라 프레임과 서스펜션의 배치까지 모두 새로운 것이다. 이미지는 그대로 가져오되, 좀 더 편안한 주행 특성을 갖도록 배려했다. 이제 시내에서도 스트레스 받는 일 없이 달릴 수 있다. 물론 느리다는 의미는 아니다. 최고 출력은 132마력이나 된다. 웬만한 오버 리터급 투어러보다 힘이 세고 가속도 날카롭다. 최고 속도는 260킬로미터에 달한다. 더욱 놀라운 사실은 두카티 트랙션 컨트롤을 기본으로 장착한다는 점. 분명히 내 10년 전 사고 이후로 가장 빠르게 달리고 있는데도 전혀 무섭지가 않아서 "에라 모르겠다." 하고 스로틀을 훅 감아 봤다. 앞바퀴가 들리거나 차체가 요동을 치거나 뒷바퀴가 미끄러지는 일은 없었다. 잠시의 머뭇거림도 없이, 스트리트파이터 848은 부드럽게 가속해 나갈 뿐, 언제든지 바이크를 믿고 스로틀을 열 수 있었다. 절대로 넘어지지 않을 것 같은 안심감마저 주면서. 이렇게 친절한 두카티가 예전에 있었나? 마치 능숙한 여자와의 섹스처럼 이 바이크는 뜨겁고 거침없었다. 1198 시절 들고 있던 채찍은 내려놓았지만, 여전히 가터벨트는 차고 있는 것이다.

팜므 파탈, 이탈리안 레드

집을 나선 지 24시간 만에 남아프리카 공화국 요하네스버그 공항에 도착했다. 좁은 이코노미석에서 꼬박 하루를 견딘 것도, 옆자리에 앉은 무슬림 사내의 기내식 냄새를 견딜 수 있었던 것도 단 한 가지 이유 때문이었다. 2007년 두카티가 새로 출시한 기함 1098을 전 세계에서 가장 먼저 만나 볼 수 있다는 것. 나는 지구의 반대쪽을 향해 날아가는 동안 서른 몇 번째 생일이 소멸해 버리는 것을 감수하고 비행기에 올랐다. "사십 대를 향해 가는 남자의 생일 따위 별로 중요하지 않아!"라며 쿨한 척 떠났지만, 사실은 지구 반대편에서 나를 기다리고 있을 붉은 옷의 이탈리아 미녀만큼 훌륭한 생일 선물이 있을까 싶었다.

요하네스버그 공항에 도착하자 알파 로메오 159가 나를 기다리고 있었다. 보통 시승 행사에 참석할 때 공항에서 기다리고 있는 것은 메

두카티는 1098의 성능과 기능,
디테일에 관련된 모든 것을
레이스로부터 출발했다. 엔진,
브레이크, 서스펜션 등 모든
부문에서 최고를 추구했으며,
두카티의 라인업 중에서도
정점에 서 있는 '하이퍼'
스포츠다.

르세데스 벤츠나 폭스바겐의 밴이었지만 이번에는 멋진 쿠페 라인의 세단 159가 마중 나와 있었다. 이탈리아인들은 역시 멋을 안다는 생각이 들었다.

사실 알파 로메오는 월드슈퍼바이크(WSBK) 레이스에서 두카티 팀의 스폰서였기 때문에 의전용 차량으로 사용한 것이었다. 이후 두카티는 메르세데스 벤츠의 고성능 모델 및 주문 제작 모델을 담당하는 AMG와 모토GP 스폰서 계획을 포함한 전략적 제휴를 맺고 한정판 모델을 발매하기도 하는 등 자동차 회사와의 끈끈한 유대 관계를 과시했다.(그러다가 갑자기 2012년 아우디에 회사를 매각하면서 업계를 놀라게 했다.)

30분가량을 달려 고풍스러운 유럽식 호텔 몬테 카지노에 도착했다. 로비에서 1098 프로덕트 디렉터가 진한 이탈리아 억양이 밴 영어로 나를 맞이했다. 그는 한쪽 눈을 찡긋하며 "오늘은 끝없는 비행으로 힘들었겠지만 내일은 '빤따스띠까'한 날이 될 겁니다."라고 말했다. 호텔 여기저기에는 붉은색 두카티 문장과 1098 로고가 걸려 있고, 로비 한가운데에 1098이 아무렇지도 않게 서 있었다. 팡파레 소리와 함께 바이크를 가린 베일을 거둬 내는 요란한 퍼포먼스가 없는 점이 역시 두카티다웠다. 이들은 직설적이고 가식이 없었다.

1098 앞에는 이미 영국과 프랑스, 독일, 네덜란드, 브라질 등지에서 온 바이크 저널리스트들이 진을 치고 있었다. 그들의 눈은 미스 유니버스 심사위원 같다기보다는 섹시 스타 팬클럽 회원의 눈빛에 가까웠다. 1년 365일 바이크를 타고 테스트하는 직업을 가진 사람들에게

저런 표정을 짓게 하는 바이크는 그다지 많지 않을 것이다.

두카티는 바이크 중에서도 좀 특별한 존재다. 이 이탈리아 바이크 메이커는 지금까지 단 한 번도 '스포츠'라는 명제에서 벗어나는 바이크를 만든 적이 없다. 마치 오트 쿠튀르(맞춤복)만을 고집하는 디자이너처럼 맹목적이고 고집스러우며, 또한 사랑스럽다. 그때까지만 해도 이들은 잘 팔린다고 해서 다리를 앞으로 쭉 뻗는 아메리칸 크루저를 만들지 않았고, 커다란 차체에 오디오와 가방을 주렁주렁 단 빅 투어러도 만든 적이 없다는 사실을 자랑스러워했다.

사실 두카티의 스태프들은 공공연히 다리를 앞으로 쭉 뻗는 아메리칸 크루저를 비난해 왔다. 모터사이클을 제대로 조작하는 것보다는 편한 자세를 위한 것이기 때문이다. 하지만 많은 라이더들은 아메리칸 크루저를 원했고, 모터사이클 시장에서는 크루저 장르가 필수적이었다. 이 때문에 두카티는 2011년 아메리칸 크루저 시장을 노골적으로 노린 디아벨을 발표했다. 그러나 스텝 위치를 뒤로 빼서 '다리를 앞으로 뻗지 않도록' 했다. 2010년부터는 커다란 차체에 가방을 주렁주렁 단 빅 투어러인 물티스트라다를 만들기 시작했는데, 오디오는 장착하지 않았다. 이는 자신들의 약속을 지키기 위해서가 아니라 바이크에 오디오를 장착하는 것보다 헬멧 내부에 장착하는 블루투스 스피커가 주류가 되었기 때문이다.

두카티 바이크를 타는 라이더들을 '두카티스타'라고 부르는데, 패션에 관심이 많고 최신 스타일을 선도하는 사람을 '패셔니스타'라고 부르는 것과 비슷하다. 라이더들 사이에서는 두카티의 시트에 앉아 있는 것 자체만으로도 실력과 감각을 인정받는다. 아무나 탈 수 있는 만만한 바이크가 아니기 때문이다. 2007년 남아프리카 공화국 요하네스버그에서 모습을 드러낸 1098은 두카티의 라인업 중에서도 정점에 서 있는 '하이퍼(Hyper)' 스포츠였다. 다른 메이커들은 이 장르를 슈퍼스포츠라고 부르는데, 두카티는 그보다 높은 퍼포먼스를 갖는다는 의미로 '슈퍼' 대신 '하이퍼'라는 용어를 사용한다. 오프로드용 바이크에 온로드용 타이어를 끼운 바이크를 '슈퍼모타드'라고 부르며, 두카티는 이를 '하이퍼모타드'라고 명명한 것도 같은 이유다.

두카티는 1098의 성능과 기능, 디테일에 관련된 모든 것을 레이스로부터 출발했다. 퍼포먼스야말로 두카티가 오랫동안 추구해 온 가치였고, 1098에서도 예외가 아니었다. 그들이 엔진, 브레이크, 서스펜션 등 모든 부문에서 최고를 추구했음은 미디어 런칭 이전 인터넷 사이트를 통해 공개한 스펙에서도 확인할 수 있었다.

다음 날 아침, 일어나자마자 스트레칭을 시작했다. 제대로 몸을 풀어 두지 않으면 두카티의 새로운 기함에 대한 예의가 아니었다. 창문을 열자 건조한 아프리카의 바람이 불어왔다. 바이크에 오르기 딱 좋은 날씨였다. 시승은 호텔에서 버스로 30분 정도 걸리는 요하네스버그 인근의 키얄라미 서킷(Kyalami Circuit)에서 이루어졌다. 패덕에는 20여 대의 1098과 1098S가 전 세계에서 찾아온 저널리스트를 기다리고 있었다. 이탈리안 레드의 날렵한 몸매는 173킬로그램이라는 무게를 실감케 했다. "트윈 엔진을 실은 스포츠 바이크는 무겁다."는 편견은 더 이상 가질 수 없겠다는 생각이 들었다. 신예 디자이너 지안드레아 파브로(Giandrea Fabbro)가 디자인한 1098에는 916의 이미지가 많이 살아 있었다. 1994년 마시모 탐부리니의 디자인으로 등장한 916의 카리스마는 정말 대단해서 지금 봐도 전혀 어색하지 않은데, 2003년 피에르 테르브란치(Pierre Terblanche)의 999보다도 여전히 인기를 끌고 있다.

1098의 눈빛은 1990년대를 풍미한 두카티 916처럼 사악했다. 몸매는 여전히 날렵하고 엉덩이를 바싹 치켜든 모습이 실력을 암시했다. 손잡이의 빨간색 버튼을 눌러 시동을 걸면 1098cc L트윈 엔진은 아무렇지도 않게 눈을 뜬다. 160마력을 발휘하는 엔진은 오른손의 움직임에 날카롭게 반응하며 회전계의 바늘을 튕겨 올렸다. 클러치를 조금이라도 거칠게 조작하면 앞바퀴가 들리며 하늘로 솟구칠 지경이었다. 가속감은 트윈이라기보다는 4기통 엔진의 감각에 가까웠다. 오오오, 나도 모르게 헬멧 속에서 감탄사를 내뱉고 말았다. 마치 진공 속으로 빨려 들어가는 듯한 느낌이었다.

일반적으로 트윈 엔진은 우수한 트랙션 성능과 토크를 무기로 코너 탈출 시의 재가속을 중시하는 타입이다. 4기통에 비하면 가속력이나 최고 속력은 구조적으로 떨어질 수밖에 없다. 그런데 이 녀석은 어떤가. 가속력조차 4기통에 육박하려고 하지 않는가. 미술용 지우개처럼 부드러운 피렐리의 최신형 타이어를 끼웠는데도 뒷바퀴는 슬슬 미끄러지려고 했다. 믿을 수 없는 파워였다.

호텔에서 버스로 30분 정도 걸리는 요하네스버그 인근의 키얄라미 서킷에서 시승 행사가 이루어졌다. 패덕에는 20여 대의 1098과 1098S가 전 세계에서 찾아온 저널리스트를 기다리고 있었다.(위)
트로이 베일리스가 직접 론칭 행사장에 찾아와 저널리스트들과 시승을 함께 했다. 유럽의 경우 레이서 출신 저널리스트도 많기 때문에 레이서들과의 끈끈한 유대 관계를 자랑한다.(아래)

1098은 2007년 발표된 이래 2009년에 1198로 진화했고, 2011년에는 1199 파니갈레로 모델 체인지 됐다. 두카티로서는 이례적으로 빠른 모델 체인지였는데, 새로운 시대를 열 것이라고 기대를 모았지만 실제로는 판매고가 떨어지고 있는 중이다. 1199가 레이스에서 성적이 좋지 않았기 때문이다. 두카티의 독무대였던 월드슈퍼바이크 레이스에서 2013 시즌에 20여 년 만의 참패를 기록하면서 1199의 설계에 대한 의구심이 높아지고 있다.

레드 존이 없는 데스모드로믹 구조를 채용한 엔진은 한없이 돌려고 하지만 컴퓨터가 적정 변속 시점이 되면 불빛으로 알려 주었다. 기어를 한 단, 두 단 올려 가도 이 노도와 같은 파워는 좀체 사그라지지 않았다. 그러나 코너에서는 어느 바이크보다도 가볍게 기울면서 방향을 바꿨다. 강력하면서도 유연성이 좋은 프레임 덕분이었다. 훌륭한 프레임과 끝내주는 엔진이 만난 덕분에 한계 성능은 저만치 높았다. 제대로 다룰 실력만 있다면 바로 레이스에 나가도 손색이 없을 정도였다. 그러나 어쭙잖은 실력으로는 바이크에게 시험을 받고 있는 듯한 느낌이 들 것이다. 도도한 그녀는 눈을 게슴츠레 내리깔고는 묻는다.
"그거밖에 안 돼?"

젠장, 모든 힘과 정신을 쏟아부어 아무리 필사적으로 매달려도 그녀는 만족스러운 기색을 내보이지 않았다. 낑낑대고 있자니 이번 테스트에 함께 참가한 두카티 모토GP 팀의 에이스 트로이 베일리스(Troy Bayliss)가 총알 같은 스피드로 추월해 지나갔다. 말도 안 되는 스피드 차이건만, 이상하게도 포기할 마음은 들지 않았다. 좀 더 그녀를 만족시키고 싶은 마음, 좀 더 실력을 키우고 싶은 마음, 좀 더 **빠르게 도는 엔진 소리를 듣고 싶은 마음**으로 범벅이 된 심장이 미친 듯이 펄떡거릴 뿐이었다. 그래, 바로 이것 때문이겠지. 180도로 굽은 마지막 헤어핀 커브에서 무릎을 노면에 긁으며 생각했다. 남자로 하여금 불가능할지도 모르는 무언가에 도전하게 만드는 힘은 지구상에서 오직 아름다운 여자와 두카티의 바이크만이 갖고 있는 것이라고. 그게 바로 붉은 이탈리안들이 제시하는 꿈이자 두카티스타들이 두카티에서 벗어나지 못하는 이유일 것이다.

빗길에서도 무섭지 않은 모터사이클

비행기 사고가 날 확률은 고속도로에서 자동차끼리 사고가 날 확률보다 적다고들 하지만, 이륙하는 비행기에서 안심하고 앉아 있기란 쉬운 일이 아니다. 덜컹대는 소리와 함께 거대한 두랄루민 날개가 상하로 출렁거리기 시작하면 왠지 겁이 난다. 중력의 영향에서 갑작스레 멀어지는 것처럼 느껴지기 시작하는 순간에는 찔끔하는 기분이 들 때도 있다. 생각해 보면 수십 톤에 달하는 거대한 쇳덩어리가 하늘로 날아오르는데 팬티를 적시지 않는 편이 더 이상하다. 모터사이클을 타는 나는, 비라도 오는 날이면 비행기가 착륙할 때 타이어가 미끄러지면서 기체가 균형을 잃고 넘어지지는 않을까 하는 걱정에 휩싸이곤 한다. 빗길에서 타이어가 접지력을 유지하기는 쉽지 않기 때문이다.

그러나 폭우가 쏟아지는 6번 국도를 따라 달리는 동안 나는 아무런 불안감도 느끼지 않았다. 불안하기는커녕 쭉 뻗는 직선 도로가 너무나 지루해서 연신 앞바퀴를 들며 이륙하는 비행기 시늉을 내곤 했다. 이 바이크는 빗물로 범벅이 되어 걷기에도 미끄러운 도로를 세 자리 수의 속도로 달리면서 앞바퀴를 들어도 전혀 불안하지 않았다. 며칠 전부터 내린 비는 급기야 장마 기간에 내린 모든 비를 합친 것보다 많은 양을 쏟아붓고 있었다. 남들이 들으면 미쳤다고 할지 모르지만, 이번 바이크 투어를 계획한 우리 일행 셋 중 어느 한 명도 비 때문에 연기하자거나 계획을 취소하자는 말을 꺼내지 않았다. 우리는 모두 10년 이상의 경력을 가진 라이더이기 때문이기도 했지만, 서울에서 태백까지 이동하는 데 사용할 바이크는 BMW였기 때문이었다. 악천후 따위는 아무런 걸림돌이 되지 않았던 것이다.

파란색과 하얀색이 섞인 프로펠러 엠블럼은 자동차와 바이크에서 그 의미가 서로 다르다. BMW 자동차의 이미지가 '역동적인 스포츠 럭셔리'라면, 바이크계에서 BMW 마크가 갖는 의미는 '안심할 수 있는 최신 기술'쯤 될 것이다. 바이크는 자장면 배달용 스쿠터든 대륙 횡단용 장거리 투어러든 간에 기본적으로 스포츠 도구다. 어떤 상황에서의 스포츠성을 추구했느냐에 따라 차이는 있을지 몰라도, 스포츠성이 없는 바이크란 존재하지 않는다. 그런 점에서 BMW 바이크가 추구하는 바는 명확하다. 언제, 어디서든지 안심하고 달릴 수 있는 바이크. 모든 바이크는 바퀴가 두 개뿐이라는 사실만으로도 재미있지만 비가 오는 날 왕복 600킬로미터 이상의 거리를 달려야 하는 상황에서 재미있을 수 있는 바이크는 그다지 많지 않다.

　우리의 투어는 처음에 「한여름의 스쿠터 전국 일주」라는 잡지 기사를 쓰려고 계획됐다. 섭씨 35도를 넘나드는 뙤약볕 속에서 자그마한 바퀴가 달린 스쿠터를 타고 전국을 일주하는, 말 그대로 '사서 하는 고생'에 관한 마조히스트적인 글로 독자들에게 사디즘적인 즐거움을 줄 작정이었다. 기획안을 냈더니 기사 핑계로 평일에 '오토바이'나 타고 놀겠다는 심보 아니냐고 비난하는 사람도 있었지만, 피부가 벗겨지고 얼굴이 새까맣게 타고 때로는 소나기를 만나는 '사서 하는 고생'에 관한 기사라고 설명하자 모두들 보내 주자고 수긍했다. 그러나 기상 이변으로 8월 말까지 장마에 못지않은 장대비가 질질 이어지고 있었다. 예상대로 들어맞은 것은 기온이 섭씨 35도를 넘고 있었다는 것뿐이었다. 폭우 속에서 작은 스쿠터를 타고 국도를 달리다가 건너편 트럭이 뿌려 대는 물줄기라도 맞으면 아마 전국 일주는커녕 병원 일주를 하게 될지도 모를 판이었다. 급성 폐렴 정도라면 다행이고 운이 나쁘면 익사체로 발견되어 스쿠터와 함께 매장당할지도 모를 노릇이었다. 그래서 스쿠터 전국 일주 아이디어는 자진 폐기하고 말았다.

　그렇다고 바이크를 타기로 마음을 먹었는데 포기하고 앉아 있을 수는 없었다. 스쿠터라면 무리지만, 대형 모터사이클이라면 비가 와도 크게 문제는 없다. 게다가 ABS와 열선 그립(손잡이를 따뜻하게 해 주는 기능)이 있는 BMW라면 소나기를 만나더라도 별 걱정이 없었다. 마침 BMW의 스포츠 투어러인 K1200R 스포츠가 발표되던 때였다.

BMW 바이크의 K 이니셜은 4기통을 의미한다. 1200cc 4기통 엔진은 도로에 물이 가득 고여 있어도 힘차게 헤치고 나갈 수 있는 막강한 토크를 갖고 있다. 하루 1000킬로미터 강행군이 상식인 유럽에서 투어링을 위해 태어난 만큼 강원도 태백까지 연결되는 고속 국도와 구불구불한 산길의 연속도 아무런 부담이 되지 않았다.

K1200R은 원래 방풍 스크린이 없는 네이키드 바이크였지만, 이를 베이스로 등장한 'K1200R 스포츠'는 바람을 막아 주는 윈드 스크린을 달아 비바람을 헤치고 나갈 수 있었다. 게다가 바이크에는 최초로 도입된 트랙션 컨트롤 장치까지 있으니 뒷바퀴가 미끄러질 염려 따위는 접어 둘 수 있었다. ASC(Automatic Stability Control, 자동 자세 제어 장치)라고 불리는 BMW 바이크의 트랙션 컨트롤은 평소에는 라이더에게 모든 것을 맡기고 있다가 뒷바퀴가 미끄러지는 위험한 상황이 닥치면 자동으로 개입해 차체를 안정시킨다. 실제로 비에 젖어 있거나 물이 고여 있는 도로를 600킬로미터 이상 달리면서 단 한 번도 바퀴가 미끄러지거나 불안해지는 일이 없었다.

표준 장비인 ABS도 빗길에서 특히 고마운 존재였다. 갑자기 튀어나온 들짐승이나 장애물을 만나도 브레이크 레버에 얹은 손가락을 움직이면 노면에 스키드 마크 하나 남기지 않고 설 수 있었다. 또한 타이어 공기압을 자동으로 체크하는 장치까지 달려 있어서 시동을 걸면 앞바퀴와 뒷바퀴의 공기압을 디스플레이 창에 표시했다. 바이크는 자동차보다 타이어 공기압에 민감한데, 지금까지는 자칫 체크하는 것을

하프 카울 사양의 K1200R 스포츠는 더 이상 생산되지 않는 모델이지만, 네이키드 버전 K1200R과 풀 카울 사양의 K1200S는 여전히 BMW의 베스트셀러다. 개인적으로는 K1200R 스포츠가 가장 멋지다고 생각하지만 대중의 판단은 달랐다. 어쩌면 첫사랑처럼 더 이상 만날 수 없기 때문에 더 예쁘게 기억되는 것일 수도.

BMW 모터라드의 특징인 비대칭 헤드라이트가 잘 나타난 전면부. 연료 탱크 위쪽도 비대칭으로 설계해 한껏 멋을 부렸다. 다양한 카본 파츠가 덧대어져 있는 것도 특징. BMW는 순정 튜닝 부품을 다양하게 보유하고 있는 메이커 중 하나다.

놓치면 투어 내내 꺼림칙한 기분으로 달릴 수밖에 없었다. 게다가 시골 주유소의 공기 주입 장치는 믿을 수가 없어서 딱 알맞은 양의 공기를 넣을 수도 없었다. 이제부터는 바이크가 표시하는 공기압 디스플레이를 확인하면서 적당량을 넣기만 하면 된다. 이런 안전 장치들은 경력이 많은 라이더일수록 그 고마움에 통감할 것이다.

고마운 장비들은 그것뿐이 아니다. 바이크를 타고 달리면 시속 10킬로미터당 기온이 1도씩 떨어지는 것과 같은 현상이 나타난다. 시속 100킬로미터로 달리고 있으면 섭씨 35도의 날씨에도 라이더는 25도라고 느끼게 되는 것이다. 비까지 내리면 체온의 증발이 가속되어 한여름에도 손이 시리다. BMW의 오랜 전통 중 하나인 그립 히터는 그런 모터사이클 라이딩의 특성을 잘 이해한 설계자의 선물이다. 스위치를 누르면 금세 뜨끈뜨끈해지면서 빗물에 얼기 시작한 손이 녹는다.

K1200R 스포츠는 베테랑 라이더만을 위한 바이크가 아니다. 여러 안전 장치와 특이한 차체 구조 덕분에 초보 라이더가 타도 안심하고 달릴 수 있다. 당신이 만약 무서운 줄도 모르고 고성능 바이크에 올랐다가 엄청난 파워에 농락당한 후 바이크 혐오증에 걸린 사람이면 K1200R 스포츠로 다시 바이크 경력을 시작해 봐도 좋을 것이다. 이 바이크는 아무런 공포심이나 불안감도 없이 시속 250킬로미터로 달릴 수 있게 해 준다. 스피드광이 아니더라도 기본적인 라이딩 스킬만 있으면 베테랑 라이더처럼 달릴 수 있는 것이다. ESA(Electric Suspension Adjustment, 전자 서스펜션 조절 장치)는 속도에 상관없이 승차감과 노면 추종

성을 확보할 수 있다. 버튼 하나만 누르면 '승차감 중시형 모드', '일반 모드', '스포츠 모드'의 세 가지 서스펜션 강도를 선택할 수 있고, 혼자 탔을 때 혹은 동승자와 탔을 때, 짐까지 실었을 때를 나누어 선택할 수도 있다. 국도에서 승차감을 중시하는 모드로 달리다가도 고속도로에 올라섰을 때 버튼만 누르면 서스펜션이 딱딱해지면서 초고속 모드로 들어선다. K1200R 스포츠는 계기반에서 시속 약 270킬로미터를 기록했는데, 이 속도에서도 콧노래를 흥얼거릴 여유가 있을 정도로 편안했다. ESA가 노면에서 전해지는 모든 충격을 거르고, ABS가 언제든 멈출 수 있다는 자신감을 주었으며, ASC는 절대 넘어지지 않을 거라는 안심감을 주었기 때문이었다.

만약 땅만 보고 사는 인생이 무의미하게 느껴진다면, 두 바퀴의 재미를 계속 느끼고 싶지만 생명의 위협을 느꼈다면, K1200R 스포츠는 완벽한 선택이 될 것이다. 자, 왼발로 변속 페달을 힘껏 밟아 1단에 집어넣어라. 단전에 힘을 주고 전방을 주시하라. 그리고 오른손으로 스로틀을 크게 열어라. K1200R 스포츠는 앞바퀴를 하늘로 쳐들고 달리면서 당신의 명령에 답을 할 것이다. 어디까지나 온순하게, 그리고 품위 있게 말이다.

이야기 하나를 덧붙이자면, 15년간 모터사이클 저널리스트 일을 하면서 생긴 징크스가 하나 있다. 내가 좋아하는 바이크는 단종된다는 것. BMW 중에서 그런 예를 꼽으라면 먼저 가장 사랑했던

R1150RS가 해당한다. RS는 최초의 현대식 박서 엔진 모터사이클이자 BMW의 아이덴티티였으면서도 결국 후속 기종 없이 단종되고 말았다. 거대한 덩치와 상반되는 손쉬운 조작이 아주 마음에 들었던 K1200LT도 결국 단종됐다. 지금 생각해도 너무 아름다운 라인을 가졌던 BMW식 아메리칸 크루저 R1200C도 어느새 자취를 감췄다. K1200R 시리즈는 BMW의 최고 베스트셀러 중 하나임에도 불구하고 이 글에 등장하는 'K1200R 스포츠'는 왠지 인기가 없었다. K1200R은 1300cc로 개량되어 K1300R이라는 이름으로 계속 팔리고 있지만, 하프 카울이 달린 'K1200R 스포츠'는 징크스를 깨지 못하고 단종되고 말았다.

내 인생의 모터사이클

5

생애 첫 모터사이클을 고르는 법

"바이크를 타자!"라고 마음먹는 순간 머릿속이 두 바퀴로 가득 찬다. 당구를 처음 배운 사람이 자려고 누웠을 때 천장에 당구공이 보이는 것과 비슷한 현상이다. 그리고 그 환영은 나만의 모터사이클을 구입하기 전에는 결코 가시지 않는다.

"첫 번째 모터사이클로 어떤 것을 선택할 것인가?" 이 질문에 대한 답은 사람에 따라 달라진다. 물론 라이딩 테크닉을 이해하기 쉽게, 쓸데없는 버릇이 들지 않도록 도와주는 교과서적인 바이크도 있지만, 그런 바이크라고 해도 모두에게 권할 수 있는 건 아니다.

만약 경제력이 없는 학생이라면, 가장 좋은 바이크는 역시 국산 중고 바이크다. 단순히 구입할 때 가격이 저렴해서가 아니다. 더 중요한 것은 유지하고 익숙해지는 데 드는 비용이다. 처음 바이크를 타다 보면 넘어지는 경우도 한두 번쯤 생기게 마련이다. 달리다가 넘어질 뿐 아니라 제자리에서 말도 안 될 정도로 어이없게 넘어지기도 한다. 만약 값비싼 바이크라면 옆으로 슬쩍 쓰러진 것만으로 수십만 원에서 수백만 원의 견적이 나오기도 한다. 그걸 감당할 능력이 없으면, 모터사이클을 타는 즐거움보다는 경제적인 스트레스를 더 많이 느끼게 되는 것이다.

경제적인 여건이 허락한다면 중고보다는 역시 신차가 좋다. 모터사이클은 자동차와 달리 타는 이에 따라 많은 것들이 변한다. 엔진의 감각이나 타이어의 마모 정도, 서스펜션의 움직임까지 '길들이기'에 따른 차이가 극명하다. 중고차라도 관리만 잘 되어 있다면 상관없겠지만, 문제는 초보자들은 관리가 잘 된 중고인지 아닌지를 판단할 능력이 없다는 것이다. 그리고 장담컨대, 당신의 주변에 있는 '오토바이 잘 아는' 친구도 실제로는 인터넷에서 조금 깨작거린 수준일 것이다. 동호회 활동도 하고, 바이크도 잘 타는 사람일수록 위험하다. 실제로 미국에는 '친구에게 배운 라이더'가 가장 많은 사고를 경험한다는 조사 결과도 있다. 차라리 독학으로 배운 사람이 더 사고를 적게 경험한다는 건, '모터사이클 라이딩'이 스스로 책임질 줄 아는 사람을 위한 취미라는 걸 잘 나타내 준다. 그러므로 중고보다는 신차가 좋다. 메이커가 모터사이클의 상태를 보증해 주므로 잘못 세팅된 바이크 때문에 사고를 경험하거나 나쁜 버릇이 들 염려가 없다.

이 글에서 "나쁜 버릇이 든다."는 말을 두 번이나 썼는데, 실제로 모터사이클 중에는 나쁜 버릇을 들게 하는 바이크도 많다. 그건 초보자용 모터사이클인지 아닌지를 가리는 매우 중요한 요소다. 가령 아메리칸 크루저는 앞바퀴를 잡고 있는 프론트 포크의 각도가 큰 편이다. 앞바퀴를 차체로부터 멀리 보내서 멋진 실루엣을 연출할 수 있기 때문이다. 그런데 이런 스타일의 모터사이클은 저속에서 방향을 바꿀 때 핸들이 급격하게 좌우로 꺾이는 현상이 발생한다. 두 개의 막대기 끝에 바퀴를 달았다고 상상해 보면 된다. 기다란 막대기에 바퀴를 달아 저 멀리에 있는 바퀴를 좌우로 틀어 방향을 바꾸려고 해 보면, 핸들에 힘이 들어가게 마련이다. 그리고 바퀴는 일정한 속도로 기울어지는 게 아니라, 처음에는 잘 안 기울다가 급격하게 쓰러지듯이 좌우로 방향을 바꾼다는 것을 연상할 수 있다. 게다가 아메리칸 크루저는 당당한 겉모습을 위해 앞바퀴에 두꺼운 타이어를 끼우기도 하는데, 이건 여자들의 '뽕브라'처럼 눈을 속이기 위한 것일 뿐, 앞바퀴(혹은 가슴)의 존재 목적(?)에는 아무 도움이 안 된다. 말하자면 아메리칸 크루저는 겉으로 보기에 당당한 자세를 취할 수 있도록 만들어진 바이크라서 라이딩 스킬을 기르는 데는 알맞지 않다. 별다른 스킬을 요구하지 않기 때문에 타기 어려운 바이크는 아니지만, 안 좋은 습관을 몸에 배게 할 가능성이 높아서 나중에 다른 바이크를 탈 때 문제가 생길 수 있다.

가장 적당한 배기량은 125cc다. 자동차 면허로 탈 수 있기 때문에 접근이 용이하다. 사실 자동차와 모터사이클은 완전히 다른 조작법을 가졌기 때문에 자동차 면허로 모터사이클을 운전하는 것에 대해 비판적으로 보는 사람도 많지만(나도 그런 사람들 중의 하나다.) 우리나라처럼 교육 기관이나 사설 교육 장소가 많지 않은 곳에서는 어쨌든 운전 가능한 배기량의 바이크를 가지고 스스로 익숙해지도록 배우는 방법밖에 없다.

국산 바이크 중에서는 혼다 커브의 국내 라이선스 버전인 대림 시티 에이스나 로드윈, S&T 코멧 등을 연습용으로 권할 만하다. 125cc 중에서도 아메리칸 크루저처럼 생긴 것들은 피해야 한다. 수입 모터사이클 중에서는 KTM 듀크125, 혼다 CBR125 등이 연습용으로 제격이다. 국산 바이크와 달리 겉치레를 위한 군더더기가 없고, 배달 등 상업적 용도로 쓰일 것을 고려해 이상하게 설계한 부분이 없어서 라이딩 스킬을 키우기에 좋다. 나쁜 버릇이 들 염려도 없고 성능도 적당해서 이런 바이크들을 6개월 정도 꾸준히 타면 배기량에 상관없이 그 어떤 바이크라도 탈 수 있을 것이다.

"작은 바이크는 쪽팔려서……"라는 사람도 의외로 많다. 6개월만 타면 된다고 설득해도 자기 체면에 그런 거 어떻게 타냐며 꾸역꾸역 대형 바이크 매장으로 향하는 사람도 있다. 125cc 바이크를 6개월 타며 연습한 사람과, 처음부터 리터급 대배기량 바이크를 탄 사람을 1년 후에 만나 보면, 125cc를 6개월 동안 탄 사람이 압도적으로 더 잘 탄다고 이야기해 줘도 "난 잘 탈 필요 없으니 그냥 처음부터 큰 거 탈래."라는 사람도 실제로 있다. 그런 이들에게는 BMW 모터사이클을 권한

125cc 수입 모터사이클 중에서 연습용으로 타 볼 만한 KTM 듀크125(위)와 혼다 CBR125(아래). 나쁜 버릇이 들 염려가 없고 성능이 적당해서 이런 바이크를 6개월 정도 꾸준히 타 보면 나중에는 배기량에 상관없이 어떤 바이크라도 탈 수 있게 될 것이다.

다. BMW는 의외로 초보자들이 구입하러 많이 오기 때문에 교육 프로그램도 잘 마련되어 있고, 모터사이클의 설계도 잘 되어 있어서 제대로 배울 수 있다. 심지어 BMW의 베스트셀러인 R1200GS의 경우 빠르고 편안한 데다 처음 배우기에도 쉬워서 시작하자마자 베테랑처럼 타는 사람들도 있다.(물론 시트 높이가 맞는 사람에게 해당하는 이야기다.) 하지만 BMW는 앞서 언급한 아메리칸 크루저와 반대로 모터사이클의 설계가 너무 뛰어난 탓에 라이더의 실제 실력보다 더 잘 타는 것처럼 느끼게 된다는 단점이 있다. 브레이크나 서스펜션 등이 다른 바이크와 조금 다르기 때문에, BMW로 문제없이 조작했다고 해서 모든 바이크를 조작할 수 있다는 뜻은 아니다. BMW로 배운 사람들 중에는 다른 바이크를 구입하고 아무 생각 없이 달리기 시작했다가 너무나도 미숙한 자신의 라이딩 스킬을 깨닫고는 충격을 받는 사람도 많다.

첫 바이크로 무엇을 선택하느냐, 그리고 누구에게 바이크를 배우느냐에 따라 라이딩 인생은 완전히 달라진다. 훔친 바이크로 친구에게 배우는 게 최악이라면, 깨끗한 소형 바이크로 프로페셔널에게 라이딩 테크닉을 배우는 게 최선이다. 또한 급하게 생각하지 말고, 첫 바이크를 구입하기까지의 과정을 즐겨 보는 것도 좋다.

가족 설득하기

대한민국에서 모터사이클을 타기 위해 거쳐야 할 관문 중 가장 어려운 것은 바로 '가족 설득하기'다. 설득하는 것이 거의 불가능하기 때문에 사람들은 모터사이클 라이딩 테크닉보다도 가족을 설득하는 테크닉에 더 관심이 많다. 앞 브레이크를 먼저 잡느냐, 뒤 브레이크를 먼저 잡느냐보다 훨씬 실용적인 '테크닉'인 것이다.

그렇다면 왜 우리나라의 '가족'들은 모터사이클은 '위험'하다는 생각을 갖게 된 것일까? 왜 다른 나라에서는 당당히 교통 수단으로 인정받는 모터사이클이 왜 유독 우리나라에서는 '과부 제조기'로 인식하게 된 것일까?

그 이유는 사실 정확히 알 수 없다. 자동차 사고로 죽는 사람이 훨씬 많음에도 불구하고 모터사이클을 더 위험하다고 인식하는 이유는 논리적으로 잘 설명되지 않는다. 매일매일 버스와 택시의 '폭주'를 경험하면서도 '폭주족'이라고 하면 버스와 택시 대신 한 번도 본 적 없는 모터사이클 갱을 떠올리는 것과도 비슷하다.(당신이 봤다고 착각하는 건 손님의 독촉 전화 때문에 어쩔 수 없이 빨리 달리던 선량한 중국집 배달부다.)

미국의 고속도로 안전 보험 협회(IIHS)가 조사한 바에 따르면, 모터사이클의 사고율은 일반 자동차 사고율보다 낮다. 모터사이클의 숫자가 적어서가 아니다. 동일한 차량 수를 놓고 가정했을 때 모터사이클의 사고율이 훨씬 낮은 것이다. 그도 그럴 것이, 바이크를 타는 사람 중에서 자동차보다 바이크가 덜 안정적이라는 사실을 모르는 사람은 없다. 자동차는 그저 문을 열고 좌석에 앉은 후 액셀러레이터를 밟으면 달려 나가지만, 모터사이클은 라이더 없이 스스로 서 있지도 못하는 불완전한 탈것이다. 모터사이클은 라이더와 하나가 되어야 비로소 넘어지지 않을 수 있고, 타는 내내 균형을 잡으면서 대화를 이어 가야 한다. 운전 도중 스마트폰을 보거나, 졸거나, 딴청을 피우거나, 운전하기 전에 술을 마시는 것이 교통사고의 주요 원인이라는 사실을 누구나 알고 있을 텐데, 모터사이클은 애초에 이런 행위가 불가능하다. 모터사이클 라이더는 언제나 모터사이클을 타는 행위 자체에 집중하고 있기 때문에 사고율이 낮을 수밖에 없다.(주행 중에 PDA를 보는 게 습관이 되어 버린 퀵 서비스 기사들은 제외하자. 그들은 이 책에서 언급하고자 하는 '라이더'가 아니다.)

그럼에도 불구하고 모터사이클이 위험한 것은 사실이다. 신체가 차체 외부로 노출되어 있기 때문에 일단 사고가 발생하면 자동차 사고보다 더 큰 상해의 위험이 있고, 보호 장구를 제대로 갖추지 않았다면 별것 아닌 사고에도 생명이 위험해진다. 가족 중에 모터사이클을 타다가 다치거나 사망한 사람이라도 있다면, 그 위험성은 실제보다 몇 배는 크게 다가오기 때문에 '모터사이클은 곧 사망'이라는 등식이 성립되는 것도 무리는 아니다.

나는 첫 모터사이클을 가족에게 비밀로 하고 구입했다. 대학생 때 집과 학교는 대중교통을 이용하면 한 시간 반, 모터사이클을 이용하면 삼십 분이 걸리는 위치에 있었다. 빙 둘러서 학교까지 가는 길이 그렇게 비효율적일 수가 없었다. 그래서 모터사이클을 사려고 계획했고, 구입 직전까지 가기도 했지만, "아들 잡으려고 하느냐."는 어머니 주변 사람들의 만류로 무산됐다. 이후, '오토바이'라는 단어는 우리 집의 금기어였다.

나는 착한 아들이었기 때문에 그 꿈을 금세 접었다. 효율성도 좋지만 가족 간의 불화를 일으키면서까지 타고 싶지는 않았다. 그리고 애초에 가족의 힘을 빌리지 않고 스스로 구입할 경제적 능력이 없었다. 그 후 몇 년 동안은 아예 생각도 하지 않고 있었다. 그러다가 친구 녀석의 모터사이클을 한 번 빌려 타 본 후로 '라이더 열병'에 걸리고 말았다. 바람을 가르는 그 느낌, 다리 사이에서 맹렬하게 회전하는 엔진의 감각, 한껏 기울인 채로 스로틀을 열면 타이어가 노면을 박차고 나아가는 그 통쾌함……. 마침 몇 달 동안 과외 교습을 해 주고 모은 돈도

수중에 있었다. 나는 노오란 125cc 모터사이클을 사서 지하 주차장 구석에 숨겨 놓았다. 헬멧과 장갑은 물론이고 보호대가 장착된 가죽 재킷까지 주차장 구석에 준비해 두고 지하 주차장에서 라이더로 변신한 후 학교에 가기 시작했다.

어머니께 발각되는 데는 그리 오랜 시간이 걸리지 않았다. 그러나 다리몽둥이가 부러지거나, 열쇠를 압수당하는 일은 없었다. 모터사이클을 팔아 버리라고 강요하지도 않으셨다. 만약 그랬다면 내가 지금 이 책을 쓰는 일도 없었을 것이다. 어머니는 그저 "넌 어렸을 때부터 네가 하고 싶은 일은 어떻게든 해냈지. 조심해서 타라."고 하셨다.

어머니는 이십 대 중반이 된 내가 집을 나설 때마다 15층 꼭대기 베란다에서 지켜보고 계셨다. 나중에 알게 된 사실이지만, 내가 걸어서 학교에 가는 모습을 시야에서 사라질 때까지 쳐다보다 흐뭇한 웃음을 지으며 베란다에서 들어오곤 하셨다고 한다. 그런데 어느 날부턴가 내 모습이 현관에서 보이지 않았던 것이다. 처음에는 너무 늦게 베란다로 나가서 못 봤나 싶었는데, 내가 집을 나선 후 시간이 지나면 '노란 오토바이'가 '두다다다' 하며 달려 나가는 걸 보고는 감을 잡으셨다고 했다.

내가 현관을 나서서 아파트 단지 정문을 지나 지하철역 쪽으로 사라지는 십여 분의 시간을 사시사철 베란다에서 지켜보고 계셨다는 사실이 엄청난 무게로 다가왔다. 그 동안 위험하게 모터사이클을 타거나 객기를 부리지는 않았지만, 그 이후로는 훨씬 더 조심해서 모터사

내 아내는 아들이 탄 세발자전거의 앞바퀴를 들어 올려 윌리를 하는 재미에 빠졌다.
주변의 차를 잘 살피고, 안전 장구를 갖추고, (이 세발자전거에는 안전벨트가 있다.)
적당히 즐기면 바이크도 세발자전거처럼 가족 모두에게 기억에 남을 즐거움을 준다.

이클을 탔다. 스스로 조심할 뿐 아니라 다른 차의 예기치 못한 움직임까지 예측하는 데 주의를 기울였고, 스피드 경쟁을 하거나 신경전을 벌이는 일도 자제하기 시작했다. 아들을 믿고 있는 어머니를 마음 아프게 하고 싶지 않았기 때문이다.

가정을 이루고, 책임져야 할 아이가 생긴 이후의 모터사이클은 또 다른 의미를 가졌다. 연애를 시작한 이후 점점 진지한 관계가 되어 갈 즈음에 "나는 모터사이클을 타는 사람이고, 앞으로도 내릴 생각은 없다. 그것에 대해서는 논쟁을 벌이고 싶지 않다."고 선언했다. 대부분의 여자들은 남자와 진지한 관계를 맺을 때 가능한 한 위험 요소를 모두

없애려고 하기 마련이다. 그러나 나는 모터사이클을 타고 그 느낌을 글로 풀어내는 직업을 가진 사람일 뿐 아니라, 인생을 살아가는 데 두 바퀴와 함께 달리는 행위가 꼭 필요한 인간이라는 사실을 스스로 잘 알고 있었기 때문에 그 점을 확실히 해 둘 필요가 있었다. 그건 모터사이클을 더 사랑하느냐, 여자 친구를 더 사랑하느냐의 문제가 아니라 내 '삶의 방식'을 그녀가 인정할 수 있느냐 아니냐에 달린 것이었다.

입장 바꿔 생각해 보면, 어느 날 갑자기 "나 바이크 탈래."라고 선언하는 건, "다른 여자가 생겼어."라는 말을 듣는 것과 비슷한 기분일지도 모른다. 중대한 위험 요소가 빨간 불을 번쩍이며 삶 속으로 쳐들어온 셈이다. 펄쩍 뛰면서 이혼 운운하는 것이 어쩌면 "네 맘대로 해."라고 하는 것보다 정상적인 반응이다.

제목에는 '가족을 설득하는 법'이라고 썼지만, 사실 나는 가족을 설득하는 법을 모른다. 나는 설득해 본 적이 없고, 그저 이해받았을 뿐이다. 다만 내가 뭔가를 위험한 상황으로 몰아가지 않을 정도의 똑똑한 머리를 갖고 있다는 점이 도움이 되었을 수도 있다. 나는 안전 장구를 함께 구입했고, 모터사이클을 구입하기 이전에 각종 책과 자료를 모아 가며 안전하고 즐겁게 타는 방법을 연구했다. 친구 녀석의 모터사이클을 빌려 연습도 충분히 했고, 운전면허 필기 시험도 정말 열심히 공부했다. 나는 2종 소형 면허 실기 시험을 한 번에 통과했는데, 그건 매우 드문 일이었다. 소질이 있어서라기보다는 아무도 연습을 제대로 하고 시험을 보러 오지 않았기 때문이었다. 심지어 필기 시험 문제

집을 열심히 풀면 비웃는 문화마저 있지 않은가.

    모터사이클 라이더가 되기 위해 가족들 앞에서 프레젠테이션을 할 필요는 없다. 헬스클럽 연간 회원권을 끊는 것과도 비슷하다. "이거 끊어 주면 정말 열심히 운동해서 몸짱 될게."라는 말보다 매일 50개의 윗몸 일으키기와 30분의 러닝을 하다 보면 정말 아무렇지도 않게, 당신의 용돈과 상관없이, 연간 회원권을 끊을 수 있는 분위기가 생겨날 것이다. 어쩌면 가벼운 보라색 아디다스 러닝화까지 선물을 받을 수 있을지도 모른다.

    모터사이클 라이더가 되려면 우선 이 책을 침대 머리맡에 두고 읽는 거다. 그리고 틈이 날 때마다 모터사이클 교본을 사서 읽어 보고 가족과 함께 하는 시간도 의도적으로 늘려라. 당신이 진지하게 새로운 취미를 시작하려고 한다는 사실을 가족들이 인지하면, 성질 급한 당신이 주차장 어딘가에 모터사이클을 숨겨 놓았더라도 용서받을 수 있을지 모른다. 당신이 무언가를 얻기 위해 가족이 희생하는 일이 없도록 해야 한다는 점을 명심하라. 모터사이클 라이더가 멋진 이유는 검은 가죽 재킷을 입어서가 아니라, 그 모든 위험과 부담과 책임을 감수하고 있기 때문이다.

모터사이클 뒷좌석에
여자를 태우려면

영화「할리와 말보로 맨(Harley Davidson and the Marlboro Man)」은 라이더라면 누구나 재미있게 봤을 만한 작품이다. 영화 전체에서 모터사이클이 정말 멋지게 묘사되고 있는데, 그중에서도 가장 기억에 남는 장면은 미키 루크가 뒷좌석도 없는 1인승 할리 데이비슨의 뒷바퀴 펜더(바퀴 덮개) 위에 여자를 태우고 떠나는 마지막 장면이다. 금발 미녀는 얇은 철판 한 장으로 된 펜더 위에 터질 듯한 엉덩이를 올려놓고, 발을 올릴 곳 따위 필요 없다는 듯 다리로 미키 루크의 허리를 감싼 채 웃으며 사라져 간다.

레스토랑에서 여자를 위해 의자를 빼 주거나 문을 잡아 주는 것이 남자의 도리라고 배웠던, 공원 벤치에 앉을 때는 손수건을 꺼내 여자가 앉을 곳에 깔아 주는 게 당연하다고 생각했던 사춘기의 나는 천상

천하 유아독존으로 혼자만 탈 수 있는 바이크를 타고 다니는 터프가이의 뒷자리에 스스로 올라타는 금발 미녀의 모습을 보면서 뭔가 끓어오르는 것을 느꼈다. 정말 멋진 남자는 배려나 예절 따위 갖추지 않아도 여자가 따르는구나…… 하고 말이다.

　내가 처음 바이크를 구입해 뒷자리를 떼어 낸 건 너무나 당연한 일이었다. 1인승 시트를 장착한 바이크는 내게 자유로운 남자임을 나타내는 상징과도 같았다. 게다가 내가 다니던 미술대학은 정문에서 한참 떨어져 있었기 때문에 학교 근처에서 같은 과 여자 후배라도 만나면 서로 태워 달라고 야단이었다. 물론 그녀들이 내게 한눈에 반해서 어디든지 따라가겠다고 했던 건 아니었다. 그녀들에게는 그저 다리 아프지 않게 강의실까지 이동할 수 있는 수단에 불과했지만, 나는 그래도 좋았다.

　뒷자리에는 시트도 없고 발을 놓을 수 있는 풋 페그(받침대)도 떼어 버렸기 때문에 그녀들은 「할리와 말보로 맨」의 금발 미녀처럼 딱딱한 펜더 위에 앉아 다리로 내 몸을 감아야 했다. 내 바이크가 할리 데이비슨이었다면 2천만 원짜리 바이브레이터 역할을 했을지도 모르지만, 125cc 바이크를 그렇게 타면 무지하게 불편하다. 그래서 한 번 타 본 후배들은 차라리 걸을지언정 다시는 안 타겠다고 했다. 게다가 다른 과에 다니던 여자 친구가 여자 애들의 다리를 몸에 감고 교내를 달리는 내 모습을 본 이후로 나는 무릎 꿇고 빌며 뒷자리에 시트를 달아야 했다. 터프가이는 아무나 하는 게 아니었다.

영화 「할리와 말보로 맨」에 나오는 이런 장면을 따라해 보고자 한다면 당신은 초보 라이더이거나 산전수전 다 겪은 황야의 무법자일 것이다. 웬만하면 흉내 내지 말도록.

BMW의 K1600GTL은 두 사람의 짐을 가득 싣고 여행을 떠날 수 있는 대륙 횡단형 장거리 투어러다. 앞뒤 시트 모두 열선이 장착되어 있으며 톱 케이스는 탠덤 라이더의 등받이 역할도 겸한다. 서로 대화를 나눌 수 있는 블루투스 헤드셋만 준비하면, 완벽하다.

바이크 경력이 쌓이면서부터는 겉멋보다 '함께 달리는 즐거움'에 눈을 뜨기 시작했다. 좌우로 앉는 자동차도 물론 좋지만, 앞뒤로 앉는 바이크의 느낌은 역시 각별했다. 몸과 몸이 밀착되기 때문에 '함께하는' 느낌은 자동차에 비할 바가 안 된다. 그녀의 얼굴이 내 귀 뒤에 위치하는 그 기분은 여자 친구와 함께 바이크를 타 본 사람이 아니라면 이해하기 힘들지도 모른다. 귓속말을 나누면서 함께 바람을 가르는 기분. 모터사이클을 탄다고 하면 흔히들 스피드나 폭주를 연상하지만, 여자 친구와 함께 '토동토동' 달리는 기분 때문에 모터사이클을 좋아하는 사람도 많다. 모터사이클 설계자들도 그걸 잘 알고 있기 때문에 대부분의 모터사이클은 2인 승차를 제대로 고려하고 만든다. 사랑하는 여자를 시트도 없이 펜더 위에 태울 수는 없기 때문이다. 엉덩이가 작은 여자라면 손바닥만 한 시트에도 잘 앉을 수 있겠지만, 뒷자리 시트는 두툼할수록 좋다. 시트 주변에 손으로 잡을 수 있는 그랩 바(손잡이)가 있는 모델을 고르면 더욱 좋다. 라이더의 허리를 감거나 목을 감는 건, 사진 찍을 때에나 좋을지 몰라도 실제로 그렇게 달리면 너무 힘들기 때문이다.

빅 스쿠터라고 불리는 배기량 250~600cc급의 대형 스쿠터는 여자 친구와의 탠덤 주행에 가장 특화된 모터사이클 중 하나다. 시트가 푹신하고 편할 뿐만 아니라 앞뒤 모두 앉는 자세가 편안하다. 게다가 시트 아래에는 대개 60리터에 가까운 수납공간이 있어서 여자 친구의 핸드백을 넣을 수도 있다. 여자 친구가 하이힐을 신고 나왔다면 갈

야마하의 빅 스쿠터 막삼은 앞뒤 시트의 높이 차이를 최소화해서 두 사람의 시선이 일직선상에 놓이도록 설계됐다. 시내에서 도란도란 이야기를 나누며 달리면 다른 어떤 탈것에서도 맛볼 수 없는 로맨틱한 기분을 만끽할 수 있다.

아 신을 편한 신발을 넣어 둘 수도 있고, 헬멧을 넣고 다니다가 갑작스러운 동승에 대비할 수도 있다. 여자 친구용 윈드브레이커를 넣어 둘 수도 있기 때문에 기분 한 번 내다가 감기에 걸려 바이크 혐오증에 걸리는 일도 예방할 수 있다.

    BMW로 대표되는 대형 투어링 모터사이클은 대형 세단의 뒷좌석에 견줄 정도로 탠덤 라이딩이 편하다. 뒷좌석에 열선 시트가 장착되어 있는 모델도 있으며, 뒤에 달린 가방이 등받이 역할을 해 주기도 한다. 두 사람이 타고 세계 일주를 해도 무리가 없다. 베테랑 라이더 중에는 부인과 함께 하루 1000킬로미터 정도를 달리는 사람도 흔하다.

    뒷자리에 타는 사람이 바이크 면허를 갖고 있어야 하는 건 아니지만, 어느 정도의 라이딩 스킬은 갖고 있어야 한다. 1990년대 중반 '빠라바라바라밤'이라는 개그맨 남희석의 유행어와 함께 '뒤에 앉은 사람은 라이더와 반대로 움직이는 것'이라는 선입견이 생기기도 했는데, 그건 사실 잘못된 것이다. 뒷좌석에 앉은 사람은 기본적으로 스스로를 '짐'이라고 생각해야 한다. 시트 위에 가만히 앉아 있어야 한다는 뜻이다. 코너를 돌 때 기울어지는 것을 무서워해서 반대로 움직이면, 라이더가 무게 중심의 이동에 대비할 수 없기 때문에 차체가 매우 불안정해진다. 반대로 라이더와 같은 방향으로 기울이는 것도 그리 좋은 생각은 아니다. 경험이 많아서 두 사람의 호흡이 아주 잘 맞는 경우가 아니라면, 그냥 힘을 빼고 가만히 시트 위에 앉아 있는 게 가장 좋은 방법이다. "모터사이클은 원래 코너를 돌 때 기울어지는 거야. 그러니까 무서워하지 말고 가만히 있어."라고 미리 말해 주는 것도 좋은 방법이다.

신호 대기에 걸릴 때면 무릎에 손을 대고 춥지는 않은지, 무섭지는 않은지, 불편한 건 없는지 묻는 것도 좋다. 마음을 편안하게 해 줄 뿐 아니라, 당신이 자상한 남자라는 사실을 깨닫게 해 주기 때문이다. 라이딩 실력을 뽐낸다고 급가속과 급감속을 일삼거나 차 사이로 이리저리 마구 빠져 나가는 건 현명하지 않다. 뒷자리에 앉은 사람은 운전자보다 훨씬 더 무서움을 느끼기 때문에 그런 짓을 했다가는 바이크를 못 타게 하는 여자가 될 가능성이 크다. 만약 난폭 운전을 좋아하는 여자라고 해도 당신에게 득이 되지는 않는다. 그런 여자들은 점점 더 많은 자극을 원하기 때문에 당신이 감당하지 못할 가능성이 크다. 여자 친구를 태운 채 앞바퀴를 들고 다닐 게 아니라면 그냥 얌전하고 질서정연하게 달리는 것이 탠덤 라이딩의 정석이다.

우리는 모터사이클이 위험하지 않다고 하지만, 막상 사고가 났을 때의 위험성은 아무래도 자동차보다 큰 것이 사실이다. 사랑하는 사람이 자신의 부주의로 인해 다친다는 건, 상상하는 것보다 훨씬 가슴 아픈 일이다. 사랑하는 사람뿐 아니라 당신이 사랑하는 모터사이클도 인생에서 멀어질 수 있다. 진짜 멋진 남자는 여자들이 뒤에 타고 싶어 안달하는 남자가 아니라, 뒤에 태운 여자, 자신이 사랑하는 모터사이클, 그리고 자기 자신을 제대로 지켜 낼 수 있는 사람이다. 자신이 없다면 뒤에 태우지 않는 게 낫다. 모터사이클은 어른의 탈것이고, 어른들의 사랑은 책임질 수 있는 것이어야 한다.

어떤 헬멧을 골라야 하나

라이더에게 헬멧은 군인에게 총이나 마찬가지다. 여자로 치면 핸드백이고, 목사에게는 성경 같은 존재다. 모터사이클과 헬멧은 총과 총알의 관계처럼 헬멧 없는 모터사이클은 아무것도 아니다. 시속 40킬로미터만 넘어가도 눈을 제대로 뜰 수가 없고, 머리카락은 휘날려서 엉켜 버리기 때문에 헬멧을 쓰지 않고 달리는 건 영화 속 풍경처럼 그렇게 낭만적이지는 않다. 그래서 '라이더'라면 누구나 헬멧을 쓴다. 헬멧을 쓰지 않고 모터사이클을 타는 사람들은 '라이더'라기보다는 그저 폼 좀 잡아 보려고 동네 주변에서만 알짱거리는 치들이라고 봐야 할 것이다. 모터사이클을 타는 사람들은 언제나 '안전'에 대해 생각해야 한다. 라이더 없이는 혼자 서 있지도 못하는 게 모터사이클이고, 바보가 아닌 다음에야 넘어지면 자기가 다친다는 걸 알 것이다.

그러나 라이더라고 해도 어떤 게 좋은 헬멧이고 어떤 안전 장비를 갖춰야 하는지 제대로 알고 있는 사람이 드물다는 것도 사실이다. 십수 년 전 해외에서 잘 나가는 국산 헬멧을 다룬 다큐멘터리 덕분에 완전히 뜬 홍진크라운(HJC)이라는 브랜드가 우리나라에서 가장 유명한 헬멧 메이커다. 세계에서 두 번째로 큰 헬멧 메이커이기도 하고, 미국 시장에서 가장 잘 팔리는 헬멧이기도 하다. 그러나 의외로 취미파 라이더들에게는 그다지 사랑을 받지 못하는데, 그 이유는 국내 시장이 작다는 이유로 국내 라이더에게 별 관심을 두지 않기 때문이다. 심지어 몇 년 전까지는 동양인 두상에 맞는 헬멧이 없어 서양인 두상용 헬멧을 그대로 팔기도 했다. 헬멧이 머리에 맞지 않으면 제대로 달리기는 커녕 불편해서 잠시도 견딜 수 없기 때문에 라이더들은 더 비싼 돈을 주고서라도 일본제 헬멧을 구입하곤 했다. 최근에는 동양인 두상에 맞는 모델도 나오고 있고, 가볍고 고급스러운 모델을 선보여 국내에서도 인기를 끌기 시작했다.

이 책을 읽는 라이더 혹은 예비 라이더에게 가장 권할 만한 것은 일본제 헬멧이다. 아라이(Arai)와 쇼에이(Shoei)는 세계에서 가장 많이 팔리는 헬멧은 아니지만, 세계에서 가장 인정받는 헬멧이다. 프로 레이서들이 애용할 뿐 아니라 경력이 긴 베테랑 라이더들이 믿고 선택하는 제품이다. 헬멧은 가장 눈에 띄는 부분이기 때문에 유행에 민감한 편인데, 이 제품들은 유행에 상관없이 이미 '마스터피스'로 자리 잡았다.(그러면서 유행을 선도하기도 한다.) 두 헬멧 모두 미국과 유럽의 안전 기

가장 안전한 헬멧은 얼굴 전체를 덮는 풀 페이스 헬멧(위)이다. 시속 300킬로미터를 넘나드는 레이스에서도 라이더들의 목숨을 지켜내고 있다. 그러나 시내 주행에서는 안면부가 개방된 제트 헬멧(아래)이 시야가 넓고 피로도가 적어 권장할 만하다. 사고가 발생했을 때의 안전도는 풀 페이스 헬멧이 우수하지만, 애초에 사고가 발생하지 않도록 헬멧 내부 온도를 낮추고 신선한 공기를 공급하는 데 제트 헬멧이 유리하기 때문이다.

준보다 몇 배나 더 엄격한 자체 기준을 세워 헬멧을 만드는 것으로 유명하다. 둘 다 안전하고 쾌적한 최고의 헬멧이지만, 꼼꼼히 살펴보면 두 회사가 추구하는 철학의 차이를 발견할 수 있다.

우선 모양이 예쁘고 세련된 디자인으로 수많은 라이더에게 사랑받고 있는 아라이는 헬멧 내부의 환기 성능을 우선시해 다양한 부위에 환기용 덕트를 설계하는 것이 특징이다. 이런 구조의 헬멧은 모터사이클을 타고 달릴 때 발생하는 주행풍이 헬멧 내부로 들어와 체온으로 데워진 공기를 배출시키고 새 공기를 투입한다. 라이더는 언제나 신선한 공기 속에서 주의력을 유지하며 달리기에 집중할 수 있다. 이것은 단순히 쾌적성을 높이기 위한 것이 아니라, 능동적으로 안전을 추구하는 방법이다.

반면에 쇼에이는 헬멧에 구멍을 뚫는 것을 최소한으로 억제한다. 연결 부위도 줄이고, 부품 수도 가능한 한 줄인다. 꼭 필요한 환기용 덕트도 모서리가 아니라 중앙 부분에 설계해서 헬멧 외부 구조의 강성이 떨어지는 것을 막는다. 헬멧의 가장 큰 목적은 안전이고, 그것을 위해서는 강성을 확보하는 것이 가장 중요하다는 철학이다. 사고 발생 시 충격 흡수력을 최대화하기 위한 수동적 안전성(passive safety)의 최고봉으로 쇼에이를 꼽는 것도 그 때문이다. 쇼에이의 헬멧은 다른 메이커보다 무게도 무거운 편이지만, 실제로 써 보면 그다지 무겁게 느껴지지 않는다. 인간의 척추를 연구해 무게 중심을 잘 맞췄기 때문이다.

나는 매년 헬멧을 구입하는데, 대부분 이 두 브랜드 중에서 고른

이 헬멧은 일본의 헬멧 메이커 쇼에이에서 제작해 준 나의 시그너처 모델이다. 계약 조건은 별다른 것이 없고, "앞으로도 모터사이클의 즐거움을 더 많은 이들에게 알려 달라."는 것이었다. 풀 페이스와 제트 헬멧을 용도와 모터사이클 종류에 따라 사용하고 있다.

다. 유럽의 헬멧 브랜드는 동양인의 두상에 맞지 않는 것이 많고, 브랜드는 유명하지만 중국으로 생산 공장을 이전한 것들도 많다. 중국제를 무시할 수 있는 세상은 아니지만, 아무래도 얼굴에 착용해야 하고 생명을 지키는 제품이다 보니 가능하면 믿을 수 있는 제품을 사용하고 싶기 때문이다.

 헬멧을 선택할 때에는 바이크와의 궁합도 중요하다. 얼굴까지 보호할 수 있는 풀 페이스 헬멧(full face helmet)을 쓰는 것은 물론 안전을 위한 최고의 선택이지만, 동네에서 사용하는 50cc 스쿠터라면 편의성이 반감되는 것도 사실이다. 반대로 반모 헬멧(half face helmet)을 전국 투어에 사용하는 것은 바보짓이다. 사고 발생 시 보호력이 떨어지는 것도

이 헬멧은 지금은 단종된 쇼에이의 '와이번'이라는 모델이다. 자동차용 헬멧의 외관을 본떠 만든 터프한 스타일 때문에 무척 좋아했다. 쓰는 동안 단 한 번의 사고도 없었지만 너무 오래되어 내부 구조가 분화됐기 때문에 지금은 사용하지 않는다.

문제일 뿐더러 고속으로 주행할 때 얼굴에 불어 닥치는 바람을 막을 수 없어 피로도가 올라가기 때문이다. 비포장 도로를 달린다면 호흡하기 편하고 시야가 넓은 오프로드용 헬멧이 반드시 필요하다. 결혼식에 갈 때와 장례식장에 갈 때 입는 옷이 비슷하면서도 살짝 다른 것처럼, 헬멧의 작은 디테일 차이는 무시할 수 없다.

헬멧은 충격을 흡수하는 내부의 발포 스티롤이 자연적으로 분화하기 때문에, 생선처럼 시간이 지날수록 신선도가 떨어진다. 매일 헬멧을 착용하는 라이더라면 2~3년 주기로 교체해야 하고, 가끔 사용하더라도 4년 이상은 사용하지 않는 것이 좋다. 내가 매년 헬멧을 구입하는 이유도 그 때문이다. 또한 넘어지면서 직접 충격을 받은 헬멧은 크게 부서지지 않았더라도 더 이상 사용하면 안 된다. 겉으로 볼 때는 멀쩡해 보여도 내부의 충격 흡수 구조가 망가져 더 이상 보호 기능을 발휘할 수 없기 때문이다.

잠깐 담배 사러 나갈 때, 혹은 시내에서 모터사이클로 움직일 때 가죽 원피스 슈트를 입고, 척추 보호대를 하고, 레이싱 부츠를 신을 수는 없다. 안전을 위해서 보호 장구를 착용하는 것은 라이더로서의 즐거움을 오래 만끽하기 위해 필수이지만, 모터사이클의 편리함과 경쾌함이 사라져 버려서는 의미가 없기 때문이다. 질 좋은 헬멧과 글러브, 끈 없는 신발,(끈이 체인에 말려 들어가면 끔찍한 일이 벌어진다.) 그리고 가죽 재킷 정도면 최소한의 안전은 보장할 수 있다. 부족한 부분은 안전 운전과 정신 집중으로 보충하면 된다.

모터사이클로 대한해협 건너기

도무지 짜증이 나서 견딜 수가 없다. 이 고속도로라는 이름의 길은. 쭉 뻗어 있기만 할 뿐 길가에는 방음벽이, 중앙선에는 차단막이 설치되어 있어 '길'이 가져야 마땅한 '낭만'이 없는 것이다. 목적지까지 빠르게 가는 것 외에는 전혀 쓸모가 없다. 열 대의 모터사이클에 각각 올라탄 우리 일행은 시간에 쫓겨 고속도로를 탈 때마다 한숨을 내쉬고 있었다. 우습게도 우리 일행이 한국으로 돌아가는 날에는 서울 여의도에서 바이크의 고속도로 통행을 요구하는 라이더들의 단체 시위가 열릴 예정이었다. 전 세계에서 유일하게 바이크의 고속도로 통행을 막고 있는 나라에 살고 있다는 사실이 억울하기는 하지만 실제로 달려 보면 별것 없다. 우리나라는 독일 아우토반처럼 속도 무제한도 아니고, 일본 고속도로처럼 교통량이 적지도 않으니까. 만약 통행이 가능해지더라도 내가 바이크를 타고 우리나라의 고속도로에 오를 일은 없지 싶다. 배려심이라고는 눈곱만큼도 없을 뿐 아니라 '1차선은 추월 차선'이라는 간단한 교통 법규조차 제대로 모르는 무식한 자동차 운전자들 사이에서 시속 100킬로미터로 달릴 만큼 무모한 사람이 되고 싶지는 않다.

이번 규수 투어를 기획한 것은 BMW 모터사이클 오너들의 모임인 MCK(Motorrad Club Korea)였다. BMW 오너들은 라이더들 사이에서도 명성이 자자하다. 서울에서 출발해 지리산을 거쳐 남도를 돌고 오는 것 정도는 당일치기 일정으로 소화해 내기 때문이다. BMW 모터사이클을 탄다고 하면 대부분의 사람들은 브랜드 로고를 드러내며 뻐기기 좋아하는 부르주아라고 생각할지 모르지만, 그런 생각을 하는 쪽이 오히려 속물 근성에 물든 사람이다. BMW 라이더들은 푸른색과 흰색이 섞인 로고에 반한 게 아니라 아무리 달려도 지칠 줄 모르는 기계의 성능에 반해 있을 뿐이다. BMW 바이크는 일주일치 짐을 싣고, 20리터의 가솔린을 채우고, 뒤에 동승자를 태운 상태로도 가뿐하게 하루 500킬로미터, 아니 마음만 먹으면 1000킬로미터를 풀 스피드로 달릴 수 있다. 그렇게 달리고도 라이더가 피로를 느끼지 않는 바이크는 이 세상에 BMW뿐이다. 이번 투어를 떠나던 날도 서울에서 부산까지 네 시간 만에 도착했다. 적산계에 기록된 거리는 400킬로미터 남짓. 이번 투어가 계획된 이유도 우리나라는 정말 좁아서, 더 이상 달릴 길이 없었기 때문이었다.

부관페리에 바이크를 실으면 선원들이 바이크를 능숙하게 고정시켜 준다. 번호판은 영문으로 직접 적거나 출력해서 장착하면 일본을 달리는 데 아무 문제가 없다. 단 책임 보험은 반드시 가입해야 하며, 자신이나 가족의 명의로 된 바이크여야 타고 출국할 수 있다. 리스나 렌털 바이크는 반출이 불가능하다.

일본 시모노세키 항에 도착 후 페리에서 내릴 때의 기분은 아메리카 대륙을 발견한 콜럼버스 못지않다.(위) 일본은 모터사이클로도 고속도로를 주행할 수 있다. 단체 주행일 경우, 미리 정한 리더가 한꺼번에 통행료를 지불하고 다른 멤버들이 천천히 지나가는 방식을 택하면 통과 시간을 줄일 수 있다.(아래)

1999년 MCK가 결성된 이래, 회원들의 해외 투어는 무척 활발하게 진행되었다. BMW 모터사이클의 성능에 매료되면 달리지 않고는 배길 수가 없기 때문이다. 유럽과 뉴질랜드, 몽골과 중국, 북아메리카에서 아프리카에 이르기까지, 한국 비머(BMW 오너의 애칭)의 발길이 닿지 않은 곳이 없다. 그러나 이번 규슈 투어에는 또 다른 의미가 있었다. 현지에서 바이크를 렌털하는 것이 아니라 자신의 바이크를 가지고 외국에 나가는 것이기 때문이었다.

　우리나라의 바이크 관련 법규 중에는 무척 우스운 것이 많은데, 그중 하나가 외국 반출 불가 항목이다. 자기 재산임에도 불구하고 외국에 가지고 나갈 수 없다니, 말도 안 되는 일이지만 실제로 그랬다. 2004년 법규가 바뀌면서 자신의 바이크를 타고 외국에 나갈 수 있게 됐는데, 현실적으로 갈 수 있는 곳은 일본이 유일했다. 다른 곳은 너무 멀거나 제반 시설이 미비하기 때문이다. 부산에서 운항되는 페리를 이용하면 도쿄, 오사카, 시모노세키 등 일본의 여러 지역으로 이동할 수 있는데, 시모노세키에서 가까운 규슈 지역은 따뜻한 날씨와 이국적인 풍경 때문에 인기를 끌었다. 규슈는 곳곳에 활화산이 연기를 뿜고, 아프리카를 떠올리게 하는 넓은 초원이 있는가 하면, 그랜드 캐니언 같은 협곡 지대도 있고, 일본을 대표하는 온천도 곳곳에 있다.

　우리가 묵은 곳은 규슈 아래쪽의 사쿠라지마(櫻島)라는 작은 섬이었다. 이름처럼 벚꽃이 유명하지만 우리가 도착했을 때는 아직 제철이 아니었고, 활화산과 노천 온천을 제대로 즐길 수 있는 시기였다. 아침

일찍 일어나 태평양과 맞닿은 노천 온천에서 바다 위로 떠오르는 태양을 바라보고 있으니 새삼 행복을 실감할 수 있었다. 좋아하는 사람들과 바이크를 타고 실컷 달린 후, 뜨끈한 온천에 몸을 담그고 멋진 풍경을 바라볼 수 있다니 더 이상 무엇을 바라랴…… 하고 생각하다가 여자가 있으면 더 좋겠다는 생각이 들긴 했다. 뭐 인간의 욕심이란 끝이 없는 거니까.

해외여행이란 외국의 낯선 문물을 보고 즐기기 위한 목적도 있지만, 우리나라를 재발견하게 되는 장점도 있다. 규슈는 멋진 풍광과 이국적인 정취가 물씬 풍기는 데다 물가까지 싸서 좋은 여행지다. 일본의 국도는 아기자기한 재미가 있고, 일본 운전자들은 배려가 생활화되어 있어서 위협을 느낄 일도 거의 없다. 우리나라 라이더가 일본 운전자들에게 피해를 입히는 일은 있을지 몰라도, 일본의 자동차 운전자가 바이크에 위협을 가하거나 위험에 처하게 하는 일은 없다고 봐도 좋다. 그래서 안심하고 달릴 수 있으며 장거리를 달려도 스트레스가 없다는 장점이 있지만, 도로의 폭이 너무 좁고 졸음이 올 정도로 차량의 흐름이 느린 것도 사실이다. 준법 운전이 너무 생활화되어 있다 보니 바이크를 타고 달리는 '다이내믹한 재미'를 맛보기는 어렵다.

반면 우리나라의 국도는 넓고 뻥 뚫린 데다 적당한 코너가 있어서 바이크를 즐기기에는 최적의 코스다. 우리나라에서 달릴 만한 곳이 어디 있느냐고 묻는 사람도 있지만, 우리나라의 국도는 평균 주행 속도가 높기로 유명한 스페인의 고속도로와 비슷한 환경이다. 시속 300

규슈는 곳곳에 활화산이 연기를 뿜고 있고, 아프리카를 떠올리게 하는 넓은 초원이 있는가 하면, 그랜드 캐니언 같은 협곡 지대도 있고, 일본을 대표하는 온천도 곳곳에 있다.

킬로미터를 낼 수 있는 길도 많다. 처음엔 느긋하게 일본의 풍광을 즐기던 일행들이 며칠 지나면서부터 한국의 도로 환경에 향수를 느끼기 시작했다. 모든 법규를 완벽하게 지키는 일본의 도로보다는 무질서 속에 질서가 생긴 한국적 교통 상황이 역시 한국인에게 맞는지도 모르겠다.

적산계는 1900킬로미터를 얼마 남겨두지 않고 있었다. 출발 전 새로 갈아 끼운 타이어는 어느새 길이 잘 들어 있고, 이틀 전 하루 종일 비를 맞으며 달린 탓에 바이크는 흙탕물로 범벅이 되어 있었다. 헬멧과 바이크의 헤드라이트에는 총알처럼 달려오는 바이크를 피하지 못하고 산화한 벌레들의 시체가 덕지덕지 붙어 있었다. 34세부터 65세까지, 나이도 직업도 각기 다른 열 명의 라이더들은 어린아이처럼 웃는 얼굴로 각자의 바이크에 올라 일주일간을 달렸다. 가죽 재킷에는 비 냄새와 바람 냄새가 배고 머리는 헬멧에 눌려 잔뜩 헝클어졌지만, 후쿠오카와 시모노세키를 연결하는 칸몬 대교 위를 달리면서 왠지 나 자신이 무척 멋진 남자인 것 같다는 생각이 들었다.

에피소드를 하나 더하자면, 사쿠라지마의 온천에서 여자가 있으면 좋겠다는 생각을 하고 있는데 거짓말처럼 두 명의 여자가 들어왔다. 그 온천은 혼탕이었고 가운을 걸쳐야 한다는 규칙이 있긴 했지만 얇은 수건과도 같은 가운은 젖으면 오히려 벗는 것보다 더 야했다. 나는 괜히 국제 치한으로 몰리고 싶지 않아서 뒤돌아 태평양 쪽을 바라보며 온천을 즐기고 있었는데, 그녀들이 먼저 다가왔다. 사진을 찍어 달라는 것이었다. 젖어서 몸의 라인을 그대로 드러낸 그녀들을 디지털 카메라로 찍어 주자, 내 카메라가 더 좋아 보인다며 이걸로 멋지게 찍어 달라고 부탁해 왔다. 우리 일행은 그녀들과 다 함께 기념사진을 찍었다. 아침식사도 같이 하고 전화번호와 이메일 주소도 교환했다. 그녀들은 어느 일본 국적 항공사의 승무원이었는데, 우리가 한국에서부터 모터사이클을 타고 왔다고 했더니 눈망울이 초롱초롱해지면서 모험가를 만난 시골 소녀 같은 표정을 지었다.

안타깝게도 지금은 사쿠라지마의 온천에 갈 수가 없다. 화산 활동이 재개되면서 온천이 문을 닫았기 때문이다. 자신의 바이크와 함께 바다 건너 타국으로 건너간다는 건 정말 소중한 경험이다. 사쿠라지마의 온천에서 여자를 만나지 않았더라도 말이다.

라이더의 성지, 알프스를 순례하다

라이더는 바이크와 함께 바람의 냄새를 맡으며 달리는 것을 무엇보다도 소중하게 여긴다. 흘러가는 산과 들, 굽이진 도로, 파란 하늘과 언제나 변함없는 태양. 이들과 함께할 수 있다면 간혹 넘어지거나 다리 하나 부러지는 것 정도는 참을 수 있다. 자신의 실력을 탓할지는 몰라도 바이크를 원망하지는 않는다. 사랑하는 여자 친구가 키스 도중에 입술을 깨물었다고 "다시는 너랑 키스 안 할 거야."라는 남자가 없는 것과 마찬가지인 셈이다. "도대체 뭐가 그렇게 좋은 건데?"라고 물어봐도 딱히 해 줄 말은 없다. 20년 가까이 바이크를 타면서 그 이유를 설명할 방법을 찾아봤는데 도저히 불가능했다. 그냥 좋을 뿐이다. 도저히 이해가 안 되면 그냥 '라이더가 아닌 사람'으로 살면 된다.

여자들은 가끔 "내가 좋아, 바이크가 좋아?"라는 질문을 던지기도 한다. 이 질문에 대답하는 건 참 난감한 일이다. 선배들의 조언에 따라 "기계 따위랑 비교되고 싶어?"라는 대사를 미리 외워 대답하고 슬쩍 넘어가기는 하지만 솔직히 말하면 경중을 가리기가 무척 힘들다. 바이크는 말대꾸도, 반항도 하지 않는다. 언제나 묵묵히 내가 원하는 대로, 시키는 대로 할 뿐이다. 앞으로 숙이는 자세의 스포츠 바이크 중에는 엄청난 파워로 라이더를 농락하는 것도 있지만 그것도 마조히즘 취향의 라이더가 원한 것일 뿐이다. 라이더가 몸을 움직이면 바이크도 따라서 반응하고, 스로틀을 열면 날카로운 교성을 지르며 엔진이 피스톤 운동을 시작한다. 타이어를 통해 노면과 의사소통하면서 중력과 원심력을 절묘하게 조절해 가는 것은, 자연과 기계와 인간이 즐기는 스리섬과도 같다.

매년 7월 중순이면 독일 알프스 자락의 가르미슈파르텐키르헨(Garmisch-Partenkirchen)이라는 작은 도시에 전 세계의 라이더들이 모여든다. 'BMW 바이커스 미팅(BMW Bikers Meeting)'이라는 행사가 열리기 때문이다. 이 행사는 BMW의 후원으로 열리지만 메이커에 상관없이 모든 바이크가 참가할 수 있는 축제다. 나는 2002년 이 행사에 처음으로 참가한 이후 지금까지 세 번을 다녀왔다. 똑같은 장소에서 매년 열리는 행사이지만 해가 갈수록 더 많은 나라에서 더 많은 라이더들이 모여들고 행사 규모도 커져서 언제나 새로운 체험을 할 수 있다. 그래서 이 행사에 참가할 수 있는 기회가 생기면 항상 손을 번쩍 들게 된다. 아니, 처음 다녀 온 이후로는 언제 다시 유럽을 달릴 수 있을까 항

평화로운 알프스의 산길을 달리다보면 마치 동화 속 주인공이 된 듯한 착각에 빠지게 된다. 나란히 달릴 때는 서로의 안전거리를 지키고, 추월이나 지그재그 주행 등의 돌발 행동을 하지 않는 것이 매우 중요하다. 아무리 친한 사이라도 남에게 피해를 끼치지 않도록 매사에 조심해야 한다.

상 고대하며 살고 있다고 말하는 편이 옳다. 전 세계 라이더들이 모이는 행사를 취재하고 눈 덮인 알프스의 사진을 찍어 멋진 기사를 쓰고 싶은 욕심도 있었지만, 그 전에 나는 한 명의 라이더로서 독일의 속도 무제한 고속도로와 바이에른 지방의 동화 속 풍경 같은 시골길을, 이탈리아의 굽이진 산길을, 그리고 오스트리아 알프스의 한가로운 오솔길을 달릴 수 있는 기회를 놓칠 수가 없는 것이다.

처음으로 바이크를 타고 유럽 대륙을 달렸을 때 나는 신을 비난했다. 유럽인들은 이런 곳을 달릴 수 있게 했으면서 우리는 왜 그 자그마한 땅에서 핍박을 받으며 달리게 했느냐고. 바이크로 달리면서 바라본 유럽의 하늘은 투명하다 못해 눈이 아플 지경이었고, 저 멀리 보이는 산은 너무나 선명해서 마치 공간이 일그러진 것만 같았다. 바이크 위에서 숨을 깊게 들이마시면 담배에 찌든 폐가 민트향으로 세척되는 듯한 느낌마저 들었다.

투어가 시작되는 날이면 언제나 잠을 설친다. 시차 적응 때문이 아니라 앞으로 펼쳐질 바이크 투어에 들뜬 탓이다. 새벽같이 일어나 라이딩 용품을 다시 한 번 손질하고 헬멧 스크린을 깨끗이 닦으며 시간을 보냈다.

'라이더'라고 해도 그 안에는 여러 부류가 있다. 시끄러운 배기음을 동네방네 퍼뜨리며 "내 번쩍이는 오토바이와 어깨에 새긴 독수리 문신 좀 봐 줘."라고 온몸으로 외치는 애정결핍증 환자가 있는가 하면, 시속 100킬로미터에 도달하는 데 2초밖에 걸리지 않는 바이크로 값비싼 스포츠카 기 죽이기를 즐기는 사람도 있다. 타고 있는 바이크를 보면 그 라이더가 어떤 스타일을 추구하는지 알 수 있는데, BMW 라이더 중에는 하루 1000킬로미터에 달하는 장거리 투어링을 즐기는 사람이 많다. 하루에 1000킬로미터라고 하면 평균 시속 100킬로미터로 10시간을 달려야 하는 거리다. 바이크의 성능과 라이더의 실력이 겸비되지 못하면 절대 불가능하다.

BMW 모터사이클은 고속 장거리 투어에서는 적수가 없다. 독일의 아우토반과 알프스에서 태어나고 자란 덕분이다. 이 바이크를 타고 달리면 마치 고속 쌍끌이 어선처럼 빠른 속도로 아름다운 풍광과 라이딩의 즐거움을 쓸어 담아 가슴속으로 집어넣을 수 있다. 바이크를 타고 달리다가도 사진을 찍느라 지체하는 시간이 길지만, 가능하면 유럽의 풍광은 디지털 메모리가 아닌 가슴속에 더 빠른 속도로 밀어 넣고 싶을 뿐이다.

바이크를 타고 유럽을 여행한다면 노이슈반슈타인 성도, 린더호프 성도 무시한 채 계속해서 스로틀을 열고 앞으로 나아가는 편이 낫다. 바이크 안장에 올라 유럽을 돌아다니면 훨씬 본토박이의 눈높이로 바라볼 수 있기 때문이다. 서울 토박이가 남산타워에 잘 가지 않는 것처럼 유명 관광지에 들르는 것보다 국도를 최대한 빙빙 돌아다니는 편이 진짜 유럽을 맛볼 수 있다.

바이커스 미팅 장소에 가면 그 자리에 모인 3만여 대의 모터사이클을 보는 것만으로도 압도되고 만다. 도시 전체가 라이더들로 가득 찬다고 해도 과언이 아닌데, 그 도시 사람들이 매년 이곳을 찾는 라이더들을 열렬하게 반기는 것은 물론 그들도 함께 어울려 행사를 즐긴다. 이곳에서는 바이크들이 늘어서 있는 지평선을 바라보는 것만으로 뭔가 힐링이 되는 것을 느낄 수 있다. 유럽 각국의 라이더들과 단체 투어를 떠날 수도 있으며, 신모델 시승, 장기자랑, 스턴트 쇼, 맥주 파티 등 다양한 이벤트를 일주일 내내 즐길 수 있다.

물론 대부분은 하루나 이틀 정도 보는 것으로 만족하고 인근의 오스트리아 국경 지대에 있는 와인딩 공략에 나선다. 퓌센 인근의 굽이진 길을 따라 달리다 보면 독일에서 오스트리아로, 오스트리아에서 독일로, 다시 오스트리아로, 한 시간에 두세 번씩은 국경을 넘어 왔다 갔다 하며 달리는 것이다.

이곳에서는 반대쪽 차선을 지나가는 라이더에게 왼손을 들어 인사하는 것이 예의다. 우리나라에서도 마찬가지지만 요즘은 퀵 서비스가 너무 많아져 유명무실해진 인사법이다. 바이커스 미팅이 열리는 기간에 이쪽 지역은 라이더의 수가 워낙 많기 때문에 거의 왼손을 들고 타야 할 지경인데, 나중에는 왼손으로 핸들을 잡은 채 손가락 두 개만 까닥거리는 요령이 생긴다. 지구 반대편에 사는, 아마 앞으로도 다시는 마주칠 일이 없을 사람과 손가락 두 개로 동질감을 느낄 수 있다니. 관광버스를 타고서 닳디닳은 한국인 가이드의 설명을 들으며 관광하는 패키지 여행에서는 절대로 느낄 수 없는 쾌감이다.

인간의 광학 기술이란 대자연 속에서 얼마나 초라한가. 카메라로

해외 모터사이클 투어를 하면서 경험할 수 있는 가장 큰 기쁨은 바로 친구를 만드는 것이다. 일반 관광을 떠났을 때와는 비교도 안 될 정도로 엄청난 동질감을 느끼는 친구들을 만날 수 있는데, 모터사이클을 탄다는 것만으로도 이미 친구가 될 수 있기 때문이리라.

볏짚으로 된 보호벽 아래에서 귀여운 여자 아이의 신호에 따라 승부를 겨루는 클래식 드래그 레이스도 펼쳐진다. 모두 생산된 지 반세기 가까이 지난 바이크들이지만, 호쾌함은 최신 모터사이클 부럽지 않다.(위) 3만 5000대의 모터사이클이 모이는 바이커스 미팅에는 자동차를 타고 행사장을 찾는 가족 단위의 관람객도 많다. 사진 속의 아버지는 조만간 다시 아들과 함께 라이더 세상으로 복귀할 것이다.(아래)

사진을 찍을 때마다 이런 생각이 든다. 멋진 풍경을 앞에 두고 최신형 DSLR 카메라를 들이대며 셔터를 눌러 봐도 눈에 비친 광경의 0.1퍼센트도 제대로 표현해 내지 못한다. 만약 동공에 비친 초광각 풍경과 투명하다 못해 눈가가 시큼해지는 공기를 그대로 재현할 수 있는 카메라를 누군가 발명한다면, 그건 분명 노벨상감일 것이다.

우리나라를 찾은 외국인 라이더들이 강원도의 자연에 감탄하는 것처럼 눈에 익숙지 않은 풍경 때문인지도 모르겠지만, 유럽의 도로는 우리나라와는 도로 설계 사상부터가 달라 보인다. 수십 년 전, 혹은 한 세기 전에 유럽 대륙의 도로를 설계한 이들은 죄다 로맨티스트였던 모양이다. 가로질러도 될 초원 위를 왜 굳이 곡선으로 설계했을까 생각하며 달리다 보면 어김없이 도로의 정면에 웅장한 랜드마크가 나타난다. 도로 위를 달리는 이가 고개를 돌리지 않아도 멋진 광경을 볼 수 있도록 한 배려다. 단순히 이동하기 위한 길이 아니라 자연을 감상하기 위한 방법으로서의 길. 알프스 산속의 고갯길 하나를 넘을 때마다 국경을 넘나들게 되는데, 국경 검문소 직원들은 음주 단속하는 경찰보다도 여유롭다. 워낙 많은 라이더들이 찾는 곳이다 보니 번거로운 검색을 당하는 경우는 거의 없다.

유럽에서 모터사이클을 탈 때 기억해야 할 것이 하나 있다. "룰을 지킬 것." 속도가 빠를수록 상위 차선을 달리고, 반드시 신호를 지키며, 통행 우선순위를 지키는 것만으로도 유럽의 도로는 전혀 낯설지 않다. 이것만 명심하면 장담하건대 수십 년을 달려 온 우리나라의 도로에서보다 훨씬 익숙하게 달릴 수 있다. 도착하자마자 아우토반의 속도 무제한 구역에 진입해 시속 220킬로미터로 순항을 하더라도, 서울 시내의 출근길에서보다도 훨씬 안심할 수 있을 정도다. 일주일 동안의 투어에서 단 한 번도 생명의 위협을 느낀 적이 없다는 사실을, 아마도 한국의 라이더들은 믿지 못할 것이다.

유럽에서의 마지막 밤, 지구 반대편에서 만난 생면부지의 라이더들과 어깨동무를 하고 맥주잔을 기울이면서 어쩌면 이런 게 천국의 삶이 아닐까 하는 생각이 들었다. 모터사이클이란 참으로 묘한 탈것이다. 지구상에 혼자뿐인 듯한 절대 고독과 전 세계 어디에나 친구가 있는 듯한 유대감을 동시에 느낄 수 있으니 말이다. 당신이 만약 라이더라면, 유럽 대륙을 달리는 경험은 꼭 한 번 해 보길 권한다. 그 여행은 아마도 당신의 인생을 조금 다른 방향으로 바꿔 놓을 것이다. 물론 좋은 방향으로.

모터사이클과 패션의 상관관계

나는 어느 쪽인가 하면 바이커스다. 지금까지 타 온 바이크가 그렇고, 라이프스타일이 그렇고, 패션 스타일이 그렇다. 바이커스와 모즈(Mods) 사이를 오간다는 건, 하루는 LG 트윈스를 응원하다가 하루는 롯데 자이언츠를 응원하는 것처럼 척살을 당해도 마땅한 짓이었다.

바이커스와 모즈에 대해 간단히 말하자면 이렇다. 1960년대 영국 런던에는 두 가지 유행이 있었다. 트라이엄프나 BSA 등의 영국제 카페 레이서를 타고 록큰롤을 좋아하며 검은 더블 가죽 재킷과 리젠트 헤어스타일을 숭배하는 '바이커스(록큰롤을 좋아했기 때문에 '로커스'라고도 불렸다.)'와, 이브 생 로랑으로 대표되는 미니멀한 이탈리아제 양복을 입고 상고머리 모양새로 모던 재즈와 더 후(The WHO)를 즐겨 들으며 베스파 스쿠터를 타는 '모즈'. 이 두 패거리는 완전히 상반된 라이프스타일로 언제나 서로 으르렁거리면서 지냈다. 두 패거리는 마침내 런던의 압구정동쯤 되는 카나비 스트리트(Carnaby Street)에서 패싸움을 벌였는데, 결과는 모즈의 압승이었다. 모즈는 곱상한 외모와는 달리 낮에는 공장에서 일하고 밤에는 약물과 춤을 즐기는 블루칼라 계층이었고, 바이커스는 차림새는 터프하고 와일드해도 알맹이는 부잣집 도련님들이었으니 어쩌면 당연한 일이었는지도 모른다. 이 대결은 단순히 동네 아이들의 싸움이 아니라 영국 사회 전반에 걸친 문화적 대립이었으며, 1950년대가 끝나고 1960년대 문화가 시작되는 계기가 되기도 했다.

패싸움 이후 바이커스의 카나비 스트리트 출입은 금지됐고, 런던 시내로 들어오려면 모즈 차림을 해야 했다. 당시 바이커스 룩의 신예 록큰롤 밴드였던 비틀즈는 데뷔를 앞두고 모즈 패션으로 갈아타야 했다. 바이커스 차림으로는 뭇매를 맞거나 무시당할 것이 뻔했기 때문이다. 이 과정에서 비틀즈 드러머 피트 베스트는 "죽어도 우스꽝스러운 모즈 차림은 할 수 없다."며 버티다 해고됐고, 그는 지금도 록큰롤의 영웅 대접을 받고 있다. 우리가 알고 있는 비틀즈 초기의 상고머리 패션은 그렇게 태어났다.

예전 같으면 카페 레이서 타입의 두카티와 모즈의 상징인 베스파를 동시에 소유한다는 건 상상도 할 수 없는 일이었겠지만, 지금은 아무도 뭐라고 할 사람이 없다. 심지어 나는 검은 더블 가죽 재킷을 입고 베스파에 오르기까지 한다. 아마 1960년대 영국에서는 상상도 못 할

모즈란 1960년대 런던 카나비 스트리트를 중심으로 활동하면서 유행을 이끌었던 젊은 세대를 말한다. 모던 재즈와 더 후를 즐겨 들으며 베스파 스쿠터를 타는 모즈.

일이었을 것이다. 타탄체크와 카페 레이서를 매치하는 것도 이젠 그다지 거슬리지 않는다. 하긴 베스파와 로열 엔필드를 같은 매장에서 파는 세상이니까.

사실 바이크의 종류를 떠나 라이더의 패션은 매우 중요한 요소다. 완벽하게 두 바퀴의 밸런스를 맞추는 게 바이크의 공통된 재미이듯이, 바이크와 패션의 일치도 재미 중의 하나다. 그러고 보면 요즘은 멋진 라이더들이 정말 많아졌다. 독일군 철모를 쓰고 할리 데이비슨을 타는 사람, 양복바지를 양말 안에 말아 넣고 골드윙을 타는 사람도 줄어들었다. 사람들은 자신의 바이크에 어떤 옷이 어울리는지를 잘 알고 있으며, 두 가지 요소를 조화시키면서 바이크를 즐길 줄 알게 됐다.

특히 베스파는 그런 면에서 가장 앞서 가고 있다. 옷 잘 입는 걸 인생의 목표로 삼는 사람들이 많은 이탈리아 출신의 스쿠터라서 그런지 베스파를 타고 있으면 어떤 옷이든 멋져 보이기도 하고, 베스파를 타는 사람들 중에는 멋쟁이들이 많다. 요즘 청담동을 거닐고 있으면 멋진 수트 차림으로 혹은 센스 있는 색상 조합으로 베스파에 올라 달리는 사람들을 자주 만나볼 수 있다.

베스파의 매력을 이해하지 못하는 사람들은 그 흔한 스쿠터가 왜 그리 비싸냐고 할지도 모르지만, '베스파'는 단순한 스쿠터가 아니라 한 시대의 증인이자 문화사의 중요한 유산이다. 할리 데이비슨의 매력을 이해하면서 베스파의 매력을 이해하지 못한다면, 그건 실제로 뭔가를 이해하고 있는 게 아니라 '큰 게 좋은 것'이라는 촌스러운 판단

베스파는 단순한 스쿠터가 아니라 한 시대의 증인이자 문화사의 중요한 유산이다. 오드리 헵번은 베스파를 타고 로마 시내를 달렸고, 1960년대 런던을 주름잡던 모즈는 베스파와 함께 역사를 만들었다.

기준을 갖고 있을 가능성이 크다.

더구나 베스파는 '그 흔한 스쿠터'가 아니다. 우선 실루엣이 다르다. 앉아 있을 때 베스파처럼 아름다운 스쿠터도 흔치 않다. 엔진은 페라리나 두카티를 친척으로 둔 이탈리안답게 잘 돌아가고, 서스펜션은 휘청휘청하면서도 노면을 제대로 움켜잡는 라틴제 탈것의 고유한 맛

길이 좁고 복잡한 유럽에서는
정말 많은 사람들이 스쿠터를
교통 수단으로 애용한다.
네덜란드의 경우 배기량과
면허 종류에 따라 헬멧을 쓰지
않아도 된다. 최고 속도가
60킬로미터를 넘지 않으면
헬멧을 쓰지 않고 도로를
달려도 된다.

이 잘 살아 있다. 플라스틱으로 만들어진 다른 스쿠터와 달리 철판으로 성형된 모노코크 섀시를 갖춘 덕분에 발색이 곱고 곡선이 예쁘다. 그 작은 차이를 알아보지 못한다면 어차피 베스파를 타는 멋쟁이가 될 자격이 없다.

예전에 미국제 바이크를 탈 때, 주변 사람들에게 왜 이 바이크를 타느냐고 물으면 너도나도 "개성 때문에……"라고 답하는 게 의아했다. 다들 똑같은 가죽 재킷에, 똑같은 문신에, 똑같은 헤어밴드에, 똑같은 크롬 파츠를 달고는 '개성'을 운운하는 게 그렇게 이상할 수가 없었다. 그러나 베스파 라이더들은 대부분 '개성'과 '멋'을 완벽하게 이해하고 있다. 그들에게 베스파라는 모터사이클은 목적이 아니라 도구일 뿐이다. 자신의 패션을 완성시키는 탈것으로서의 역할을 부여했을 뿐이지, 베스파 때문에 돋보이는 것을 원하지 않는다. 나폴리 스타일의 슈트를 입건, 아메리칸 캐주얼을 입건, 카무플라주 패턴의 아웃도어 룩을 하고 있건 간에 베스파는 완벽하게 어울린다. 붐비는 강남 도로에서 이동하는 데 최적의 교통 수단이기도 하고, 주차하는 데도 부담이 없다.

물론 본고장 런던에서도 '베스파를 타면 모즈'라고 생각하는 사람은 이제 더 이상 없다. 평소에는 슈트를 입다가도 주말에는 검은 가죽 재킷을 입을 줄 아는 다채로운 패션 감각을 가진 사람이 멋진 것처럼 모터사이클도 마찬가지다. 특정 브랜드의 모터사이클이 삶의 지표라도 되는 것처럼 팔에다 문신을 새기거나 하면 좀 꽉 막힌 사람처럼 보인다. 미국산 크루저를 좋아하는 마초이거나 일본산 슈퍼스포츠를 좋아하는 스피드광이거나 혹은 모터사이클을 경멸하는 택시 운전수라고 하더라도, 당신의 삶에 스쿠터를 하나 추가해 보라. 이동 수단뿐 아니라 삶의 방식, 패션까지도 스펙트럼이 넓어지는 걸 발견할 수 있을 것이다.

내 애마들에 관한 이야기

내 어렸을 적 꿈은 똥차 운전수였다. 유치원 같은 반 친구들이 대통령이나 장군처럼 권력자가 되려는 야망을 불태울 때, 나는 용감하게 손을 들고 일어나 선생님에게 똥차 운전수가 되고 싶다고 소리쳤다. 유치원 선생님은 어머니에게 가정통신문을 보냈고, 가족들은 내가 뭔가 정신적인 문제를 갖고 있는 것은 아닌지 걱정하기 시작했다.

그런데 나는 단순히 그 크고 빠른 차가 좋았을 뿐이다. 똥차가 지나가면 거리의 모든 사람들이 길을 비켰고, 똥차들은 언제나 전속력으로 질주했다. 그 호쾌함이 이루 말할 수 없이 좋았던 것이다. 지금 생각해 보면 다른 차에서는 볼 수 없는 호스나 볼트, 탱크 같은 디테일이 달려 있어서 좋아했던 것 같기도 하다. 당시의 똥차는 초록색이었는데, 재규어나 벤틀리에서 볼 수 있는 브리티시 레이싱 그린 색상과 비숫했다. 역시 나는 어려서부터 좋은 차를 알아보는 눈이 있었던 모양이다.

대통령을 희망하던 녀석들은 나이를 먹어 가면서 '포르쉐를 모는 의사'로 장래 희망을 바꾸기 시작했다. 그것 봐라. 어차피 수컷의 호르몬은 빠른 차를 원하기 마련이다. 그러나 내 마이너 취향은 여전해서, 포르쉐나 페라리도 좋지만 피아트 칭퀘첸토(Cinquecento, 500)나 로버 미니(Rober Mini)와 같이 작고 빠른 차도 좋았다. 내게 '빠름'이란 절대적인 수치가 아니라 매우 주관적인 것이었다. 그래서 다른 것과의 비교나 도량형으로 판단하는 것이 아니라 철저하게 주관적으로 판단했다. 이는 예나 지금이나 마찬가지다.

바로 그런 이유 때문에 내 애마가 되는 일은 매우 까다로웠다. 빨라야 하지만 무조건 빠르기만 해서는 곤란했다. 무엇보다 멋져야 하고, 남과 달라야 하며, 속에 깃든 낭만이 있어야 했다. "최신 기술로 완벽하게 새롭게 태어났습니다."라는 광고 문구는 내게 아무런 의미도 없었다. 그건 시간이 지나면 금세 가치가 없어진다는 이야기였고, 그 시간의 갭은 점점 좁아지고 있기 때문이었다. 변하지 않는 가치야말로 내가 추구하는 바다. 사랑이 변하지 않는 것처럼. 당신도 만약 나와 같은 로맨티스트라면 내 애마들의 이야기에 공감할 수 있을 것이다.

현재 내 첫 번째 애마는 두카티의 베스트셀러 중 하나인 몬스터 디젤이다. 이 바이크는 두카티의 1100cc 공랭 L 트윈 엔진을 장착하고 있으며, 이탈리아의 패션 브랜드 디젤이 디자인을 손본 한정판 바이크다. 무광 카키색 차체에 엔진과 배기 파이프 등 금속 부품은 모두 무광 블랙으로 장식되어 있다. 몬스터는 공랭 엔진을 장착하고 있기 때문에 두카티 중에서는 가장 느린 편에 속하지만, 대신 이 녀석은 설레설레 달릴 때도 재미있고 도심이나 와인딩 어디에서도 즐겁다. 두카티의 슈퍼스포츠 바이크로 이렇게 달리는 것은 상상도 못하는 일이다. 그러나 지금 이 글을 쓰는 시점에서는 살짝 의문점이 생기는 중이기도 하다. 왜냐하면 예전 몬스터처럼 스파르타적인 맛이 줄어들었기 때문이다. 두카티를 타는 이유는 단거리를 달릴 때라도 머리털이 바짝 서는 짜릿한 감각을 즐기기 위해서인데, 최근의 두카티는 너무 편해졌다는 느낌이다. 타고 달리면 누구나 쳐다보는 맛이 있기는 하지만 예전의 두카티를 기억하고 있는 사람에게는 조금 낯선 면이 있는 것도 사실이다.

두 번째 애마는 베스파의 GTS250ie다. 예전에 3년 정도 야마하 마제스티를 타다가 한 번 시승해 보고는 그만 사랑에 빠져 충동구매하고 말았다. GTS는 바이크 역사에 남을 명차 베스파 GS의 직계 후손으로, 역대 베스파 중 가장 빠르다. 지금은 GTS300이라는 후속 모델이 등장했지만, 새로운 배기가스 기준을 맞추기 위한 목적으로 배기량을 확대했을 뿐 성능 자체에는 큰 변화가 없다. 오히려 GTS250 쪽이 엔진을 고회전까지 회전시키는 느낌이라서 달리는 재미가 더 좋다. 녀석은 벌써 8년 가까이 출퇴근과 근거리 데이트용으로 사용하고 있는데, 말끔하고 섹시한 엔진 감각에 여전히 감탄하고 있다. 엔진이 적정 온도에 도달하면 발정 난 고양이처럼 가르랑거리면서 날카롭게 가속한다. 한창 이 베스파를 타고 다니던 시절 출근길에 이틀 걸러 한 번 만나는 이름 모를 라이더의 T맥스와는 신호등 배틀을 자주 하곤 했다. 두 개의 신호 사이의 짧은 거리를 전속력으로 달려 2연승을 하고는 그 다음에 나타나는 긴 거리의 신호에서는 일부러 천천히 달리는 척해서 아마 약이 많이 올랐을 것이다.

세 번째 애마는 BMW의 C650GT다. 바이크를 세 대나 갖고 있는 사람은 그리 많지 않은 데다 그중에서도 스쿠터를 두 대나 갖고 있는 사람은 더 흔치 않을 것이다. C650GT는 스쿠터라기보다는 투어러에 가깝다. 이 빅 스쿠터는 600cc 2기통 엔진을 싣고 있는 투어러다. 시내에서도 요긴하게 쓸 수 있지만, 그 길로 전국 투어에 나선다고 해도 전혀 무리가 없다는 점이 장점이다. 나는 이십 대 후반부터 십 년 넘게 BMW의 투어러를 첫 번째 애마로 삼다가 너무 한 메이커만 고집하는 것 같아서, 그리고 더 늦으면 이탈리안 모터사이클을 제대로 즐기지 못할 것 같아서 두카티로 바꿨다. 그러나 두카티의 가장 큰 단점은 장거리 주행이 힘들다는 것이었다. 물론 두카티에서도 투어러 모델이 나오지만, 두카티의 투어러를 타는 건 돈가스 전문점에 가서 냉모밀을 시켜 먹는 것처럼 좀 어이없는 짓이다. 그래서 이 빅 스쿠터로 두카티의 모자란 점을 메우기로 한 것이다. BMW C650GT는 바람을 막아 주는 정도를 선택할 수 있는 전동 윈드 스크린이 달려 있고, 시트와 손잡이를 데워 주는 히터도 달려 있다. 시트 아래에는 헬멧 두 개와 가방

시내 주행용 스쿠터, 장거리
투어러 겸 탠덤 주행용
빅 스쿠터, 단거리 투어 및 와인딩
로드 주행용 이탈리안 스포츠
모터사이클이라는 황금 조합이
현재의 내 애마 라인업이다.
그러나 매일매일 갖고 싶은 것이
바뀌기 때문에 언제까지
이 라인업이 유지될지는
나 자신도 알 수 없다.

을 실을 수 있는 공간도 있다. 예전에 타던 R1200RT 못지않은 투어링 머신인 셈이다.

여기에 가족이 함께 탈 때 사용하는 BMW 320d와 내가 출퇴근할 때, 아들과 드라이브 데이트를 할 때 사용하는 미니 로드스터를 합쳐서 총 다섯 대의 애마를 갖고 있다. 이 정도면 상상할 수 있는 모든 모터링 라이프가 가능하다. 나는 재벌 2세도 아니고 물려받을 재산이 엄청나서 취미로 회사에 다니는 한량도 아니다. 대부분의 사람들과 비슷한 생활인이다. 결혼도 하고 부양할 가족도 있어서 사실 바퀴를 14개(바이크 세 대와 차 두 대)나 굴릴 처지는 아니다.

내 좌우명은 라틴어 "카르페 디엠(Carpe Diem)"이다. 영어로는 "Seize the Day", 우리말로는 "현재를 즐겨라." 정도가 된다. 나와 비슷한 또래라면 영화 「죽은 시인의 사회」로 기억할 것이고, 모터사이클 라이더라면 대부분 봤을 법한 영화 「토크(Torque)」에서 주인공의 재킷에 적혀 있는 문구도 바로 이거다. 이 말은 물론 "젊어서 노세."라는 뜻은 아니다. 현실에 충실하면 미래도 따라온다는 이야기다. 나는 여름철 내내 놀던 베짱이가 겨울에 추워서 얼어 죽었다는 옛날이야기보다는 베짱이가 세계적인 곤충 로커가 되어 떼부자가 된다는 '꿈'을 믿는다. 모터사이클과 함께 달린 추억과 경험이 없었다면 이런 책을 쓸 수도 없었을 테니, '카르페 디엠'을 좌우명으로 삼을 만한 가치가 있는 것 같다.

내 일은 엔진 달린 탈것의 즐거움을 사람들에게 알리는 일이다. 물론 '저널리스트'라는 직업은 자동차나 바이크를 굳이 직접 구입하지 않아도 시승을 통해 경험을 쌓을 수 있다. 그러나 무언가에 홀려서 며칠 밤을 설친 끝에 구입한 바이크와 남의 것을 빌려 며칠 타 본 바이크의 감각이 비슷할 수는 없다. 그래서 나는 매일매일 지르고 달릴 계획을 구상한다.

나는 '구입한다'는 말보다 '지른다'는 표현을 더 좋아한다. 마치 첫눈에 반해서 야반도주라도 저지른 것 같은 느낌이 들기 때문이다. 바이크는 어차피 꼭 필요한 생필품이 아니다. 삶에서 우선순위를 따지자면 가장 마지막에 위치할지도 모른다. 경제성이니 편리함이니 따져 봤자 마찬가지다. 자칫하면 목숨을 잃을 수도 있고, 겨울이나 비오는 날에는 탈 수 없는 탈것이라서 이성으로 판단하거나 합리적으로 선택하기는 힘들다. 결국 모터사이클은 뭔가에 홀리듯이 '지르게 되는' 물건이다.

내 차고에 서 있는 세 대의 모터사이클은, 내 글이 단지 직업적으로 탈것을 평가한 것이 아니라 진심이 깃들어 있다는 증거이자 '현재'의 나를 증명하는 것이기도 하다. 어쩌면 독자들이 이 글을 읽고 있을 무렵에는 다른 애마들로 차고가 채워져 있을지도 모르겠다. 이 매력적인 탈것은 아무리 바람을 피워도 샘을 내지 않는다. 그리고 많은 바이크와 사랑을 나눌수록 좋은 추억이 쌓여 간다. 아마 나는 앞으로도 계속 '지름'을 멈추지 못할 것이며, '지름의 결과물'과 함께 어떤 추억을 쌓게 될지를 생각하는 것만으로도 가슴이 벅차온다. 이 마음을 이해할 수 있다면, 당신의 마음속에도 라이더의 피가 흐르고 있다.

도판 출처

p.10 www.suzukicycles.org(courtesy of Gary Jesswein); **p.14, 17** ⓒAmerican Honda Motor Co., Inc.; **p.20, 22** ⓒHonda Motor Co., Ltd.; **p.24, 30** ⓒDucati Motor Holding S.p.A.; **p.32** ⓒ윤정철; **p.34**(위) ⓒBMW AG; **p.34**(아래) Creative Commons(cc); **p.39** www.omnilex.com; **p.40** ⓒ이명재; **p.47** ⓒ(주)연합뉴스 **p.50** ⓒMoshe Bar, Creative Commons(cc); **p.54** ⓒHarley-Davidson International; **p.56, 57** ⓒ윤정철; **p.63** ⓒPIAGGIO&C S.p.A.; **p.66, 69, 70** ⓒKawasaki Motors Corp.; **p.82, 85, 87, 88, 92, 95, 96, 101** ⓒ윤정철; **p.104, 110** ⓒ신동헌; **p.118** ⓒ이명재; **p.130, 133, 135, 138** ⓒ윤정철; **p.142** ⓒ신동헌; **p.145** ⓒReg Mckenna, Creative Commons(cc); **p.146** ⓒ신동헌; **p.152** ⓒTriumph Motorcycles; **p.155, 157** ⓒ윤정철; **p.158** ⓒTriumph Motorcycles; **p.164** ⓒ윤정철; **p.166** ⓒKawasaki Motors Corp.; **p.171** ⓒ윤정철; **p.174, 175** ⓒHonda Motor Co., Ltd.; **p.183** Creative Commons(cc); **p.185, 186** ⓒ윤정철; **p.191**(아래), **p.201, 204, 207, 208** ⓒ윤정철; **p.212, 215, 216, 219** ⓒIndian Motorcycle International, LLC; **p.220, 223, 226** ⓒBMW Motorrad International; **p.232** Creative Commons(cc); **p.235, 238** ⓒYamaha Motor Co., Ltd.; **p.240, 243, 244, 247, 250, 253, 256** ⓒDucati Motor Holding S.p.A.; **p.260** ⓒAaron Lai, Creative Commons(cc); **p.267, 268** ⓒ신동헌; **p.270, 275, 276** ⓒ윤정철; **p.282, 293** ⓒ신동헌; **p.296** ⓒGettyImage/MultiBits; **p.300** ⓒBMW Motorrad International; **p.307** ⓒSHOEI CO., LTD.; **p.308** ⓒ신동헌; **p.310** ⓒ윤정철; **p.312** ⓒ김종한; **p.315, 316** ⓒ신동헌; **p.319** ⓒ김종한; **p.322, 325, 329, 330** ⓒ이명재; **p.335** www.thescooterist.com; **p.337** ⓒPIAGGIO&C S.p.A.; **p.338** ⓒ신동헌; **p.345** ⓒ이명재

- 이 책을 위해 도판의 사용을 허락해 주시고 제공해 주신 분들께 감사드립니다. 일부 저작권자를 찾지 못하거나 허락 받지 못한 도판에 대해서는 추후 저작권상의 문제가 발생했을 시 절차에 따라 허가를 받고 저작권 협의를 진행하겠습니다.

더 읽을거리

모터사이클의 종류와 특징

온로드

포장된 도로에서 달리는 것을 전제로 만들어진 바이크를 통칭하는 말. 접지력이 중요하기 때문에 타이어의 면적이 비교적 넓고 앞뒤 서스펜션이 다소 딱딱한 편이다. 도로에서 볼 수 있는 바이크는 거의 모두가 온로드 타입이라고 할 수 있다. 로드 스포츠, 아메리칸 크루저를 비롯해 스쿠터 및 비즈니스 바이크가 여기에 속한다.

로드 스포츠 예전에는 레이싱용 모터사이클의 특징을 따와 도로용으로 만들었다는 의미로 '레이서 레플리카(Racer Replica)'라고 했는데, 최근에는 레이싱과 상관없는 것이 많아 '슈퍼스포츠'라고 부른다. 고속에서의 공기 역학을 위해 날카로운 카울로 차체를 감싸기 때문에 스타일이 가장 눈에 띈다. 도로에서의 편안함보다는 서킷이나 와인딩에서의 빠른 속도와 코너링을 중시해 만들다 보니 승차 자세는 앞으로 심하게 숙이는 것이 많다. 혼다 CBR 시리즈, 야마하 YZF-R 시리즈, BMW S1000RR, 두카티의 1199 등이 이 장르에 속한다.

네이키드 언뜻 보면 레이서 스포츠 바이크에서 카울만 벗겨 낸 듯한 인상을 주지만 꼼꼼히 따져 보면 전혀 다른 구조와 느낌을 갖고 있다. 서킷보다는 일반도로에 적합하나 최신 모델은 슈퍼스포츠 못잖은 빠른 속도감도 갖추고 있는 것이 많다. 핸들과 스텝 등의 위치는 편안한 자세를 취할 수 있게 되어 있고, 탠덤 시트도 장착되어 있어서 두 명이 승차하기에도 좋다. 거의 모든 모터사이클 메이커가 네이키드 타입의 바이크를 생산하기 때문에 전 세계 수많은 종류가 있다.

아메리칸 크루저 나지막한 시트와 높이 올라간 핸들, 발을 앞으로 뻗는 라이딩 포지션, 앞으로 길게 뻗은 프론트 포크 등의 특징을 가진 바이크. 편안함과 안락함, 당당한 자세를 가장 중요한 요소로 삼는다. 직진 도로가 수십 킬로미터 이상 이어지고, 속도 규제가 심한 미국에 알맞게 진화해 '아메리칸 크루저'라는 이름이 붙었다. 그러나 상체를 곧추세운 자세 때문에 바람을 온몸으로 맞게 되므로 장거리를 빠르게 달리기에는 적합하지 않다. 할리 데이비슨을 중심으로 야마하의 로열스타, 가와사키의 발칸 같은 타입을 말한다.

스쿠터 클러치와 기어 조작 없이 스로틀 조작만으로 달릴 수 있는 오토매틱 바이크. 기존의 바이크는 엔진이 앞바퀴 바로 뒤쪽, 즉 라이더의 다리 사이에 위치하지만, 스쿠터는 뒷바퀴 쪽으로 엔진을 장착해 다리를 모으고 탈 수 있다. 발로 페달을 조작하지 않기 때문에 옷차림에 구애 받지 않는다는 장점도 있다. 베스파, 람브레타 등 소배기량의 이탈리안 스쿠터가 인기를 끈 후 일본 메이커들이 생산에 뛰어들면서 전 세계적으로 보급됐다. 현재는 중국과 대만제 제품이 널리 사용되고 있으며, 야마하 T맥스나 BMW C시리즈 같은 500cc 이상의 대배기량 스쿠터도 인기를 끌고 있다.

오프로드

포장되지 않은 길을 달리기 쉽게 만들어진 바이크. 포장된 평탄한 길을 달리는 것이 아니기 때문에 타이어는 험한 노면에서도 접지력을 유지하기 위해 오돌토돌한 무늬가 온로드용보다 크게 새겨져 있다. 주로 굴곡이 많고 자연적인 변수가 많은 노면, 즉 모래나 자갈, 흙길 등을 달리기 때문에 다루기 편하도록 차체가 가볍고 핸들은 조향과 중심 잡기에 편하도록 넓게 설계되었다. 충격 흡수력이 뛰어나고 작동 폭이 큰 서스펜션을 장착하는 것도 특징이다.

모터크로서 MX라고도 불리며 오프로드 레이스용 모터사이클이다. 공도 주행은 사실상 불가능하나 레저용으로 즐기는 사람들이 많아서 국내외에서 자연지형 혹은 인공적으로 조성된 오프로드 트랙을 이용해 다양한 경기가 열리고 있다. 야마하의 YZ, 혼다의 CR, 가와사키의 KX, 스즈키의 RM 등이 여기에 속하며, 이 바이크를 개량해 오프로드나 온로드 바이크를 만들기도 한다. 라이더의 실력에 따라 수십 미터의 점프도 가능하다.

트라이얼 험난한 산을 오르거나 높은 바위를 넘는 등 장애물 경기용으로 특화된 모터사이클. 연료통이 작을 뿐 아니라 시트가 아예 없어 장거리는 물론이고 단거리를 달리기도 어렵다. 일어서서 타야 하며 달리는 것보다는 통통 튀듯이 장애물을 돌파하는 모터사이클이다. 유럽 지역에 많이 보급되어 있으며, 이 바이크로 높은 벽이나 협로, 바위 등을 통과하는 경기를 즐긴다.

엔듀로 모터크로서가 오프로드 레이스를 위한 바이크라면 엔듀로는 임도(林道)를 달리며 레저를 즐길 수 있도록 만들어진 모터사이클이다. 랠리 경기 등 임도에서 펼쳐지는 레이스에 쓰이기도 한다. 모터크로서와 달리 헤드라이트 등의 등화류가 장착되어 있어 공공도로를 달릴 수도 있다. 대부분의 오프로드 모터사이클이 여기에 속하며, 혼다의 XR 시리즈, 야마하의 WR, 가와사키의 KLZ 등이 있다.

듀얼 퍼퍼스 / 멀티 퍼퍼스

온로드와 오프로드를 모두 달릴 수 있는 모터사이클. 주로 일반도로를 달리지만, 갑자기 나타난 비포장도로나 오솔길 등을 주파할 수 있도록 만들어졌다. 스포츠성이 강한 것부터 장거리 투어링에 특화된 것까지 다양한 종류가 있으며, 최근에는 BMW의 GS 덕분에 세계적인 대세로 자리 잡았다. 기본적으로 온로드용이지만, 타이어만 오프로드 전용으로 바꿔도 꽤 본격적인 오프로드 주행이 가능한 것도 특징이다. BMW R1200GS가 대표적인 모델이며, 야마하 슈퍼 테네레, 두카티 물티스트라다, 혼다 크로스투어러 등이 여기에 해당한다.

엔진 형식에 따른 모터사이클의 특성

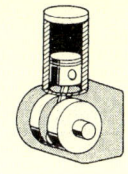

단기통 Single Cylinder

말 그대로 실린더가 하나 있는 엔진을 말한다. 구조가 단순하고 부품의 수가 적어서 엔진을 가볍고 작게 만들 수 있으며, 프레임에 탑재하는 방식에 따라 자유롭게 부품을 배치할 수 있는 장점이 있다.

야마하 SR400
399cc SOHC 공랭 4스트로크 2밸브 단기통

- 연료 탱크
- 헤드라이트
- 앞바퀴 펜더
- 트윈 쇼크 업소버
- 드럼 브레이크
- 공랭 4스트로크 싱글 실린더 엔진
- 기어 박스
- 텔레스코픽 포크
- 싱글 브레이크 2피스톤 캘리퍼

더 읽을거리　351

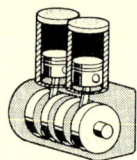

병렬 2기통 Parallel-twin

단기통 두 개를 좌우로 나란히 붙여 놓은 형식의 엔진이다. 리듬감 있는 회전 감각과 안정되고 고른 출력을 발휘하는 특성이 있으며 크랭크축의 배치 각도에 따라 다양한 회전 특성을 부여할 수 있다. 1000cc 이내의 미들급 바이크에 채용되는 경우가 많고, 모델에 따라서는 4기통보다 스포츠 주행에 어울리는 경우도 많다. 트라이엄프나 BSA, 노턴 등 브리티시 바이크가 병렬 2기통을 사용한 모델로 유명하다.

트라이엄프 본네빌 T100
865cc DOHC 공랭 4스트로크 4밸브 병렬 2기통

- 듀얼 컬러 연료 탱크
- 2인승 시트
- 크롬 헤드라이트
- 크롬 트윈 쇼크 업소버
- 피슈터peashooter 더블 머플러
- 공랭 4스트로크 병렬 2기통 엔진
- 습식 다판 클러치
- 텔레스코픽 포크
- 싱글 디스크 2피스톤 캘리퍼

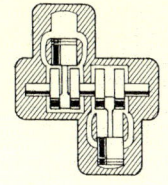

V형 2기통 V-twin

두 개의 실린더를 V자 모양으로 벌려서 배치한 엔진이다. 크랭크축을 차체의 앞뒤로 나열한 크랭크 가로형 또는 실린더가 차체 좌우로 튀어나오게 배치한 크랭크 세로형 방식이 있다.(세로형으로는 모토 구치가 유명하다.) V트윈이 90도 각도로 배치된 것을 별도로 L트윈이라고 부르며 두카티가 이 형식으로 유명하다. 90도로 배치하면 각각의 실린더가 폭발 시 발생하는 진동을 물리적으로 상쇄한다는 이점이 있지만, 폭이 넓어지므로 앞바퀴의 위치를 결정하기가 쉽지 않다는 단점도 있다. V자가 이루는 각도가 좁을수록 저·중속 토크형이 되고, 90도 내외로 벌어질수록 고회전 고출력형이라고 할 수 있다.

인디언 치프 클래식 2014년형
111큐빅인치(1820cc) 공랭 4스트로크
V트윈 선더 스트로크 엔진

- 센터 콘솔
- 2인승 시트
- 인디언 휘장이 달린 펜더
- 슬립온 머플러
- V트윈 선더 스트로크 엔진
- 싱글 브레이크 2피스톤 캘리퍼
- 듀얼 브레이크 4피스톤 캘리퍼
- 텔레스코픽 포크

더 읽을거리 353

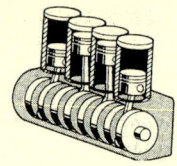

인라인(직렬 또는 병렬) 4기통 In-line four

실린더 네 개를 일렬로 세운 형식으로 고회전 고출력이 최대 장점이다. 공랭은 다루기 쉬운 유순함과 멋스럽게 생긴 외관을, 수랭은 안정되고 강력한 파워를 주특기로 한다. 이탈리아 브랜드들이 레이스에서 4기통으로 좋은 성적을 올리며 유명해졌지만, 혼다가 시판 바이크에 최초로 4기통 엔진을 장착했다. 레이스 전용으로 여겨지던 4기통이 혼다 CB750에 장착된 이후 이탈리아 브랜드들이 줄지어 도산하는 등 스포츠 바이크의 역사가 바뀌었다. 1980~1990년대에는 성능을 중시하는 분위기 때문에 스포츠 모델의 대부분이 이 형식을 채용했으나 최근에는 개성을 중시한 트윈 엔진에 밀려나기 시작했다. 이 때문에 최근에는 감성적인 면에서 유리한 공랭 4기통이 다시 부활하는 등 대안이 등장하고 있다.

혼다 CB750
736cc 공랭 4스트로크 SOHC 4밸브 인라인 4기통

- 크롬 머드가드
- 스윙암/트윈 쇼크 업소버
- 카뷰레터
- 연료 탱크
- 계기반
- 텔레스코픽 포크
- 디스크 브레이크
- 드럼 브레이크
- 4가닥 메가폰 megaphone 머플러
- 공랭 직렬 4기통 엔진

V형 4기통 V-four

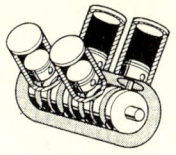

병렬 2기통의 짧은 폭과 병렬 4기통의 강한 힘을 합쳐 놓은 듯한 형식의 엔진이다. V자의 각도가 넓으면 이론적으로 1차 진동이 상쇄되기 때문에 고회전까지 매끄럽게 돌며 곧은 출력 특성을 보여 준다. V자 각도가 좁으면 풍부한 고동감과 강인해 보이는 옆모습이 매력적이다. 바이크에 많이 쓰이는 형식은 아니지만, 혼다와 야마하가 이 형식을 계속 생산하고 있다.

야마하 V맥스
102큐빅인치(1679cc) 수랭 V4 DOHC 4밸브

- 계기반
- 에어 인테이크
- 알루미늄 프레임
- 텔레스코픽 카트리지 포크
- 메가폰 타입 머플러
- 수랭 DOHC V4 엔진
- 18인치 레이디얼 타이어
- 샤프트 드라이브
- 슬리퍼 클러치
- 웨이브 타입 브레이크 디스크

더 읽을거리 355

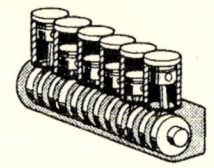

인라인(직렬) 6기통 In-line six

여섯 개의 실린더를 직렬로 나란히 배치한 엔진으로 고회전까지 무척 부드럽게 회전하며 강력한 성능을 자랑한다. 과거에는 직렬 6기통을 위한 크랭크샤프트를 만드는 기술이 부족해 이 형식의 엔진을 만들 수 있는 것만으로도 기술력을 상징했다. 폭이 지나치게 넓어지기 때문에 한때 사라졌다가 최근 BMW가 부활시켰다. BMW의 직렬 6기통 엔진은 비단결처럼 부드럽게 회전한다고 해서 '실키 식스(silky six)'라는 별명을 갖고 있다. 진동이 극도로 적고 엔진의 출력이 어느 회전역에서나 고르게 나오기 때문에 장거리 투어링에 최적화된 엔진이다.

BMW K1600GT
1600cc 직렬 6기통

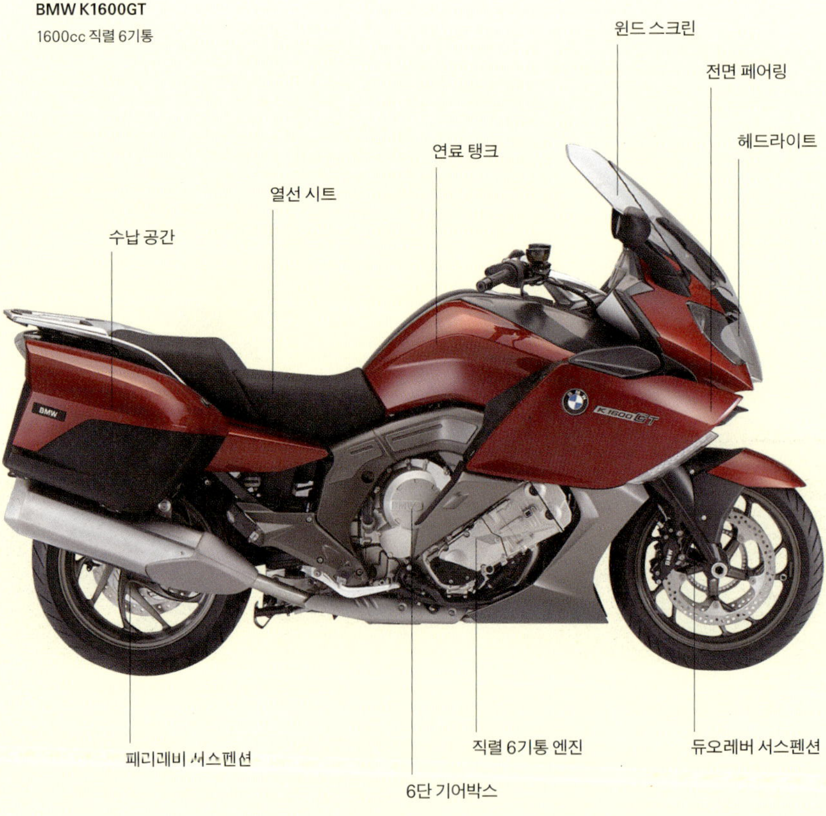

- 윈드 스크린
- 전면 페어링
- 헤드라이트
- 연료 탱크
- 열선 시트
- 수납 공간
- 패리레버 서스펜션
- 6단 기어박스
- 직렬 6기통 엔진
- 듀오레버 서스펜션

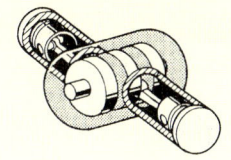

수평 대향 Boxer / Flat

마주 보는 두 개의 실린더가 180도로 누워 있는 형식이다. 권투 선수가 서로 펀치를 주고받는 것과 비슷해서 '박서' 엔진이라고도 한다. 피스톤끼리 서로 진동을 상쇄하므로 승차감이 좋고, 엔진의 무게 중심이 낮아서 안정된 운동 성능을 얻을 수 있다. BMW의 R시리즈는 이 형식의 2기통 엔진을 탑재해 쾌적한 승차감과 놀라울 정도로 민첩한 핸들링을 자랑한다. 혼다 골드윙은 수평 대향 6기통 엔진을 장착해 수많은 마니아들의 지지를 얻고 있다.

BMW R1200GS 2013
1170cc 수랭 4스트로크 수평 대향 2기통

- 조절식 윈드 스크린
- LED 헤드램프
- 스틸 파이프 프레임
- 알루미늄 수납 케이스
- 다이내믹 ESA(전자식 제어 서스펜션)
- 수평 대향 2기통 수랭 엔진
- 6단 미션, 습식 다판 클러치
- 브렘보 모노블록 캘리퍼

더 읽을거리

모터사이클 기본 관리 요령

모터사이클은 자동차에 비해 유지 보수가 자주 필요하다. 그 이유는 스포츠성이 매우 높게 설정되어 있기 때문이다. 가령 모터사이클의 서스펜션 댐퍼는 앞쪽만 해도 자동차의 네 바퀴 전체 부품보다 비싸다. 높은 스포츠성을 위해 우수한 부품을 쓰는 만큼 자주 점검하고 상태를 파악해야 제 성능을 유지하며 즐겁고 안전하게 탈 수 있다.

1. 전구는 다 들어오는가?
바이크의 전구는 의외로 소홀하기 쉬운 부분이다. 브레이크 등이나 깜박이가 들어오지 않는 바이크가 바로 앞에서 달리면 무척 신경 쓰인다. 당신의 바이크도 그럴지 모르니 특히 브레이크 등의 전구는 수시로 확인하는 것이 좋다. 전구가 너무 자주 나가는 경우에는 어딘가에서 합선이 됐을 가능성도 있으니 점검이 필수다.

2. 배터리는?
배터리는 특히 겨울철에 트러블이 생기기 쉽다. 날씨가 추워지면서 전압이 순식간에 내려가 버리기 때문이다. 추운 날씨에 시동을 밀어서 걸려면 눈물이 날 지경. 3년 이상 사용한 배터리라면 이상이 없더라도 무조건 교환해야 한다. 겨울철에 바이크를 타지 않을 예정이라면 분해해 두거나 충전기를 꽂아 두는 편이 좋다. 공회전 시에는 배터리 충전이 되지 않으니 자주 시동을 걸어 주는 행위는 오히려 전력 손실이라는 점을 알아 둘 것.

3. 오일은 새지 않는지?
서스펜션은 '바이크의 모든 것'이라고 해도 과언이 아닐 정도로 중요한 부품이다. 가속과 감속, 방향 전환, 승차감 등에 모두 중요한 영향을 미친다. 서스펜션을 구성하는 금속, 고무, 오일, 가스 모두 온도에 민감한 부품이므로, 타고 나가면 당분간은 서스펜션을 예열시킨다는 기분으로 천천히 운전하는 것이 좋다. 주행 중에 묻은 흙이나 염화칼슘은 부드럽게 닦아 내고 오일이 새고 있지는 않은지 수시로 점검해야 한다.

4. 엔진 오일은 비쌀수록 오래간다?
피스톤을 윤활하기 위해 엔진 속에서 뜨거워졌다 식었다를 반복하는 엔진 오일. 공랭식 모터사이클이라면 윤활뿐 아니라 냉각까지 오일이 담당하기 때문에 엔진 오일의 산화도 빠르다. 특히 가다 서다를 반복하는 시내 주행이 잦다면 교환 주기보다 조금 빨리 교환하는 것이 좋다. 간혹 "값비싼 합성유니까 오래 써도 된다."고 믿는 경우가 있는데, 합성유는 극한 상황에서도 윤활 성능에 변화가 없는 것이 장점이지 오랫동안 쓸 수 있어서 비싼 게 아니다. 겨울철에는 점도가 낮은 오일로 바꿔 주면 시동성이 좋아져 배터리에 무리를 덜 줄 수 있다.

5. 와이어 부분의 급유도 잊지 말 것

클러치, 브레이크 와이어는 갑자기 끊어질 수 있으니 자주 점검하고 오일을 뿌려 준다. 특히 두꺼운 장갑을 끼는 겨울철에는 레버의 유격이나 작동감이 무뎌질 수 있으니 미리미리 점검할 것. 그러나 초보 DIY족들이 흔히 '만병통치약'처럼 사용하는 WD40은 방청제이지 윤활유가 아니다. 오히려 오일을 제거하는 역할을 하니 반드시 전용 윤활유를 써야 한다. 너무 오래 되어 절도가 없어진 케이블은 무조건 교환해야 한다. 외국의 클래식 바이크 사진을 보면 오래된 바이크를 부러워하는데, 그 바이크들은 모두 새 부품이어서 아직 존재할 수 있는 것이다. 오래된 부품을 교환하지 않으면 조만간 사라지게 된다는 점을 잊지 말 것.

6. 계기반도 주요 체크 항목

움직이지 않고 멈춰 있는 계기반만큼 서글퍼 보이는 것도 없다. 특히 케이블로 구동되는 구형 모터사이클의 속도계는 제대로 관리를 해 주지 않으면 케이블이 끊어질 수도 있다. 오일을 발라 주거나 꼬인 곳은 없는지 체크한다. 전자식이라면 특별히 손볼 곳은 없지만, 위에 쌓인 먼지를 억지로 닦아 내지 말 것. 유리면에 상처가 나면 금세 뿌옇게 변한다. 반드시 적당량의 물을 뿌려 먼지를 불린 상태에서 닦아야 한다.

7. 타이어의 상태는?

주행 중에는 타이어밖에 믿을 게 없다. 아무리 값비싼 브레이크나 강력한 엔진이라도 타이어가 닳아 있다면 아무 소용이 없다. 사이드 월에 상처가 있거나 오래되어서 갈라지기 시작한 타이어는 반드시 교환해야 한다. 트레드에 박힌 돌이나 흙 등이 없는지 언제나 체크하는 것을 잊지 말 것. 모터사이클 타이어에는 돈을 아끼면 안 된다.

혼다 CBR125R 125cc
수랭 4스트로크 단기통

8. 볼트가 풀려 있지는 않은지?

바이크의 진동은 생각보다 강력하다. 분명히 규정 토크로 조여 놓은 나사나 볼트, 너트도 쉽사리 풀리곤 한다. 특히 할리 데이비슨처럼 진동이 심한 바이크들은 주의해야 한다. 번호판이나 카울, 커버류를 고정하고 있는 나사들도 잘 살펴볼 것. 또 너무 심하게 조일 경우 철판에 균열이 가는 경우도 있으니 주의해야 한다.

9. 생명줄 브레이크!

브레이크 패드는 필수 체크 항목. 다만 패드 교환 직후에는 서서히 브레이킹 하면서 패드와 디스크가 친해질 수 있는 시간을 주는 것이 좋다. 추운 겨울철에는 브레이크가 제 컨디션을 찾는 데도 시간이 걸리므로 풀 브레이킹은 금물. 브레이크액도 잊지 않고 정기적으로 교환해야 한다.

그 남자의
모터사이클

모터링 저널리스트 신동헌의 두 바퀴 예찬

1판 1쇄 펴냄 2013년 12월 4일
1판 3쇄 펴냄 2024년 3월 31일

지은이 신동헌
펴낸이 박상준
펴낸곳 세미콜론

출판등록 1997. 3. 24. (제16-1444호)
(우)06027 서울특별시 강남구 도산대로1길 62
대표전화 515-2000 팩시밀리 515-2007
편집부 517-4263 팩시밀리 514-2329

ⓒ 신동헌, 2013. Printed in Seoul, Korea.

ISBN 978-89-8371-636-1 13690

세미콜론은 이미지 시대를 열어 가는 (주)사이언스북스의 브랜드입니다.
www.semicolon.co.kr